意味論の内と外

――アクィナス 言語分析 メレオロジー

【本書は関西大学研究成果出版補助金規程による刊行】

目次

目　次

目　次

まえがき

本書の書名にもなっている第一章、第二章から第四章、および第十章は、同じテーマを扱っている。すなわち、アクィナスにおけるエッセ（esse）の思想を伝統的な存在論の枠組みではなく、現代の言語分析・意味論的観点から再解釈するという試みである。筆者の基本的立場は、「意味論の内」すなわち言語の意味作用が及ぶ領域（それは認識の及ぶ範囲でもある）と、「意味論の外」すなわち言語の意味作用を超越し、かろうじて指し示すことしかできない、あるいは黙して語りえない領域、という二つの領域の区分という観点が、彼のエッセの思想の根本に一貫してあるということである。

第五章と第六章は、メレオロジー研究会（主宰：神戸大学松田毅教授）の成果である。「メレオロジー」（mereology）とは、「x は y の部分である」（x is part of y）という、「全体—部分」関係についての論を意味し、現代の論理学や形式存在論における重要な問題群の一つである。筆者は、この概念のアリストテレスからアクィナスへの歴史的展開について詳述するとともに、とくにアクィナスにおいて、その概念が彼の神学の中心的枠組みとして重要な仕方で使用されていることを発見した。

第七章と第八章は、個体とは何か、どのように知性認識されるのかという個体論を扱い、第九章は、知性と意志のメカニズムと自由意志論を扱っている。いずれも筆者の若い時期の研究で、今となっては不十分さを感じるが、基本的にそのままの形で収録した。

そもそも、なぜ伝統的な存在論はそれほど重視されてきたのか？ それは、多くの印欧語のいわゆる'be'動詞の用法にその大きな理由がある。たとえば、'He runs.'と言うとき、「he = a runner」である。日本語でも同様に、〈彼が走る〉と言うとき、「彼 = 走者」である。ところが、'This is red.'と言うとき、「this = a red being」であるが、日本語で〈これは赤い〉と言うとき、「これ = 赤いもの」とするのがふつうであって、「これ = 赤い存在者」とは分析されない。日本語表現には、'be'の相当語が出てこないからである。多くの印欧語において、文は基本的に、'S be …'という形式で表現され、一般動詞の文形式は'be'動詞の文形式へと、すなわち'S V …'か'S be …'へと変換できると（少なくともラテン語においては）考えられていた。たとえば、'This runs.'→'This is a runner.'へと変換可能であり、その結果「this = a running being」となる。

したがって、多くの印欧語において、すべての文は、'S be …'という形式に変換でき、その'S'の位置に入るものすべては、ある種のbeing、すなわち「存在者」として立ち現れてくるのである。そして、'S be …'の'…'の位置に入る述語が、伝統的に十の述語形態（category／範疇）として分類され、それはbeの様態、すなわち存在の様態の分類であると見なされた。その分類に応じて、存在者の個別の範疇について研究する学（物理学、数学、建築学、動物学等々）が成立する。しかし、そのような印欧語で思考する人々にとって、すべてのものは個別の様々な範疇に分類される前に、すなわち〝…〟の位置に様々な述語が入る前に、共通に、まずbeingであり、beingである限りにおいて、being as beingすなわち「有である限りの有」とみなすことができる。こうして、西洋哲学史において、個別の諸学に先立って（あるいはその上に）beingそのものを研究する学、つまり存在論が重視されてきたのである。

二十世紀以降、英米の言語哲学は、記号論理学の形式言語を用いることによって、このような印欧語の言語形式に制約された「存在論」という思考枠組みを乗り越えることができた。しかし、そもそも印欧語の思考構造を持っていなかった私は、まず存在論とは何なのか、つぎに何故存在論は乗り越えられなければならないのか、よく理解できていなかった。述語論理を使った言語分析を知ってはじめてそのことが理解できた気がする。しかし、まだそれで終わりではない。印欧語のみならず、ほとんどすべての言語に共通する「主語―述語」という文法形式とそれに基づいた思考構造も、もしかすると乗り越えられるべきパラダイムではないのか、というのが現在の私の問題意識である。そのテーマに深く入っていく前に、これまでの拙い思考過程をこうして一書にまとめておくことにした。本書に再録した論文の初出については、巻末「参考文献」において示した。

私事になるが、エッセの思想に最初に興味をもったのは、大学生になって間もない頃、中央公論社・世界の名著シリーズの『神学大全』の翻訳者「まえがき」を読んだときであった。それは、たんなるまえがきのレベルを越えて、翻訳者自身の体験を実存的に語る一つの「作品」とも呼べるものであった。その翻訳者は自らの戦争体験から、エッセという言葉の意味はエッセの喪失すなわち無

（死）の体験からこそ深く理解される、という趣旨のことを語っていた。戦後、奇跡の高度経済成長を達成した日本の「戦争を知らない子供たち」の弟世代として生まれ、医師になることが人生の成功であるとみなすような価値観が支配する受験エリート進学校で青春をすごした私は、日常の生活実感とはかけ離れたこのまえがきに衝撃を受け強くインスパイアされた。

本書を、その翻訳者であり恩師である京都大学名誉教授、故山田晶先生へのオマージュとしたい。

第一章　意味論の内と外

本論が主題とするのは、アクィナスにおける ‘esse’ や ‘ens’ の意味である。だが、アクィナスにおける「存在」を必ずしも主題とするわけではない[1]。アクィナスの存在については、すでに「存在論」の観点からの膨大な量の先行研究があり、われわれはそれに何かを付け加えようとしているわけではない。われわれの意図は、これまで「存在論」の観点から論じられてきたものを、「意味論」の視点から照明しなおすことである。そのことを通して、アクィナス哲学において意味論はその核心部分にあること、そして彼の ‘esse’ や ‘ens’ の意味論には、「意味論的二区分」という一貫した視点があることを主張したい。

一．なぜ、意味論なのか

「意味論」は、言うまでもなく語や文の意味についての理論であるが、「存在論」（onto-logia）もまた「論」（λόγος）である以上、存在をあらわす語彙の意味分析が不可欠である。したがって、どこまでが意味論でどこからが存在論であるかを明確に区別することは容易ではない。しかし、意味論の焦点は言語分析にあり存在論の焦点は言語によって意味表示される存在の探求にある。アクィナスが体系的な意味論をもっていたと主張するつもりはないが、少なくともこの区別をアクィナスは承知していた[2]。われわれの考えでは、彼の‘ens’や‘esse’という語（およびそれらを含む文）についての論を理解するためには、「文法形式」と「論理形式」、「対象言語」と「メタ言語」、「使用」と「言及」、「表示」と「指示」、「意義」と「指示物」、といった意味論的区別の視点が有効である。

だが、そのような意味論的分析は二〇世紀のいわゆる「言語論的転回」（linguistic turn）以前のアクィナスにとってはそもそも無縁ではないのか？この問に対して、意味論的分析はアクィナス哲学にとってたんに重要なだけでなく、その核心部分にあるとわれわれは考える。まずそのことを、文法形式と論理形式の区別という視点から確認しよう。

言語分析を哲学の主務とみなした分析哲学は、伝統的存在論の問題を意味論の問題へと転換した。ラッセルは、文の「文法形式」（grammatical form）と「論理形式」（logical form）を区別し[3]、自然言語においては見かけ上の文法形式が真の論理形式をしばしば誤解させることを指摘した。たとえば〈フランスの現在の国王〉（‘the present king of France’）という確定記述は、その文法形式がどうであれ、特定の個人を「指示する」表現ではなく、そのような個人が存在すると「主張する」表現であると分析されなければならない。したがって、〈フランスの現在の国王は禿げている〉という文は、「フランスの現在の国王であること」および「禿げていること」という二つの属性をもった特定の個人が存在すると主張する（偽なる）文である。また、〈フランスの国王は存在しない〉という文は、その文法形式がどうであれ、論理形式においては、「『フランスの国王であること』というような属性を持った個人は一人もいない」ということを主張する（真なる）文なのである。

アクィナスは、〈Xがある〉という文法形式をもった命題のなかには、それとは異なる論理形式をもったものがあると考えていた。たとえば、'caecitas est' という文は、その文法形式どおり、'caecitas' という語が指示する「盲性」が 'est' という語が指示する「存在」という属性をもっているという意味において、「盲性が存在する」ということを意味するわけではない。「盲性」とは「視覚の欠如」であるから、それに「存在」を述語すること自体そもそも矛盾である。したがって、'caecitas est' という文は、真の論理形式においては、盲性という概念を述語とした真なる命題が形成されうるということ、すなわち、「あるものが盲である」あるいは「あるものに視覚が欠けている」ということを意味する。アクィナスは、このような文法形式と論理形式の区別の視点からの分析を繰り返し行った。(4)

ところで、キリスト教哲学者アクィナスにとって、神の存在を人間がどのように理解できるかということ、また神が創造したこの世界に悪が事実として存在することをどのように説明するかということは核心的な問題であったはずである。そして、そのような根本問題に対する彼の解答の鍵が、

'Deus est' や 'malum est' という文の文法形式と論理形式の区別という意味論的分析にあった。

アクィナスの分析によれば、'Deus est' という文は、「われわれの理解に関する限り」(quoad nos)[5]、その文法形式どおり、'Deus' という語が指示するものに 'est' を述語して「神が存在する」ということを意味するのではなく、「この命題が真である」ことを意味する。それが真であることをわれわれは結果の原因に対する関係から知る。

「'esse' は二つの仕方で語られる。一つは、あるという現実態を意味表示し、また一つは、命題の結合を意味表示する。この結合は、心が述語を主語に結合するとき見いだすものである。―そこで、'esse' を第一の意味にとるなら、神の本質と同様、神の存在もわれわれは知ることができない。ただ第二の意味においてのみ、知ることができる。というのも、'Deus est' と言うとき、神について形成するこの命題が真であることを知るからである。そして、このことを、すでに述べられたように、神の結果から知るのである。[6]」

結果から知られることは、「神が存在する」ということではなく、「何ものかが神である」ということである。神の本質も存在も人間の理解を超えているが、「何ものかが神と呼ばれうるような第一動者、第一作出因、自体的必然、あらゆる完全性の原因、自然物の目的としての知性認識者である」ということは理解できるからである。[7]

同様に 'malum est' という文も、その文法形式どおり「悪が存在する」ということではなく、「その命題が真である」ことを意味する。アクィナスにとっては、「悪」とは「善の欠如」であるから、ちょうど‘caecitas est’の論理形式が「あるものに視覚が欠けている」ことであるように、‘malum est’の論理形式は、「あるものに善が欠けている」ことであると分析される。

「‘ens’は二つの仕方で語られる。一つは、十の範疇に区分されしたがって実在と置換されるような、実在の有性を意味表示するかぎりにおいてである。そして、この意味では、いかなる欠如もエンスではない。それゆえ、悪もエンスではない。もう一つは、命題の真理を意味表示するものがエンスと言われる。真理は結合において成立し、この結合のしるしが‘est’というこの述べ語なのである。これは、「～なるものがあるか」という問に応答するためのエンスである。この意味で、盲は目の中にあると言われ、何であれその他の欠如があると言われるのである。そして、この意味では、悪もエンスであると言われる。―ところが、この区別を知らないために、ある人々は、ある種の実在が悪と言われ、悪は実在においてあると言われるのを考慮し、悪は何らかの実在であると信じた。」(8)

以上から明らかなように、アクィナスは「神の存在」や「悪の存在」などの核心的な問題を、文法形式（表層構造）と論理形式（深層構造）の区別という視点から意味論的に分析している。したがって、意味論がアクィナス哲学の核心部分にあることは間違いない。

二　存在論、それとも意味論

上に引用した二つのテクストにみられる‘esse’や‘ens’の意味論的分析は、アクィナスの存在論の前提となっている。アクィナスによれば、一般に「何であるか?」の問よりも「あるか?」の問いが先立ち、「何かがある」ことを証明するためには「語が何を意味表示するか?」ということの理解が前提となるからである。[9]

アクィナスの存在論は、基本的に‘ens’、‘esse’、‘essentia’といった〈有る〉を意味するラテン語（およびそれらを含む文）によって意味表示されるものについての「論」である。したがって、それはアリストテレスの onto-logia とは違って、いわば enti-logia である。アクィナスの enti-logia を理解するには、つぎの三つを意味論的に区別する必要がある。（1）存在論の対象となるもの、（2）「存在論の対象」を意味表示する言語、（3）「存在論の対象を意味表示する言語」について説明する言語。

このうち、（2）と（3）の区別は「対象言語」（object language）と「メタ言語」（metalanguage）の区別として知られている。[10] これは言語の機能上の区別であるから、両者は同一の言語体系であってもよい。アクィナスは‘esse’や‘ens’というラテン語（対象言語）について、同じラテン語（メタ言語）で説明し、われわれは日本語（メタ言語）で説明している。厳密に言うと、われわれは‘esse’や‘ens’というラテン語（対象言語）についてアクィナスが説明しているラテン語（メタ言語）について、日本語（メタ・メタ言語）で論じている。

また、ある表現が（1）を指すか（2）を指すかという区別は、表現の「使用」（use）と「言及」（mention）の区別として知られている。[11] たとえば、〈京都は古都である〉という文において、〈京都〉という語は実在する都市をさすために用いられている（使用）のに対して、〈京都は都市名である〉という文において、〈京都〉は〈京都〉という語そのものをさしている（言及）。このような「使用」と「言及」の区別を、アクィナスも承知していた。表現の「使用」を彼は「形相的に、意味表示が実在にかかわる」（formaliter, secundum quod eius significatio refertur ad rem）用法と呼び、表現の「言及」を彼は「質料的に、音声を意味表示する」（secundum quod materialiter significat ipsam vocem）用法と呼んで、両者を区別している。[12]

一般に、自然言語で自然言語を説明しようとするとき、以上のような区別がときどき曖昧になることは否定できない。しかし、'esse' や 'ens' という語について、アクィナスが「二つの仕方で語られる」（dupliciter dicitur）と説明する一連のテクストを理解するためには、以上のような、「対象言語」と「メタ言語」の区別、そして表現の「使用」と「言及」の区別という意味論的分析の視点が有効である。

われわれが意味論的分析の対象とするのは、主として次のテクスト群（巻末 pp.xlv-l 参照）である。［T1］*De ente*, 1、［T2］*In I Sent.*, 19,5,1,ad1、［T3］*In I Sent.*, 33, 1, 1, ad1、［T4］*In II Sent.*,34, 1,1,c、［T5］*In II Sent.*, 37,1,2,ad3、［T6］*In III Sent.*, 6,2,2,c、［T11］*S.C.G.*, III, 9、［T12］*De potentia*, VII, 2, ad1、［T13］*Quod.*, IX, 2, 2, c、［T14］*S.T.*, I, 3, 4, ad2、［T15］*S.T.*, I, 48, 2, ad2、［T22］*De malo*, I, 1, ad19　このうち、［T14］と［T15］は上に引用した。それらと並んで典型的なのは、次の

テクスト［T1］である。

「'ens per se' は二つの仕方で語られる。一つは、十の類に区分されるもの、また一つは、命題の真理を意味表示するもの、である。ところで、この両者の違いは次の点にある。すなわち、第二の意味では、それについて肯定命題を形成しうるものはすべて、たとえそれが実在に何もおかなくても、'ens' と言われうるのである。この意味では、欠如や否定も 'ens' と言われる。というのも、肯定は否定に対立する、盲は目の中にあると言われるからである。しかし、第一の意味では、実在に何かをおくものしか 'ens' と言われえない。したがって、第一の意味では、盲などは 'ens' ではないのである。(13)」

一連のテクストにおいて、'ens' や 'esse' という語が 'significare' の主語となっているとき、それらの語はそれらの語そのもの（あるいは、それらの語によって代表されている語）をさしている（言及）。「意味表示する」のは実在ではなく言語だからである。この場合、アクィナスの説明はメタ言語による意味論的分析である。これに対して、'ens' という語が 'dividitur per decem genera' の主語となっているとき、それは実在をさすために使われている（使用）。「十の類（範疇）に区分される」のは実在だからである。この場合、アクィナスの説明は対象言語による存在論的分析である。

アクィナスが 'ens' や 'esse' について「二つの仕方で語られる」と説明する一連のテクストを、フェレスは ens ut actus essendi と ens ut verum の「存在論的二区分」（ontologische Dichotomie）という存在論の観点からのみ解釈しようとして困難に直面した。フェレスは表現の「使用」と「言及」という意味論的区別を無視したため、「二つの仕方で語られる」ものが、ある時は‘ens’、ある時は‘esse’、またある時は‘ens et esse’と言われている理由が説明できなかったのである。[14]

もちろん、アクィナスのテクストには必ずしも「使用」と「言及」を識別する標識はなく、その区別はしばしば曖昧である。だからといって、フェレスのようにこの区別を無視すると、意味論と存在論を混同しテクストの誤解を招くことになる。[15] このような意味論的視点の欠如は、フェレスのみならず多くのアクィナス研究に蔓延している。とくに、アクィナスの言う‘ens’や‘esse’の二区分のうち、後で説明する「意味論的世界においてはたらく」‘ens’や‘esse’について、その「使用」と「言及」の区別を曖昧にしたまま、引用符をつけずたんにensやesseと表記することは、[16] そのensやesseが、十の範疇に区分される実在と対立するもうひとつの実在を指示しているかのような誤解を招く。[17]

ケニーがアクィナスの「being論」に首尾一貫性を見出せなかったのも、[18] この「使用」と「言及」の区別を曖昧にしたまま議論を進めたからであると思われる。ケニーはアクィナスのテクストから析出した十二のbeingについて、「beingの十二のタイプないし‘be’動詞の十二の意味（senses）」と表現しているように、それが‘ens’や‘esse’という語の意味の区分なのか、それらの語によって意味表示される実在のタイプの区分なのか、つまり意味論なのか存在論なのかを曖昧にしている。その区別を曖昧にしたまま、十二のbeingに首尾一貫性がないというのは、説得力を欠く。[19]

三　意味論的二区分

では、'ens'や'esse'についてアクィナスが「二つの仕方で語られる」と説明するとき、それはどのような区分なのか。この問に十分な解答を与えるためには、印欧語に特徴的ないわゆる'be'動詞が、アリストテレスのギリシャ語'εἶναι'や'ὄν'から、注釈家たちのアラビア語（存在動詞とコプラ文型を峻別）を介して、アクィナスの時代のラテン語'esse'や'ens'へと、どのように変容したかについての歴史的考察が必要であろう。[20] だが、われわれの目下の関心は意味論的視点からの分析である。われわれの考えでは、「二つの仕方で語られる」'esse'や'ens'とは、要するに「意味論的世界においてはたらく」'ens'や'esse'と、「意味論的世界においてはたらき、外部とも関係する（referi ad rem）」'ens'や'esse'である。これは、意味論を基準としてその「内」と「外」を区別する、いわば「意味論的二区分」という解釈である。

「意味論的二区分」というわれわれの解釈は、アクィナスの一連のテクストを存在論的二区分とみなすフェレスや、存在論と意味論の区別を曖昧にしているケニーはじめ他の多くの研究者と一線を画している。[21] さらに、「意味論的二区分」という解釈は、ギーチやヴァイデマン[22]の意味論的解釈とも異なる。というのも、彼等はこの二区分を'esse'や'ens'の「意味」（sense）の種類の区別とみなしているが、われわれはこれを、たんなる「意味」の種類の区別ではなく、「意味（意義）表示」と「意味表示（指示）」の区分と解釈しているからである。この点をさらに詳しく考察しよう。

われわれの「意味論的二区分」という解釈は、「表示」と「指示」、そして「意義」と「指示物」を区分する意味論的視点に基づいている。この視点は、アリストテレスのいわゆる「意味論的三角形」(semantic triangle)[23]についてのアクィナスの注解において与えられている。

「…したがって、アリストテレスの見解に従って、魂の情態はここでは名指し語、述べ語、文が直接的に意味表示している知性の概念と理解すべきである。というのも、それら［語や文］は、意味表示の様態から明らかなように、実在そのものを直接的に意味表示することはありえないからである。たとえば、'homo' という名指し語が意味表示するのは、個体から抽象された人間本性であり、したがってそれが個的人間を直接的に意味表示することはありえないのである。そこから、プラトン派の人々は、その語は離在する人間のイデアそのものを意味表示すると考えた。しかし、アリストテレスの見解によれば、このようなイデアは、その抽象性によって実在的に自存するものではなく、ただ知性のうちにしかない。それゆえ、アリストテレスにとって、［意味表示］音声が直接的に意味表示するのは知性の概念であり、その概念を介して実在を意味表示すると語る必要があったのである[24]。」

アクィナスはここで、「意味表示音声」すなわち言語表現が significare する二つの様態を「直接的」と「間接的」とに区分し、その結果、「直接的に意味表示されるもの」(significatum inmediate) すなわち「知性の概念」(intellectus conceptiones) と、「概念を介して間接的に意味表示される実在」(res significata eis mediantibus) とを区分している。たとえば、'homo' という語は、「個体から抽象された人間本性」という「概念」を直接的に意味表示し、その概念を介して間接的に「実在」としての「個的人間」を意味表示する。[25]

　このような「直接的意味表示」と「間接的意味表示」の区別は、記号論・意味論で言うところの、「表示」（signification）と「指示」（reference/ designation）の区別にほぼ対応し、それによって意味表示される「概念」と「実在」の区別は、「意義（sense）としての意味」と「指示物（referent）としての意味」の区別にほぼ対応する。[26] significare のこれら二つの様態を、われわれは〈意味（意義）表示する〉と〈意味表示（指示）する〉という表現で区別する。たとえば、‘homo’という語は、直接的には人間本性という知性の概念を「意味（意義）表示し」、それと同時にこの概念を介して間接的に個的人間という実在を「意味表示（指示）する」。したがって、〈意味（意義）表示する〉というのは、意味論的世界における言語と概念との関係であり、他方〈意味表示（指示）する〉というのは、意味論的世界における言語とその外部との関係である。

　ところで、このような意味論的分析は、「意味表示音声」すなわち「名指し語」（nomen）、「述べ語」（verbum）、「文」（oratio）についての一般的説明であって、「二つの仕方で語られる」‘ens’や‘esse’の説明とは別ではないのか？　この問に対して、われわれの解釈では、この意味論的分析は‘ens’と‘esse’に典型的にあてはまる。アクィナスによれば、文を構成するすべての述べ語は‘esse’を「含意し」（implicare）[27]、たとえば‘currere’＝‘currentem esse’のように、「述べ語はすべて‘esse’と分詞に還元できる」[28]。つまり、‘S currit’は‘S est currens’へと還元できるのである。そして、すべての文が‘S est …’という形式に還元できる以上、‘S est …’という文の主語となりうる何であれ名指し語‘S’は、文法形式上、‘quod est’すなわち‘ens’である。[29] したがって、アクィナスにおいて‘ens’と‘esse’は名指し語と述べ語のたんなる一例ではなくそれらを代表するプロトタイプと考えられており、音声言語一般についての分析は典型的にそれらの語にあてはまると思われる。

アクィナスによれば、「それについて肯定命題を形成しうるものはすべて、たとえ実在に何もおかなくても、‘ens’と言われうる」。[30] 逆に言うと、‘quod est’すなわち‘ens’と言われうるものがすべて、実在を指示するとは限らないのである。‘ens’や‘esse’によって代表される語（そしてそれを含む文）はすべて、人間にとって理解可能な記号である限り、当然意味論的世界において何らかの意義を有する。すなわち、「意味（意義）表示する」。しかし、必ずしもすべての語（や文）が、意味論的世界の外部と関係する、すなわち「意味表示（指示）する」とは限らないのである。

したがって、アクィナスが言う「二つの仕方で語られる」‘esse’や‘ens’の区分とは、要するに「何らかの概念を意味（意義）表示する」すなわち「意味論的世界においてはたらく」‘esse’や‘ens’と、「何らかの概念を意味（意義）表示し、同時にその概念を介して実在を意味表示（指示）する」すなわち「意味論的世界においてはたらき、外部とも関係する（referi ad rem）」‘esse’や‘ens’との「意味論的二区分」である。[31] 当然、前者は後者の一部である。

四.「意味論的世界の外部とも関係する」'ens' や 'esse'

では、「意味論的世界においてはたらき、外部とも関係する（referi ad rem）」'ens' や 'esse' は、何を意味表示するのか。まず、'ens' から検討する。アクィナスは 'ens' が意味表示するものを、「或るもの」（aliquid）［T1］、「本性において存在する或るもの」（aliquid in natura existens）［T4］、「実在の本質」（essentia rerum/ rei）［T2］［T11］［T12］、「心の外に存在する実在の本質」（essentia rei extra animam existentis）［T5］、「実在の有性」（entitas rei）［T15］、「十の範疇の本性」（natura decem generum）［T22］などと多様に説明する。[32] これらの説明に共通するのは、「十の範疇に区分されるもの」（quod dividitur per decem genera）である。「十の範疇に区分されるもの」とは、実体、量、質、関係、場所、時間、位置、状態、能動、受動の十種類に区分される述語のどれかがある主語に当てはまるとき、「実在」の側でその述語に対応する実体や付帯性のことである。したがって、'ens' が上記のものを「意味表示する」ということは、十の範疇のいずれかの本性を「意味表示（指示）する」ということである。したがって、そのようなしかたで意味表示（指示）された ens は res と置換される［T15］。要するに、上記の多様な説明は、'ens' の「意味論的世界の外部における指示物」についてのものである。

つぎに、'esse' について考察する。それが意味表示するのは、「本質の現実態」（actus essentiae）［T3］、「有の現実態」（actus entis）［T6］、［T13］、「有るの現実態」（actus essendi）［T14］である。[33] これらに共通するのは「現実態」（actus）である。しかし、'actus' という語を限定している

'essentiae'、'entis'、'essendi' などはどう解釈すればよいのか。まず、'esse' が actus essendi を意味表示するということは、'esse' という語は抽象名詞であるが、その語の指示物は「有るという動詞的現実態」であるということである。また、'esse' が actus essentiae や actus entis を意味表示するということは、'esse' が意味表示（指示）するのは、'ens' の指示物としての essentia や ens の現実態であるということである。要するに 'esse' は、「'ens' の意味論的世界の外部における指示物」すなわち「十の範疇のいずれかの本性」の「現実態」を意味表示（指示）するのである。

ところで、「意味論的世界の外部とも関係する」'ens' や 'esse' を説明するときトマスが念頭においていたのは、存在文 'S est' とコプラ文 'S est P' のいずれ（あるいは両方）であるのか、という問題がある。アクィナスは、（1）'S est' というタイプの文における 'est' の意味について説明しているのか、（2）'S est P' というタイプの文における 'est' の意味を説明しているのか。この問題は、アリストテレス『形而上学』第5巻第7章（1017a7-35）における「自体的オン」と「付帯的オン」の解釈に関する大きな論点の一つでもある[34]。

アリストテレス解釈がどうであれ、はっきりしていることは、アクィナスは両方のタイプの例文を提示しているという事実である。『形而上学注解』において、アクィナスは、まず「存在様態」(modus essendi) から「述語付けの様態」(modus praedicandi) が帰結するということを確認した上で、ens は述語の種類にそくして区分され、その区分の名称が「述語形態／範疇」(praedicamenta) であると説明する。そして、こう言う。「'esse' は述語付けの様態の各々と同じものを意味表示する。たとえば、'homo est animal' と言われるとき、'esse' は実体を意味表示し、'homo est albus' と言われるとき、'esse' は質を意味表示し、その他についても同様である」[35]。この箇所ではあきらかに 'S est P' のタイプの例文を念頭に置き、その 'est' の意味がPの種類によって規定されると説明している。

他方、『命題集注解』において、'ens' は、実体であれ付帯性であれ、「本性において存在する或るもの」を意味表示すると説明した後、アクィナスは次のように言う。「実在において本性的エッセをもっているものはすべて、〈ある〉と肯定命題によって意味表示されうる。たとえば 'color est' や 'homo est' と言われる場合がそうである」[36]。この箇所ではあきらかに、アクィナスは 'S est' というタイプの例文を念頭に置き、その 'est' の意味がSの種類によって決定されると考えている。

したがって、'S est' や 'S est P' の 'est' が意味表示（指示）するのは、SやPによってその都度決定される、実体や付帯性の esse である。その意味で、'esse' は一義的ではない。ただし、アクィナスによれば[37]、'esse' は「現実性」という概念を共通に「意味（意義）表示し」、その概念を介して「現在・現実的にあること（actu esse）」を意味表示（指示）する。それは「何であれある形相や現実態の基体への現実的内在（actualiter inesse）」である。つまり、actu esse は、実質的には実体形相や付帯形相の基体への actualiter inesse なのである。

以上から明らかなように、「意味論的世界の外部とも関係する（referi ad rem）」'ens' は、十の範疇に区分される本性を意味表示（指示）し、'esse' はそのような本性が「現在・現実的にあること」を意味表示（指示）する。この「現在・現実的にあること」は、「形相の基体への現実的内在」であって、たんなる「存在」ではない。アクィナスの 'est' に個物の述語としての意味、すなわち「『現在・

現実性』意味」（'the present-actuality' sense）を認めたギーチも、この点でギーチに従ったヴァイデマンやケニーも、そしてギーチに反して 'est' に個物の述語としての意味をいっさい認めないディヴィスも、'est' が意味表示（指示）するのは個物の「存在」ではないという点では一致している[38]。

五．「意味論的世界においてはたらく」'esse' や 'ens'

さて、「二つの仕方で語られる」'esse' や 'ens' のもう一方は、「意味論的世界においてはたらく」'esse' や 'ens' であった。「意味論的世界においてはたらく」ということは、何らかの概念を「意味（意義）表示する」が、その概念を介して実在を「意味表示（指示）する」かどうか、すなわち「意味論的世界の外部とも関係する」かどうかは決定されないということである。

上に述べたように、'S est ...' における主語 'S' は、言語形式上 'quod est' すなわち 'ens' と呼ばれうるから、'caecitas est in oculo'［T1］や 'malum est in universo'［T4］という命題が形成されるとき、'caecitas' も 'malum' も文法形式上は 'quod est' すなわち 'ens' である。しかし、すでに見たように、このような文の真の論理形式は、caecitas や malum という概念に関して真なる命題が形成されうるということ、すなわち、「あるものに視覚が欠けている」「あるものに善が欠けている」ということであった。したがって、このような 'ens' や 'est' は「意味論的世界においてはたらく」けれども、「意味論的世界の外部とも関係する」かどうかは考慮されていない。アクィナスが「実在に何もおかない（in re nihil ponere）」‘ens’［T 1］や、「ラチオに属する（rationis）」‘esse’［T 5］と言うとき、この「意味論的世界においてはたらく」‘ens’や‘esse’を、意味論的世界の外部との関係から切り離して説明しているのである。

アクィナスはこのような‘ens’や‘esse’について、具体的には次の三つの説明を与えている。[39]（1）「命題の結合」（compositio propositionis）を意味表示する。（2）「命題の真理」（veritas propositionis）を意味表示する。（3）「〜なるものがあるか？」（an sit ?）の問に応答する「付帯的述語」（praedicatum accidentale）である。

（1）「命題の結合」とは、‘S est P’と表現される知性の判断のことである。[40] SとPの「結合」は、「分離」（divisio）と対立する意味でのそれではない。アクィナスにおいては、SとPとの分離すなわち‘S non est P’は、Sとnon-Pとの結合すなわち‘S est non-P’と考えられていたからである。[41] そして、‘S est P’における‘est’がこの結合を「意味表示する」ということは、既に成立している判断を対象としてそれを「意味表示（指示）する」ということではなく、判断そのものを成立させるということである。アクィナスによれば、そのような判断すなわち結合は、まさに「私が‘est’と言うことによってもたらされる」[42]からである。したがって、この意味での‘est’は、意味論的機能というより、判断を成立させるという認識論的機能をはたしている。

（2）「命題の真理」は、知性の判断が実在と合致しているとき、その判断すなわち「結合において成立する」［T 15］。‘S est P’における‘est’が命題の真理を「意味表示する」ということは、すでに成立している真理を対象としてそれを「意味表示（指示）する」ということではなく、知性の判断を成立させるとき、同時にその判断の真理を「主張する」ということである。

現代では‘be’動詞の存在用法やコプラ用法と真理発言的用法はふつう区別されるので、‘est’にこのような真理主張の機能を持たせることを疑問視する人もいる。(43) しかし、サールの言語行為論(44)によれば、たとえば誰かが〈モンタギュは哲学者である〉と言う場合、彼は「発言行為」(utterance act) と「命題行為」(propositional act) を行いつつ、その上にさらに「断言」という「発話内行為」(illocutionary act) を同時に遂行していると分析される。このような言語行為論の立場に立てば、コプラ‘est’によって、述語を主語に繋ぐ「命題行為」とともに真理断言的発話という「発話内行為」を同時に遂行しているという分析は、われわれにとって違和感のない考え方である。

したがって、この場合の‘est’は、意味論的というより、話者の真理主張という語用論的機能をはたしている。(45)

（3）「〜なるものがあるか？」(an sit ?) の問に応答する‘est’は、「付帯的述語」(praedicatum accidentale) といわれる [T 4]。すでに見たように、‘caecitas est’の‘est’は「盲性なるものはあるか」という問に対して、「或るものは盲である」すなわち「或るものは視覚を欠いている」ということが真であることを意味表示する。すなわち真理を主張する。この‘est’が「付帯的」と言われるのは、それが十の範疇のうちの付帯性を意味表示（指示）するからではなく、それがまさに「意味論的世界においてはたらく」からである。というのも、「心や言語において真と主張されること」は、実在にとっては付帯的なことだからである。(46)

結論

以上まとめると、アクィナス哲学の核心部分に'esse'や'ens'の意味論がある。それをアクィナスは、「意味表示」（significare）の二つの様態の区分として説明している。すなわち、「意味論的世界においてはたらく」'esse'や'ens'と、「意味論的世界においてはたらき、外部とも関係する（referi ad rem）」'esse'や'ens'との、二区分である。前者は、何らかの概念を「意味（意義）表示」し、知性の判断を成立させると同時に判断の「真理を主張する」が、真偽の決定は意味論にとっては外的基準に委ねられる。後者は、何らかの概念を意味（意義）表示すると同時に、その概念を介して意味論の外部の実在を「意味表示（指示）」する。したがって、後者は前者の一部である。このように、'ens'や'esse'という語のはたらきを、意味論の「内」と「外」という視点から分析することが、彼の存在論を理解するための前提となる。

第二章　存在論と意味論

問題の所在

西洋哲学の伝統的な「存在論」(ontologia) は、アクィナスにとっては、ラテン語の動詞 'esse' (ある・有る)、分詞の派生形 'ens' (有・あるもの)、抽象名詞 'essentia' (本質) などの語 (およびそれらを含む文) によって意味されるものについての論 (logia) であった。その意味では、アクィナスの存在論は 'onto-logy' というよりは、むしろ 'enti-logy' と呼ぶべきものである。じっさい彼は、アリストテレスのようにギリシャ語 'ὄν' (および 'εἶναι' や 'οὐσία') によってではなく、ラテン語 'ens' (および 'esse' や 'essentia') を分析の対象としているからである。

では、アクィナスの enti-logy はいったい何を語っているのか?　ラテン語 'esse' (および 'ens' や 'essentia') によって何らかの仕方で意味表示され、「事物の世界に」(in rerum natura) 措定される

「事物・実在」(res) を分析しているのか? それとも、それらの語 (および文) の「意味作用」(significare) について分析しているのか? つまり、アクィナスの enti-logy は「存在論」であるのか、それとも「意味論」であるのか?

この問いに対して、我々の用意している解答は、アクィナスは「意味論」を前提として「存在論」を展開したということである。言うまでもなく、言語分析なしに存在論はありえず、このことをアクィナス自身がはっきりと自覚していたからである。(1)

本論の目的は、アクィナスにおける存在論と意味論について、我々の解釈を提示するための予備的考察として、先行研究における一．存在論的アプローチと、二．意味論 (言語分析) 的アプローチをそれぞれ批判的に検討することにある。

一．存在論的アプローチ

20世紀中頃、それまでの伝統的トミストたちによる浅薄な解釈に対して、アクィナスのエッセの意味の再発見をしたのが、ジルソン (E. Gilson, 1948 & 1952) やファブロ (C. Fabro, 1961) に代表される現代トミストたちであると言われる (山田、1978、pp.3-101)。ファブロによれば (Fabro, 1961, pp. 280-315)、「トマス以後の哲学におけるトマスのエッセの忘却 (obscurcissement)」は次のようにしておこった。アクィナスにおける essentia - esse の対概念が、まず esse essentiae - esse existentiae に、つぎに essentia - existentia に置き換わり、ついに esse = existere (existentia) となった。J. Nijenhuis によれば (1986, pp.359-62)、近代哲学のスアレス、デカルト、ロック、ヒューム、カントにおいて、'esse' は 'existere' や 'existentia' と同義語とみなされている。この結果、アクィナスの 'esse' は、ジルソンによれば (Gilson, 1952, p.201)、'existere' や 'existentia' という all or nothing の概念に平板化された。(2) これに対して、ファブロやジルソンは、アクィナスの esse が本来もっていた、plenitudo essendi (エッセの充満) や actus essendi (エッセの現実態) という豊かな内容面を強調した。

しかし、こうした「現代のトミズム」(der gegenwaertig Thomismus) に対して、フェレス (T.Veres, 1970) は次のような不満を表明した。

「たしかに、その存在論的問題性は現代のトミズム、とくに、ジルソンやファブロの研究において、並外れた進展を見た。actus essendi という概念は、そこでは明らかに、アクィナスの形而上学の中心に置かれている。しかし、これらのトミストによって与えられた解釈を評価することは本当に難しい。その理由は、まず第一に、彼らは、actus essendi を元々の ens ut verum との文脈から切り離すことによって、解釈の範囲を actus essendi にのみ限定しているからである。また、アクィナスがその解釈を正しいと評価したかどうかは、疑わしいと思われる。actus essendi という概念の後半部分、すなわち esse がいったい何を意味するのかについて、何の情報も与えられないからである。…彼らは actus essendi という概念がそれ自体で何を意味し、アクィナスの著作の中でどのような文脈においてその概念が登場するのかということを本来的に考察することなしに、その概念にもう一つの哲学的賞賛をささげている。[3]」

フェレスによれば（Veres, 1970, S.81）、アクィナス哲学の中心テーマは、ens ut actus essendi 対 ens ut verum という「根本的存在論的二区分」（eine fundamentale ontologische Dichotomie）である。フェレスは言う。

「我々のテーゼは次のようなものである。ens ut actus essendi が意味するのは、存在者、すなわち個々の存在者および有限な人間の心（人間の魂）にとっては隠されていて不滅なザインの充満としての存在者の全体である。他方 ens ut verum が意味するのは、それと同じ存在者が人間の心にとって明らかで思考可能となったものである。[4]」

フェレスはこの区分を哲学の伝統的な「ザインとデンケンの相互関係」（der Bezug des Seins und des Denkens zueinander）と位置づけた上で、アクィナスの二区分を「人間にとって思考不可能な完全性（Vollkommenheit）としての存在者」と「同じ存在者が、人間によってこれまでに思考された（je gedacht）、あるいは人間にとって思考可能（denkbar）であるかぎりのもの」の区分と解釈する（Veres, 1970, S.82）。つまり、二つのエンスは「客観的現実的に区別される存在者の多様なあり方や領域」ではなく、あくまで人間にとって、「思考不可能」（undenkbar）と「思考可能」（denkbar）とに区分される、「同じ存在者」（ein und dasselbe Seiende）なのである（Veres, 1970, S.84）。

以上のようなフェレスの解釈は、アクィナスにおける二区分の重要性を焦点化した点では評価されうるが、我々の考えでは、その二区分を「存在論的」とみなしたためにいくつかの困難に直面せざるをえないため、アクィナスのテクストの読みとしては正しくないと思われる(5)。

二．意味論（言語分析）的アプローチ

ここで言う〈分析的〉（'analytical'）とは、P.T. Geach（1961, 1969）、H.Weidemann（1979, 1986）、A.Kenny（1969, 1980, 2003）等によって代表されるような、G. Frege の影響を受けたアクィナス解釈のことである。

二．一　ギーチ

まず、ギーチ（Geach, 1961, p.90）は次のように言う。

「〈ある〉（'is'）の二つの意味（senses）の違いを次のように表現することができる：ある個物は現在現実的に存在している（at present actually existing）という意味で、〈ある〉（'be'）と言われうる。他方、一つのXが〈ある〉（'there is' an X）と語る（この場合、〈X〉は一般的タームの代理である）とき、われわれはXなるものの種類や記述について、そのような種類や記述のあては

まるものが少なくとも一つある（there is）ということを語っているのである。[6]」

ギーチ（Geach, 1961, pp.90-91）は、これら二つの「意味」（senses）を、「『現在・現実性』意味」（'the present-actuality' sense）と、「『なるものがある』意味」（'there is' sense）とに区別した上で、ラッセルの分析を次のように批判する。

「ラッセルが独断的に、存在を表す（substantive）述語としての'be'動詞の'there is'の意味が、論理学が正当（legitimate）と認めうる唯一の意味であると繰り返し言ったのは不幸である。[7]」

しかし、ギーチ（Geach, 1969, p.42）は、ラッセル等現代の哲学者たちが言う「'exists'は固有な意味では述語ではない」という公理（maxim）にも、「指示のパラドクス」（the paradox of reference）を解決するという一定の価値を認める。

「'A is not'や'A does not exist'といった文はけっして真とならないかのように思われる。というのも、もしそれが真なら、主語ターム'A'は指示対象を持つことができず、したがって真なる述語付けどころか、いっさいの述語付けがなされなかったことになるだろうからである。この困難から脱出するためには、'A is not'や'A does not exist'において、'is'や'exists'という動詞は論理的述語ではないと考えればよいのである。[8]」

しかし、〈存在する〉（‘exist’）を述語と認めない現代哲学に対して、ギーチ（Geach, 1969, p.42）は次のようなしかたで‘is’や‘exists’に述語としての意味を認めようとする。

「しかし、‘is’や‘exists’は個体についての純粋な論理的述語ではないと言うことによって、非存在のパラドクスが解決されるとしても、だからといって、‘is’や‘exists’が、純粋に論理的な述語でないということが証明されるわけではない。なぜなら、そのパラドクスは別の仕方で解決可能だからである。(9)」

そして、別の解決を示すために、ギーチ（Geach, 1969, p.43）は三つの例文を挙げる。

A There is no such thing as Cerberus; Cerberus does not exist, is not real.
（ケルベロスなるものはいない。ケルベロスは存在しない、実在的ではない。）
B There is no such thing as a dragon; dragons do not exist.
（ドラゴンなるものはいない。ドラゴンは存在しない。）
C Joseph is not and Simeon is not.
（ヨセフはいない、シメオンはいない。）

[Aについて]（Geach, 1969, pp.43-44）。たとえば、ギリシャ神話を聞かされておびえる子供に〈ケ

ルベロスはローヴァのようには存在しない〈実在的ではない〉〉（'Cerberus doesn't exist (is not real) like Rover'）と言うとき、〈ローヴァ〉は飼犬を指示する名前であるが、〈ケルベロス〉は何かを指示する名前として使っているのではなく、それを名前として使っているふりをしていただけだと、その語の用法について説明している。

［Bについて］（Geach, 1969, pp.44-45）。うわべ上固有名詞を使っているAと違って、Bは記述的で述語となりうる語が使われている。これは、〈ドラゴン〉という語の使用を排除しているのではなく、「いかなるものもドラゴン（すなわち、翼と鍵爪をもち火を吹く竜）ではない」と言っている。つまり、ドラゴンを論理的述語として使っている。ギーチは、アクィナスの〈悪がある〉という文をこの意味で、すなわち「あるものは悪である（すなわち欠陥を持っている）」という意味で解釈する。[10]

［Cについて］（Geach, 1969, pp.46-47）。ヤコブがこのように語るとき、自分の子供について語っているのではなく、それらの名前の使用について語っていたと説明するのはばかげている。この場合、明らかに個体について述語している。つまり、それが語られた時点で「ヨセフもシメオンもこの世に存在していない」ということを意味している。これに対して指示のパラドクスを適用することは、「名前の指示的意味」と「名前の持ち主」の混同である。ヨセフが死んだとき、名前の指示的意味が死んだのではなく、その持ち主が死んだのである。名前の指示的意味は無時間的に成立しているので、ここには指示のパラドクスはない。

以上から、ギーチ（Geach, 1969, p.47）は次のように結論する。

「以上のことを明らかにするとき、C命題において'is'や'exists'が純粋な述語であるということを否定すべき必要はなにもない。さて、まさにこの'is'や'exists'の意味、すなわちC命題における意味こそが、アクィナスの'esse'というタームと関連するものである。この解釈のみが、アクィナスが'esse'について語るすべての意味に首尾一貫性を与えるものであると私は考える[11]。」

要するに、ギーチは、ラッセル等の現代哲学に反して、アクィナスの'esse'に個体の現実存在という意味を認め、この意味において'est'（そして'is'や'exists'）は個体についての述語であると主張しているわけである。

二．二　ヴァイデマン

次に、ヴァイデマン（Weidemann, 1979）の基本的立場は、

「アクィナスははっきりと『形而上学的存在論』（metaphysische Ontologie）と『論理学的言語分析』（Oogische Sprachanalyse）とを区別している[12]。」

ということであり、ヴァイデマンの意図は、フェレスの存在論的解釈とは違って、アクィナスの二区分を'be'動詞の「意味論的区別」として解釈することであった。

ヴァイデマン（Weidemann, 1986, p.181）は、ギーチの actuality 意味と there-is 意味の区別を継承しつつ、アクィナスにおける esse や ens の二区分を「'be' 動詞の意味論的に異なる二つの用法の区別」（two semantically different uses of the verb 'be'）と解釈した。そして、アクィナスの esse や ens の「現実態」（in act）と「真」（true）という意味論的二区分が、「存在の 'is'」、「叙述の 'is'」、「同定の 'is'」という、ヒンティッカ（cf. Hintikka, 1979, pp.433-468）が解釈したフレーゲの三区分と「整合的に細分化される」ことを明らかにしようとした。[13] 以上のようにヴァイデマンは、アクィナスにおける 'esse' や 'ens' の用法をフレーゲ的に、「存在用法」、「叙述用法」、そして「同定用法」という三つに水平に細分化し、さらにそれぞれの用法ごとに垂直にその意味を二区分するという方法をとった。

まず、存在用法について、ヴァイデマンはギーチの解釈（cf. Geach, 1969, p.65）に従って、（1）actuality 意味と（2）there-is 意味に区別する。[14] つぎに、叙述用法について、（1）「何であるか？」（quid est ?）という問に関係する「実体的述語」（praedicatum substantiale）と、（2）「これこれなるものがあるか？」（an est ?）という問に関係する「付帯的述語」（praedicatum accidentale）とに区別する。[15] だが、同定用法についての説明はほとんどない。

ヴァイデマンのこのような解釈は、フェレスの存在論的二区分を意味論的に捉えなおしたという点においては正しいが、われわれの考えによれば、[16] フレーゲの三区分との整合性という解釈の枠組みそのものに大きな問題がある。そのことは、ヴァイデマン自身が自分で設定した三区分を自分で破壊するという矛盾に陥っているという事実から明らかである。

二．三　ケニー

最後に、ケニー（Kenny, 2002）は、アクィナスの being 説を徹底的に批判するためにわざわざ一冊の本を書いた。その序文で、彼は次のように言う。

「本書の目的は、この重要なトピック［being］についてこの第一級の哲学者［アクィナス］がまったく混乱していることを示すことである。[17]」

ケニー（Kenny, 2002, p.189-92）は、De ente et essentia、In Sent.、De veritate、S.C.G.、De potentia、S.T.、In Met. の関連テクストを年代順に分析した結果、「アクィナスの著作から首尾一貫した無矛盾な理論を引き出すことはできないと結論せざるをえない[18]」と述べ、次のような「being の十二のタイプ（types）」ないし「being の十二の意味（senses）」を列挙する。

1「種的存在」Specific existence、2「個的存在」Individual existence、
3「実体的有」Substantial being、4「付帯的有」Accidental being、
5「共通的有」Common being、6「現実的有」Actual being、7「絶対的有」Absolute being、
8「志向的有」Intentional being、9「虚構的有」Fictional being、10「可能的有」Possible being、
11「叙述的有」Predicative being、12「同定的有」Identical being

ケニー（Kenny, 2002, pp.193-4）はさらに、そのような混乱の三つの原因を示して、次のように言う。

「第一に、beingという話題はすべての形而上学的問題の中でもっとも困難なものの一つである。私は付録でフレーゲの著作を考察したが、beingとexistenceの関係に関しては、フレーゲのほうがトマスより明確である。しかし、その話題に関するフレーゲ自身の著作も欠陥と矛盾を含んでおり、彼の信奉者たちはその欠陥を埋め、その矛盾を解決しようとやっきになっている。現代の哲学者たちは、プラトン、アリストテレス、アクィナス、フレーゲ等の肩の上にたっているが、'be' 動詞と他言語における 'be' 動詞の相当物を取り巻く諸概念のネットワークと結びついている問題の解決からは、まだ程遠いところにいる。(19)」

「第二に、アクィナスは迅速で多産な著述家であった。三〇年の著述生活において八百万語以上を書いた一人の哲学者の著作の中に、解決されていない矛盾を見つけることができたとしてもそれは驚くには当たらない。たとえばデカルトの名うての矛盾を見破ることのほうがはるかに困難である。しかし、デカルトの全産出量はアクィナスのそれの何百分の一にすぎない。われわれが確認したbeingのこの12タイプを大量の著作集を一貫して記憶にとどめておくこと、そしてそれらすべてを編集して首尾一貫した全体へと確実に仕上げることは、どんな偉大な才能の人をもひるませるかねない仕事である。(20)」

「第三に、アクィナスは自らの長所の犠牲となった。彼の著作の顕著な特徴の一つは、他の哲学者に対して彼が取ったエキュメニズム（超教派的連帯主義）的アプローチである。彼はつねに対話の相手の著作の中の最もよい部分を引き出し、彼らの言葉を真とするような解釈を与えようと努めている。このことが意味するのは、ときに彼は誤った哲学的立場に対して過剰に共感し、権威的思想家の著作に影響を受けすぎるということである。Being に関して言えば、新プラトン主義的な思弁、そしてとくに聖書の新プラトン主義的解釈に対してあまりにも無防備である。[21]」

ところで、ケニーは『五つの道』（Kenny, 1969）以来、『アクィナス』（Kenny, 1980）においても、そして本書『アクィナスの being 論』（Kenny, 2002）においても、アクィナスの being 論は首尾一貫していないとする点で、その批判は首尾一貫している。[22]

「さまざまな時期のテクストを詳細に考察した結果、アクィナスの being の教説は、一般には賞賛されているが、じつは哲学への彼の諸々の貢献のなかでもっとも賞賛に値しないものの一つであるという私の見解は変わらなかった。[23]」

もちろん、ケニーがテクストの分析を通して析出した十二の being のそれぞれについても、同意できないケースがいくつかあるが、今回われわれはそれを個別に論じるつもりはない。われわれの批判はむしろ、ケニーの解釈の枠組みそのものに関する以下の点にある。

1. 首尾一貫していない（と言われる）十二の being について、ケニーはそれを「being の十二のタイプ」ないし「'be' 動詞の十二の意味（senses）」と表現しており、アクィナスの being 理論が、有のタイプについての存在論的分類なのか、〈有〉や〈ある・有る〉を意味する語の意味論的分類なのか、ということを曖昧にしたまま議論を進めている。
2. つぎに、アクィナスが多くのテクストで言及する、'esse（ens）dupliciter dicitur' という陳述における 'ens' や 'esse' の「二区分」について、ケニーは正しく理解できていない。
3. また、アクィナスにおける being の問題を論じるのに非常に重要なテクスト、すなわち『命題論注解』を、ケニーは無視している。
4. 以上のことから、アクィナスにおける being 論が混乱している理由としてケニーが挙げる第二のもの、すなわちアクィナスは多産な著作家であるため全体を首尾一貫させることができなかった、という分析はあたらない。

これに対して、われわれの主張の骨子は、基本的に次のとおりである。

1. being のさまざまなタイプの存在論的分類とそれらの全宇宙的構造に関して、アクィナスの主張に論理的無矛盾性と首尾一貫性があるかどうかについて検討するためには、その前提として、being を語り出す語や文の意味表示の働きと対象についての意味論的考察が必要である。つまり、「存在論」の前提として「意味論」がまず不可欠である。
2. アクィナスは「意味論的二区分」という一貫したパースペクティヴを持っており、それを 'esse

（ens）duplicitur dicitur' という定式で多くの関連テクストにおいて繰り返し説明している。[24] 特に重要なテクストは以下の十二である（テクスト番号は，巻末 pp.xlv-l 参照）。

［T1］*De ente*,1
［T2］*In I Sent.*, 19, 5, 1, ad 1
［T3］*In I Sent.*,33, 1, 1, ad 1
［T4］*In II Sent.*, 34, 1, 1, c
［T5］*In II Sent.*, 37, 1, 2, ad 3
［T6］*In III Sent.*, 6, 2, 2, c
［T11］*S.C.G.*, III, 9
［T12］*De potentia*, VII, 2, ad 1
［T13］*Quod.* IX, 2, 2, c
［T14］*S.T.*, I, 3, 4, ad 2
［T15］*S.T.*, I, 48, 2, ad 2
［T22］*De malo*, 1, 1, ad19

3. 意味論的二区分を説明する上記テクストは、意味表示の様態について説明する『命題論注解』の以下のテクストの観点から解釈されるべきである。

「…したがって、アリストテレスの見解によれば、魂の情態はここでは、名指し語、述べ語、そして文が意味表示する知性の概念と理解すべきである。というのも、それら（の語や文）は、意味表示の様態から明らかなように、事物（res）そのものを直接的に意味表示することはありえないからである。たとえば、〈人間〉という名指し語が意味表示するのは、個々の人間から抽象された人間本性であり、したがってそれが個々の人間を直接的に意味表示することはありえないのである。そこから、プラトン派の人々は、その語は離在する人間のイデアそのものを意味表示すると考えた。しかし、アリストテレスの見解によれば、このようなイデアは、その抽象性によって実在的に自存するものではなく、ただ知性のうちにあるのみである。それゆえ、アリストテレスにとって、［意味表示］音声が直接的に意味表示するのは知性の概念であり、その知性の概念を介して間接的に［音声は］実在を意味表示すると語る必要があったのである。(25)」

アクィナスはここで、音声の意味表示する働きの様態を「直接的」と「間接的」とに区分している。これに対応して、そのような働きの結果としての意味表示の対象が、「直接的に意味表示されるもの」（significatum inmediate）、すなわち「知性の概念」（intellectus conceptions）と、「知性の概念を介して間接的に意味表示される事物」（res significate eis mediantibus）、すなわち「事物・実在」（res）とに区分されている。

4．

さしあたり、この二区分は、現代の意味論で言われる「意義」（sense）と「指示対象」（referent）

の区別とみることができる。[26] アクィナスは、語や文が何らかの概念を意味することと、それが実在を指示することの両方を、「意味表示する」（significare）という同一の用語で説明した。用語は一つであったが、両者を「直接的」と「間接的」という2つの観点から明確に区別した。「意味」という用語を、指示対象とは区別された限りにおける意義という狭義に限定せず、意義と指示対象の両方を包含する広義にとれば、この区分は「意味論的二区分」（semantic dichotomy）と呼ぶことができる。

5．意味論的二区分について語られる上記12のテクストは、『命題論注解』の上記テクストの観点から以下のように分析すべきである。‘ens’は直接的には「有・あるもの」（quod est）という概念を意味表示し、実在において「十の範疇」（decem praedicamenta）に区分される実体や付帯性の形相を間接的に意味表示する。[27] これに対して、‘esse’は直接的には「現実性」（actualitas）という概念を意味表示し、実在における「本質の現実態」（actus essentiae）や「エンスの現実態」（actus entis）を、すなわちそれらの形相や現実態がある基体に「内在していること」（inesse）を間接的に意味表示する。[28]

それと同時に、‘est’という述語動詞の定形（3人称現在単数形）は、知性が作る命題の結合を意味表示し、その結合において成立する真理を意味表示する。ただし、‘est’が第一義的に意味表示するのは現実性や形相の基体への内在であって、それが命題の結合や分離を意味表示するのは、あくまで「併せ意味表示する」（consignificare）という仕方である。[29]

結論

先行研究に対するわれわれの批判を要約すると、以下の通りである。ケニーは、アクィナスの分析における存在論と意味論の区別を曖昧にしたまま、〈being の十二のタイプ〉ないし〈'be' 動詞の十二の意味（senses）〉と言い換えることによって、両者の区別を混乱させた。また、意味論における「意味」の二次元という視点を無視したまま〈十二の senses〉という表現（英語の 'sense' は「指示対象」を含まない）を用いたため、十二の senses をたんなる混乱とみなさざるをえなかった。ギーチもヴァイデマンも、二区分を 'be' 動詞の senses の区分とみなし、次元の区別という視点に気づいていない。フェレスは、アクィナスの二区分を「存在論的」とみなすことによって、「意味論的」区別について無知である。

＊本論は、二〇〇二年度関西大学在外研究員としての研究費による成果の一部である。

第三章　‘Socrates est’ の言語分析

一・問題の所在

アクィナスは多くの個所において、〈ある〉に当たるラテン語の動詞 ‘esse’ や分詞の派生形 ‘ens’ の意味を様々な言い方で二つに区分している。たとえば、「あることの現実態（actus essendi）を表すエッセ」と「命題の結合（compositio propositionis）を表すエッセ」の区分（*S.T.*, I, 3, 4, ad2）、「事物の有性（entitas rei）を表すエンス」と「命題の真理（veritas propositionis）を表すエンス」の区分（*S.T.*, I, 48, 2, ad2）、「心の外の事物における（in rebus extra animam）エンス」と「心における（in anima）エンス」の区分（*S.C.G.*, I, 68）など、表現は多様であるがその内容はほぼ同じである。すなわち、A外界の事物の存在の現実態（これを〈A現実存在〉と呼ぶ）と、B命題の結合や真理という心的存在ないし言語的存在（これを〈B心的存在〉と呼ぶ）の区分である。(1) この区分は、「アクィナスの思想における根本的存在論的二区分」(eine fundamentale ontologische Dichotomie) と呼ばれ (Veres, 1970, p.81)、彼の哲学を理解する上で重要な一視点をわれわれに与える。しかし、アクィナス研究の長い歴史において、この「存在論的二区分」そのものが焦点化されたのは比較的最近のことであり、その解釈も確定していないのが現状である。本論の意図は、この「存在論的二区分」を 'Socrates est' という文の言語分析を通して論理的に解釈することにある。(2)

アクィナスのエッセの意味をめぐって、伝統的トミストたちの浅薄な考え方を最初に批判したのはジルソンやファブロであった。伝統的トミストたちは、アクィナスの 'esse' を、'existere' や 'existentia' と同一視し、それをたんなる「がある」の意味に平板化したのに対して、ジルソンやファブロはアクィナスのエッセの「存在の現実態」(l'acte d'exister)、「完全性」(perfectio) といった意味を強調した (山田, 1978, pp.22-42)。しかし、ジルソン等はアクィナスにおけるA現実存在を重視するあまり、それがB心的存在と一対で登場する文脈にほとんど注目しなかった。

これに対して、フェレスはこれら二つの存在が同時に語られる文脈こそアクィナスの存在論の根本であると考え、それをパルメニデス以来の「ザイン (実在) とデンケン (思考) の相互関係」と位置付けた (Veres, 1970, p.81)。すなわち、A現実存在とは「存在者、すなわち有限な人間の心には隠された無尽蔵なザインの充満としての、個々の存在者および存在者の総体」を意味し、B心的存在とは「それと同じ存在者が、人間の心に開示され思考可能となるかぎりのもの」である (Veres, 1970, p.81)。

これに対してわれわれは、フェレスの解釈も不十分であると考える。というのも、彼は、B心的存在（思考可能な存在）は、A現実存在（思考不可能な存在）が「人間の心に開示されるかぎりのもの」であるという単純な模写の立場をとっているが、アクィナスのB心的存在はA現実存在のたんなる模写ではないからである。ソクラテスが今現実に存在するとき〈ソクラテスが存在する〉という模写的命題（A現実存在を表す）が形成されうるが、ソクラテスが現実に存在しないときでも〈ソクラテスなるものが存在する〉という非模写的命題（B心的存在を表す）が形成されうる。すなわち、B心的存在はA現実存在との何らかの対応関係を有しつつも、それの単なる模写を越えた独自の領域を有するのである。このことを明らかにするためには、フェレスが言うアクィナスの存在論的二区分を言語分析の観点から論理的に再解釈する必要がある。(3)

二．‘Socrates est’の二つの意味

アクィナスは、‘Socrates est’という文を使って、エッセの二区分を説明する。‘Socrates est’には二つの意味がある。一つは、‘est’がA現実存在を意味する場合（これを（A）Socrates est と呼ぶ）、もう一つは、‘est’がB心的存在を意味する場合（これを（B）Socrates est と呼ぶ）である。（A）Socrates est が表すのは、ソクラテスという個体に属する本性的存在であり、（B）Socrates est が表すのは、ソクラテスについて我々の心や言語の中で何かが述語されるという付帯的事態である。（A）Socrates est の‘est’は「実体的述語」、（B）Socrates est の‘est’は「付帯的述語」である（*In V Met.*,

1.9, n.896)。アクィナスのこの説明は、どのように理解されうるのか？

二・一　実体的述語と付帯的述語

まず、（A）Socrates estとは、ソクラテスという個体が人間という本性において持っている現実的存在である。アクィナスはこの意味における存在を、‘actus essendi’（*S.T.*, I, 3, 4, ad2; *De veritate.*, I, 1, ad1; *De potentia.*, VII, 2, ad1）、‘actus entis’（*Quod.* IX, 2, 2, c; *In III Sent.*, 6, 2, 2, c）、‘actus essentiae’（*In I Sent.*, 33, 1, 1, ad1）などと呼ぶ。この意味で生物がある（esse）ということは、自らの本性すなわち種によって決定された生を生きる（vivere）ということである（*In I Sent.*, 33, 1, 1, ad1）。人間の場合、それは単に生きることだけでなく、感覚や知性を働かせつつ生きることを意味する。

アクィナスはこの意味の‘est’を「実体的述語」（praedicatum substantiale）と呼んだ。「実体的」といっても、付帯性と区別される実体の範疇のみを意味するわけではない。なぜなら、存在の現実態は「形相に従う」（*S.T.*, I, 5, 5, ad3）が、形相には実体的形相だけでなく付帯的形相もある（*In V Met.*, 1.9, n.894）からである。それゆえ、この場合「実体的」（substantiale）とは、実体や付帯性という範疇を越えて「事物そのものに当てはまる」という意味、すなわち「実質的」（substantiale）あるいは「本質的」（essentiale）という意味である（*S.T.*, I, 13, 2, c）。この意味で、この‘est’は「何であるか」（quid est）という問いに対応すると言われる（*In II Sent.*, 34, 1, 1, c）。

これに対して、（B）Socrates estの‘est’が「付帯的述語」（praedicatum accidentale）であるとは何を意味するのか。すでに述べたように、（B）Socrates estが意味するのは、ソクラテスという個体について心や言語の中で〈ある〉と述語されることである。'est' という語の使用によって成立するこのような存在は、個体としてのソクラテスには属さず、ソクラテスにとって実質的でも本質的でもない。その意味で、この 'est' は個体ソクラテスにとって「付帯的」（accidentale）な述語なのである。

二・二　AとBの関係

したがって、実体的述語と付帯的述語の区別という観点から見た場合、（A）Socrates est と（B）Socrates est は、異なった「様態」（modus）を意味表示する。すなわち、実体的述語 'est' は「事物の存在様態」（modus rei in essendo）を、付帯的述語 'est' は「知性の認識様態（modus intellectus in intelligendo）を表すのである（*S.T.*, I, 13, 12, ad3）。アクィナスは事物の存在様態を「もの自体」（res ipsa in se considerate）と呼び、「知る」や「感覚する」といった認識の秩序の外、すなわち心の外にあるとみなした（*S.T.*, I, 13, 7, c）。要するに、アクィナスは（A）Socrates est が表すA現実存在を「心の外の事物それ自体に属する存在」、（B）Socrates est が表すB心的存在を「心の中の認識の秩序に属する存在」とみなした。

その意味では、フェレスの言うように、AとBの区分は「ザイン（実在）」と「デンケン（思考）」の区分という側面をもっている。そして、この区分に「言語」を加えると、アクィナスがアリストテレスから受け継いだ「実在・知・言語」という伝統的な三項図式が成立する。すなわち、言語は知の記号（signum）であり、知は実在の類似（similitude）である（*S.T.*, I, 13, 1, c; *In I Periherm.*, 1.2）。

しかし、だからといってすべての知が実在のたんなる模写というわけではない。アクィナスによれば、人間の知性は、単純概念の形成においては実在の類似（模写）という性格をもつが、判断においては独自の内容を形成する（*In I Periherm*., l.2, n.20）からである。したがって、B心的存在はA現実存在のたんなる模写以上のものを含んでいる。（A）Socrates est が意味する内容は、ソクラテスという個体が現実的にあること、すなわち感覚や知性を働かせつつ現実的に生きているという存在の現実態であった。では、（A）Socrates est のたんなる模写以上のものを含む（B）Socrates est とは、いったい何を意味するのか。

三 ‘caecitas est’――心的存在の論理的意味

（B）Socrates est の意味を説明するために、アクィナスはB心的存在の意味でのみ語られる‘caecitas est’（‘Blindness is.’/‘There is blindness.’）の論理構造を分析する。‘caecitas est’には主語‘caecitas’に繋がれるべき述語がないので、それは一見叙述文ではなく存在文のようにみえるが、じつはこの‘est’はコプラとみなしうる。すなわち、‘caecitas est’は‘aliquid est caecum’（‘Something is blind’）を意味する（*In V Met*., l.9, n.896）。では、‘aliquid’（‘something’）とは、何を意味するのか。アクィナスによれば、一般に〈欠如がある〉（‘privatio est’）ということは〈何かが失われている〉（‘aliquid est privatum’）ことを意味するので、‘caecitas est’（‘Blindness is.’/‘There is blindness.’）とは、‘animal est caecum’（‘Some animal is blind.’）ということを意味する（*S.C.G*., III, c.7）。それゆえ、一見

存在文に見える‘caecitas est’は、叙述文‘animal est caecum’と同値であり、後者が真であれば、前者も真となる。

ここにはいわゆる「指示のパラドクス」は成立しない。指示のパラドクスとは以下のようなものである。‘caecitas est’において、主語‘caecitas’は視覚の欠如を指示するために使用されているが、欠如とは非存在のことであるから、その文は「非存在が存在する」という矛盾を主張することになる。あるいは、この文を否定して‘caecitas non est’と主張した場合、それについて〈ない〉(‘non est’)と主張されている当の‘caecitas’の指示そのものがそもそも成立しておらず、その文は無意味であることになる。しかし、‘caecitas est’についてそのような指示のパラドクスは当てはまらない。アクィナスによれば(*De malo*, 1, 1, ad19)、‘caecitas est’の論理構造において、‘est’は個体についてその属性を表す論理的述語ではなく、‘caecitas’もまた論理的主語ではない。すなわち、‘caecitas est’は‘caecitas’という文法的主語によってうわべ上指示されているかのように見える視覚の欠如についての命題ではなく、‘caecitas’を主語としてではなく論理的述語として用い、ある動物について‘animal est caecum’(‘Some animal is blind.’)と主張している有意味な命題なのである(cf. Geach, 1969, pp.29-53)。要するに、‘caecitas est’は、‘caecitas’が現実に存在する、つまり心の外にA現実存在を持っているということを意味しない。そうではなく、その文は‘animal est caecum’と同じことを意味するために心が形成した文、つまりB心的存在のみを表す文なのである。

では、‘caecitas est’という文が表すB心的存在とはどのような存在であるのか。アクィナスによれば、このような‘est’は〈…なるものがあるか?〉(‘an est?’)という疑問文に対する応答である(*S.*

T., I, 48, 2, ad2; *In II Sent.*, 34, 1, 1, c)。したがって、〈caecitas なるものがあるか?〉(‘an caecitas est?’)という問いに対して、‘animal est caecum’が真である場合に、〈caecitas なるものがある〉(‘caecitas est’)と肯定的に答える文なのである。

以上のようなアクィナスの分析は、このタイプの存在命題の論理構造についての現代の論理学の考え方の先駆けとみなされる(cf. Weidemann, 1979, p.47)。これを記号論理学の観点から分析すると、次のようになる。つまり、‘x est caecum’という命題関数が、その個体変項 x の値を少なくとも一つとり、その変項の値域には動物のクラスが対応する。この文の述語‘caecum’をCとすると、‘caecitas est’＝‘animal est caecum’は、次のように表記される。

$\exists x Cx$　式1

これが意味するのは、「動物のうちで少なくとも一つの個体 x がCである場合、かつその場合にかぎって caecitas なるものがある」ということである。

四．(B) Socrates est ──論理的解釈

さて、(B) Socrates est もまた、論理的に分析されうると解釈される(cf. Weidemann, 1979)。我々はその解釈に修正が必要であると考える立場にあるが、まずはその解釈をみよう。‘caecitas est’と同

様、（B）Socrates est は〈ソクラテスなるものが存在するか?〉（‘an Socrates est?’）という問いに対して、ある人間について ‘ipsum est Socrates’ が真なる場合に〈ソクラテスなるものが存在する〉（‘Socrates est’）と肯定的に答える文である。したがって、（B）Socrates est は、‘x est Socrates’ という命題関数が、その変項 x のある値（特定の文脈では唯一の個人）によって満たされるということである。ただし、ここで注意すべきは、‘x est Socrates’ と ‘x est caecum’ は同じではないという点である。述語 ‘caecum’ は、命題関数 ‘x est caecum’ を満たす複数の対象について「形相の観点から」（ratione formae）述定され（*In III Sent.*, d.5, expositio textus）、それら複数の対象に形相的限定を与える。これに対して、述語 ‘Socrates’ は、命題関数 ‘x est Socrates’ を真とする唯一の対象についてのみ「基体の観点から」（ratione suppositi）述定され（*In III Sent.*, d.5, expositio textus）、その対象を形相的諸限定の基体として同定する。

　要するに、‘caecitas est’ はすべての動物のうちで一つ（ないし少なくとも一つ）の個体は叙述的な意味で caecum である（すなわち、述語 ‘caecum’ を真とする動物の個体が存在する）ということを表すのに対して、（B）Socrates est は、すべての人間のうちで一つ（ないし、唯一）の個体が Socrates と同定されうる（すなわち、Socrates という個体が存在する）ということを表す。以上の解釈に従って、個体定項 Socrates を s とし、存在量化記号を用いて（B）Socrates est を表せば、次のようになる。

$\exists x(x = s)$　式2

これが意味するのは、「ある特定の個人 x が s と同一である場合、かつその場合に限って、s なるものが存在する」ということである。そして、個的存在の概念についてのこのような形式化は、「あるということは変項の値であるということである」（To be is to be a value of a variable.）というクワインの定式（cf. Quine, 1961, p.15）に対応すると解釈される（cf. Weidemann, 1979, p.50）。以上がアクィナスの分析を論理学の観点から解釈する一つの見方である。(4)

五．（B）Socrates est――論理的解釈の修正

だが、この解釈は不十分であると思われる。というのも、（B）Socrates est を‘x est Socrates’と解釈し、その真理条件を x = Socrates（つまり、ある個体 x と Socrates が同一の基体である）とした場合、指示のパラドクスに陥る可能性があるからである。すなわち、その文の否定、つまり‘Nemo est Socrates’は「いかなる個体もソクラテスと同一の基体ではない」を意味することになり、（B）Socrates non est は「ソクラテスと同一の個体はない」を意味することになり、存在しないソクラテスを基体として前提する（つまり、主語〈ソクラテス〉の指示が成立しない）という矛盾に陥る。これを避ける一つの方法は、この場合、述語は、単独の名辞‘Socrates’ではなく、コプラも含めた‘est Socrates’であると考えることによって、‘Nemo est Socrates’という文を「〈ソクラテスと同一である〉（‘est Socrates’）という述定はいかなる対象にも当てはまらない」と解釈することによって、存在しな

いソクラテスを前提することを回避することである。しかし、コプラ‘est’を述語の一部とみなすこのような考え方は、アクィナスのテクストには見出されない。アクィナスのテクストにあるのは次の言葉である。

「何であれある事物について知性や言語においてある述語が真なる仕方で肯定されるということが、その事物に付帯的に生じる[5]」

「第二［B心的存在］の意味では、それについて肯定命題を形成しうるものはすべて、たとえそれが実在に何も措定しなくても、あると言われうる[6]」

したがって、（B）Socrates est とは、Socrates について「知性や言語においてある述語が真なる仕方で肯定される」ということ、つまり Socrates について「肯定命題を形成しうる」ということを意味する。これはどういうことか？

ここでアクィナスが「肯定」と言うとき、それは「否定」を排除しない。なぜなら、アクィナスによれば、否定命題は肯定命題に還元できる（*In V Met.*, 1.9, n.895）からである。たとえば、‘Socrates est albus’（‘Socrates is white’）は、この命題が真であることを主張し、‘Socrates non est albus’（‘Socrates is not white’）は、‘Socrates est albus’が偽であることを主張する。言い換えると、‘Socrates est non-albus’が真であることを主張する。したがって、すべての否定命題‘S non est P’は、肯定命題‘S est non-P’ に還元できるのである。アクィナスにおいては、「否定命題の真理は肯定命題の真理に基づく」（*In I Sent.*, 19, 5, 1, ad1）ので、すべての真なる命題は ‘S est …’ という肯定命題の形式で表現できる。かりに、この…をφと表記するなら、‘S est φ’ が主張しているのは、‘S est φ’ が真であること、つまり[S est φ] est verum ということである。

したがって、（B）Socrates est という文が意味するのは、「ソクラテスについて真なる肯定命題 ‘S est φ’ が形成されうる」ということ、すなわち「‘Socrates’ は少なくとも一つの真なる述語の主語となりうる」ということに他ならない。したがって、上で（B）Socrates est の解釈として示した式2 $\exists x(x = s)$ は、次のように修正すべきである[7]。

$\exists \phi(\phi s)$　式3

これが意味するのは、「特定の個人sについて少なくとも一つの真なる述語φが当てはまる場合、かつその場合に限ってsなるものが存在する」ということである。アクィナスによれば、このような意味で語られる ‘est’ は、「心がつくる結合（compositio quam anima facit）」（*Quod.*, IX, 2, 2, c; *In I Sent.*, 19, 5, 1, ad1）、「知性がつくる命題結合（compositio propositionis quam facit intellectus）」（*In V Met.*, 1.9, n. 895）を表す。この ‘est’ は、「概念のエッセ（esse rationis）」（*In II Sent.*, 37, 1, 2, ad1）であり、「心の中に（in anima）」（*S.C.G.*, I, 68; *In I Sent.*, 19, 5, 1, ad1; *In VI Met.*, 1.4, n.1230）あり、「結合分離する心の働き（すなわち、判断）において（in actu animae componentis et dividentis）」（*Quod.*, IX, 2, 2, c）ある。

要するに、（B）Socrates est が表示するB心的存在とは、「何らかの真なる述語の主語となりうるもの」に対して知性が与える知的存在であり、述定によって成立する言語的存在に他ならない。

六．Ａ現実存在とＢ心的存在の関係

以上われわれは、'Socrates est' という文の分析を通じて、アクィナスにおけるエッセ（esse, est）の二つの意味について考察したわけだが、つぎに両者の関係を明らかにしなければならない。上で述べたように、フェレスはこれら二つのエッセを「ザイン（実在）とデンケン（思考）の相互関係」と位置付け、Ｂ心的存在（思考可能な存在）は、Ａ現実存在（思考不可能な存在）が「人間の心に開示され思考可能となるかぎりのもの」であるという単純な模写の立場をとった（Veres, 1970, p.81）。これに対して我々は、フェレスの解釈は不十分であると考える。というのも、アクィナスのＢ心的存在はＡ現実存在のたんなる模写ではないからである。

アクィナスは次のように説明する（*In V Met.*, 1.9, n.896）。Ａ現実存在とＢ心的存在は原因と結果の関係である。しかし、Ａがなくても知性はＢを作り出す場合がある。つまり、Ａ⇓Ｂはつねに言えるが、その逆Ｂ⇓Ａは必ずしも言えない。すなわち、（Ａ）Socrates est ⇓（Ｂ）Socrates est はつねに言えるが、その逆（Ｂ）Socrates est ⇓（Ａ）Socrates est は必ずしも言えないのである。これは何を意味するのか？このことを理解するためには、（Ａ）Socrates est と（Ｂ）Socrates est の意味を時間軸上で解釈するのが良いと思われる。

すでに見たように、(A) Socrates est が表すのは、ソクラテスという個体が人間として現実態にあること、すなわち感覚や知性を働かせつつ現実的に生きていることを意味する。したがって、ソクラテスがアテネの広場で青年と熱心に議論しているとき、彼について (A) Socrates est と誰かが言い、またソクラテスが毒杯をあおいで亡くなった後、誰かが (A) Socrates non est と言うとき、その 'est' や 'non est' は「生きている」「生きていない」ということを意味する論理的述語に他ならない。ところで、何であれ生命を有するこの世界の有限な存在者は、ある特定の瞬間に現実的に存在し始め (つまり生まれ)、別の瞬間に現実的に存在することを止める (つまり死ぬ)。その存在は時間的である。そのような有限な時間的存在の現実態がそのものに属するのは、つねに現在という瞬間すなわち「今」においてである。(8) それゆえ、(A) Socrates est の現実的存在 (ないし現実的生存) を意味する述語 'est' を述語記号Eで表し、ある特定の時間を t_1 によって表し、個体定項 Socrates を s で表すと、(A) Socrates est の論理的構造は次のように記号化できる。

(A) Socrates est = Et_1s　式4

これが意味するのは「個体 s は時間 t_1 において現実的にある (ないし生きている) E」ということである。

これに対して (B) Socrates est は、すでに見たように、ソクラテスについて真なる肯定命題を形成しうるかぎりにおいて「ソクラテスなるものが存在する」ということであった。それが真となるためには、個体ソクラテスがいつかある特定の時間に現実的に存在 (生存) する (した) 人物であるということが前提される。つまり、ある任意の時間において（A）Socrates est が真であることが、（B）Socrates est の真理の要件となるのである。アクィナスがA現実存在とB心的存在とは原因と結果の関係にあると言う場合（*In V Met.*, l.9, n.896）、それはたんに、ソクラテスの現実的存在（ないし現実的生存）が（A）Socrates est という文の真理の原因であるだけでなく、（B）Socrates est の真理の要件でもあることを含んでいる。かりに、（B）Socrates est の真理のこの要件を、現実的存在（ないし現実的生存）を表す述語Eと存在量化記号をつけた時間変項 t によって表し、それを式4と結合すると、次のようになる。

（B）Socrates est ＝ $\exists\phi(\phi s) \land \exists t(Ets)$　式5

これが意味するのは「何らかの述語ϕがある個体 s に当てはまり、かつ s がある任意の時間 t に現実的に存在する（した）E場合、かつその場合に限って、s なるものがある」ということである。したがって、（B）Socrates est という文が真となるためには、ソクラテスが今生存していなくてもよい。その文が偽となる場合、すなわち（B）Socrates non est となる場合は、ソクラテスがかつて一度も生存したことがなかった場合、すなわちその名前が誰も名指さない場合のみである。

この点を時間軸上で明確化しよう（下図1参照）。アクィナスは「現実に存在しないもの」（non existentia）を次のように区分する（*S.T.*, I, 5, 2, ad2; *S.T.*, I, 14, 9, c; *S.C.G.*, I, 66）。すなわち、「存在の可能性がまったくない（penitus non sunt）もの」（DE）と、「存在は可能だが今は現実化されていない（sunt in potential et non in actu）もの」（BD）である。そしてさらに、後者は「現実的にはいかなる時

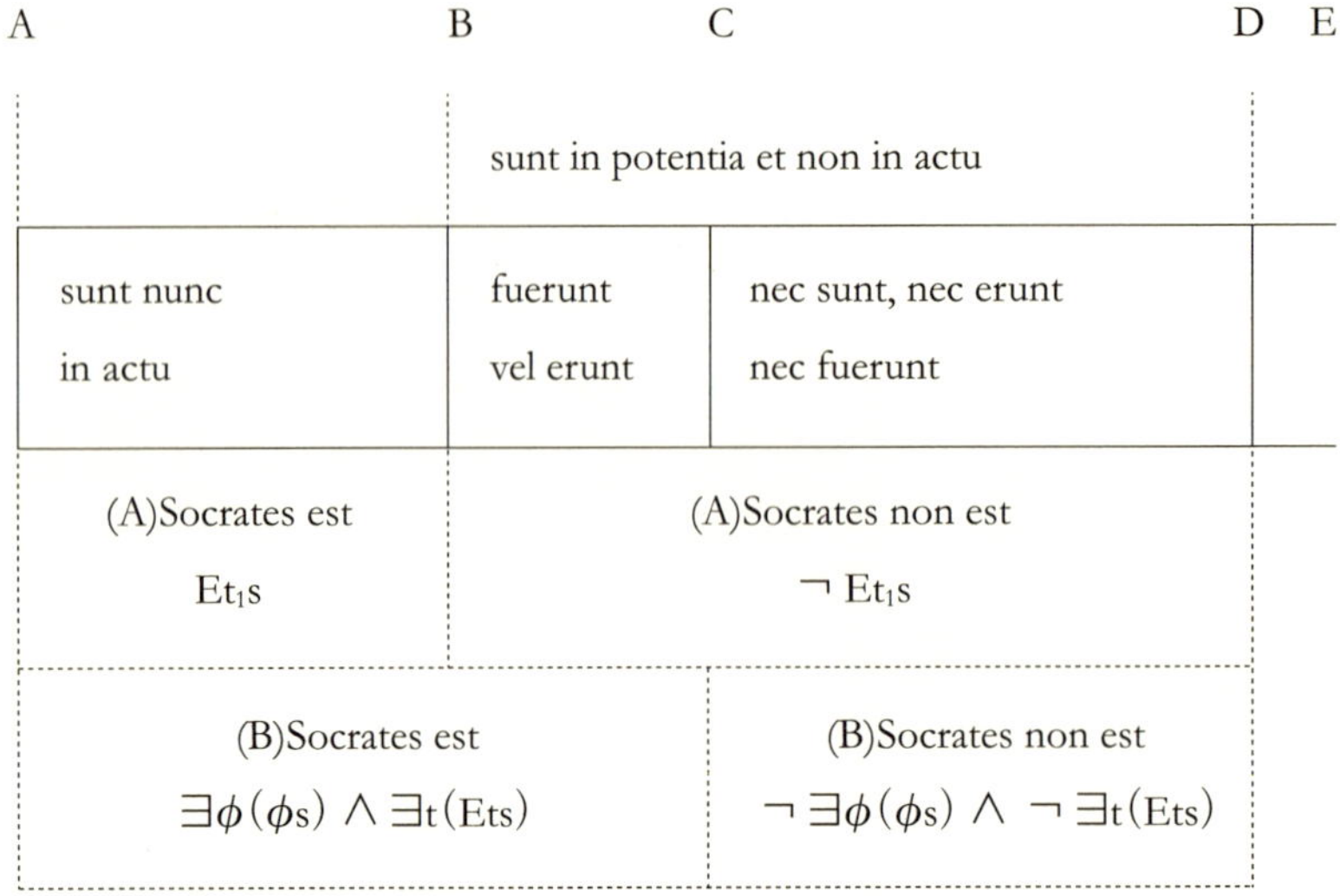
A
B
C
D
E
sunt in potentia et non in actu
sunt nunc
in actu
fuerunt
vel erunt
nec sunt, nec erunt
nec fuerunt
(A)Socrates est
Et_1s
(A)Socrates non est
$\neg Et_1s$
(B)Socrates est
$\exists\phi(\phi s) \wedge \exists t(Ets)$
(B)Socrates non est
$\neg\exists\phi(\phi s) \wedge \neg\exists t(Ets)$

図1

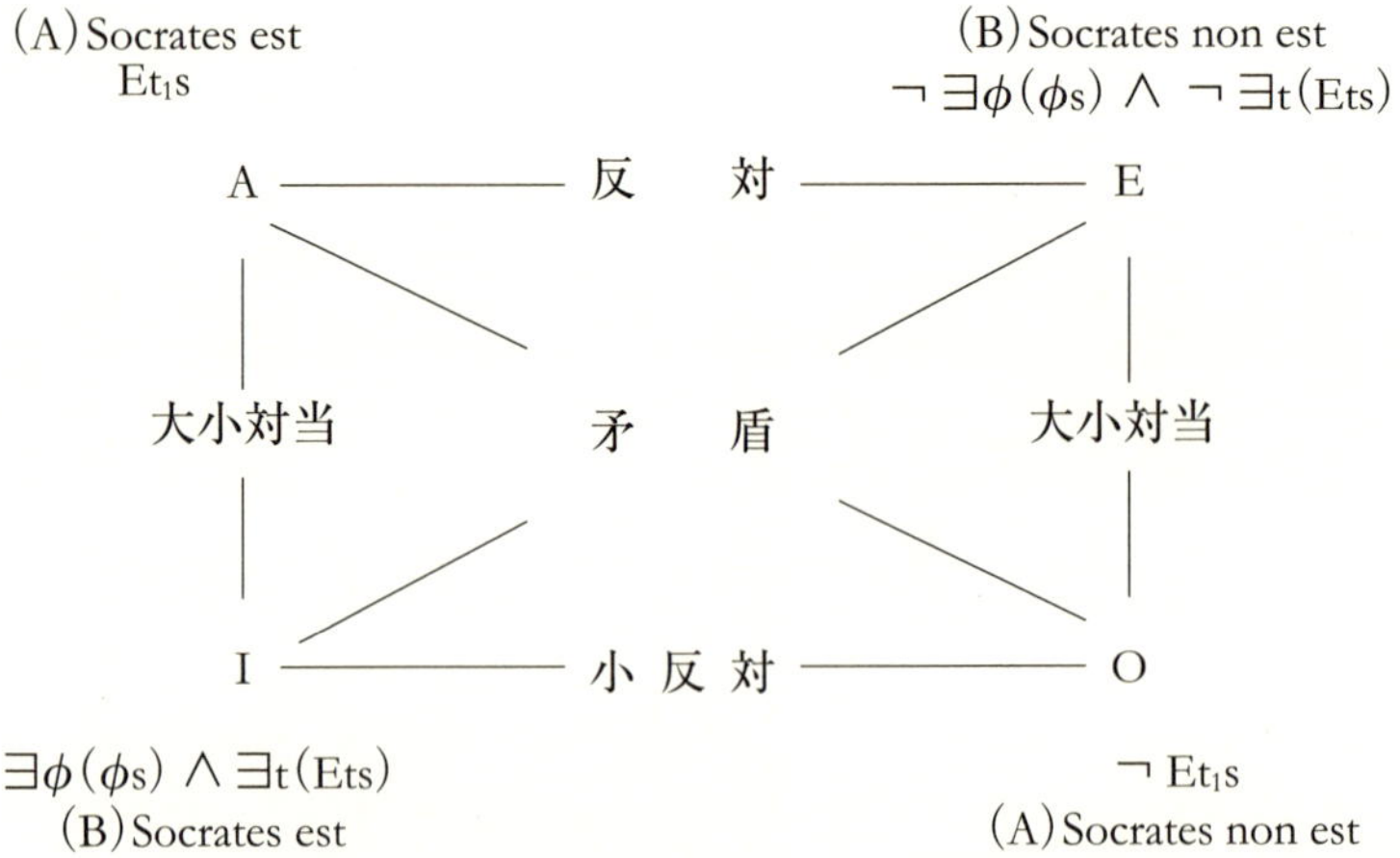
(A) Socrates est
Et_1s
(B) Socrates non est
$\neg\exists\phi(\phi s) \wedge \neg\exists t(Ets)$
A
反　対
E
大小対当
矛　盾
大小対当
I
小反対
O
$\exists\phi(\phi s) \wedge \exists t(Ets)$
(B) Socrates est
$\neg Et_1s$
(A) Socrates non est

図2

間においても存在せず、結局そのようなものは事実上ないもの」（CD）と、「過去のある時間において現実的に存在した、ないし未来のある時間において現実的に存在するだろうが、現在は現実的に存在しないもの」（BC）とに区分される。

要するに、（A）Socrates est = Et_1s とは、「ソクラテスが今現実的に生きている」（AB）という意味において「ソクラテスが存在する」を表し、その否定（A）Socrates non est = $\neg Et_1s$ とは、「ソクラテスは今現実的に生きてはいない」（BD）という意味において「ソクラテスが存在しない」を表す。他方、（B）Socrates est = $\exists\phi(\phi s) \wedge \exists t(Ets)$ とは、「何らかの真なる述語がソクラテスに当てはまり、かつソクラテスがある任意の時間に現実的に生存する（した）」（AC）という意味において「ソクラテスなるものが存在する」を表し、その否定（B）Socrates non est = $\neg\exists\phi(\phi s) \wedge \neg\exists t(Ets)$ とは、「ソクラテスという名前の人間は現在・過去・未来のいずれにおいても存在しない」（CD）という意味において「ソクラテスなるものは存在しない」を表す。したがって、（A）Socrates [non] est と（B）Socrates [non] est の相互の論理的関係は、「対当の方形」（square of oppositoin）を用いて図2のように整理することができる。

結論

　アクィナスはエッセの二つの意味を区分し、それを‘Socrates est’という文の分析を通じて説明した。一つは、（A）Socrates est「ソクラテスがいる」つまり「彼が自らの本質によって規定された生を今生きている」（Et_1s）ということにおいて成立する存在の現実態である。もう一つは（B）Socrates est「ソクラテスなるものが存在する」すなわち「何らかの真なる述語が彼に当てはまり、かつ彼がある任意の時間に現実的に存在する（した）」$\exists\phi(\phi s)\wedge\exists t(Ets)$ということにおいて成立する心的言語的存在である。そして、両者の関係についてアクィナスは、（A）Socrates est ⇒（B）Socrates est はつねに言えるが、その逆（B）Socrates est ⇒（A）Socrates est は必ずしも言えないと分析した。すなわち、Et_1s ⇒（$\exists\phi(\phi s)\wedge\exists t(Ets)$）はつねに言えるが、その逆（$\exists\phi(\phi s)\wedge\exists t(Ets)$）⇒ Et_1s は必ずしも言えない。$\exists\phi(\phi s)\wedge\exists t(Ets)$ であってかつ $\neg Et_1s$ の場合（BC）もあるからである。それゆえ、（B）Socrates est が表す心的存在の様態は（A）Socrates est が表す事物の存在様態のたんなる模写ではない。要するに、アクィナスにおいてB心的存在はA現実存在のたんなる模写ではなく、心が命題結合において作り出す独自の領域なのである。

＊本論は、一九九七年度科学研究費補助金（国際学術研究）による研究成果の一部である。

第四章　エッセ（エンス）は二つの仕方で語られる

「エッセ（エンス）は二つの仕方で語られる」'esse (ens) dupliciter dicitur'。アクィナスにおいてこの区別は何を意味するのかを明らかにすること、それが本論の主題である。この区別の重要性を最初に指摘したフェレスは、それを「根本的存在論的二区分」(eine fundamentale ontologische Dichotomie）と解釈した（Veres, 1970, p.81)。他方、アクィナスのこの二区分をフレーゲの三区分との関連において考察したヴァイデマンは、それを「'be' 動詞の意味論的に異なる二つの用法」(two semantically different uses of the verb "be"）と解釈した（Weidemann, 1986, p.181)。本論の目的は、これらいずれの解釈に対しても異議を申し立て、われわれの解釈を示すことにある。考察は、一．フェレスの存在論的解釈とそれが陥る困難、二．ヴァイデマンの意味論的解釈とその矛盾、三．われわれの解釈、の順で進める。

一．フェレスの存在論的解釈とそれが陥る困難

一．一　フェレスの存在論的解釈

フェレスは、アクィナスがエッセやエンスの区別について語るさまざまなテクストを「エッセの現実態としてのエンス」（ens ut actus essendi）と「真としてのエンス」（ens ut verum）の区分という表現にまとめた（Veres, 1970, p.81）。そしてこの区分を哲学の伝統的な問題すなわち「ザインとデンケンの相互関係」と位置づけた上で、アクィナスの二区分を「人間にとって思考不可能な完全性としてのエンス」と「人間によってこれまでに思考され、また人間にとって思考可能なものとしての同じエンス」の区分と解釈した（Veres, 1970, p.81-82）。つまり、二つのエンスは「客観的現実的に区別されるエンスの多様なあり方や領域」ではなく、人間にとって「思考不可能」と「思考可能」とに区分される、「同じエンス」なのである（Veres, 1970, p.84）。現実態としてのエンスが思考不可能であるのは、あらゆるエンスの「ザインの根源的現場性（Anwesenheit）」がわれわれ人間にとって思考不可能だからである。また、真としてのエンスが思考可能とされるのは、それが「たんにこれまでに思考されコプラ ist によって表現されたエンスだけでなく、人間の心一般によって思考され表現されることが可能なものとしてのエンスでもある」からである（Veres, 1970, pp.84-85）。

こうして、エンスの二区分は人間の心を根拠（Grund）として、「心の外なるエンス」（ens quod est extra animam）、つまり「人間の心がそこにおいて『如何ともし難い』何か」と、「心の内なるエンス」（ens quod est in anima）、つまり「人間の心によって…『構成された』何か」との区別と重ね合わ

せられる（Veres, 1970, p.87）。そして、この区別の根拠である人間の心は「有限であると同時に無限」でもある。心が有限であるのは、それがザインの根源的現場性には決して届かないからである。しかしまた、心はある意味で無限でもある。心はたえず思考可能の境界を越えながら有限性の境界を拡張し続けるからである。というのも、「魂はある意味ですべてである」（anima est quodammodo omnia）と考えたアクィナスにとって、人間の心は「エンスの全体に対する開示性（Offenheit）に」その本質があるからである（Veres, 1970, pp.88-89）。要するに、フェレスによれば、アクィナスにおけるエンスの二区分は存在論的であり、それは人間の心の本質を根拠として成立している。

一．二　フェレスの解釈が陥る困難

以上がフェレスの解釈の概要である。思弁の翼を自由にはばたかせた彼の思想は、本来もっと注目されてしかるべきであると思う。しかし、そのような評価はあくまでアクィナスのテクストを離れての話である。われわれの考えでは、彼の解釈はアクィナスのテクストの読みとしては完全に間違っている。なぜなら、彼の解釈は次のような諸困難に直面せざるをえないからである。

第一のもっとも重要な点は、「二つの仕方で語られる」のはいったい何かという問題である。後に詳論するように（三節）、アクィナスのテクストにおいて、'duplicter dicitur' の主語は 'ens' の場合だけでなく、'esse' の場合や、'ens et esse' の場合もある。フェレスはこの事実に当惑し、エンスとエッセを区別することに慣れている「現代のわれわれにとっては異常とも言える用語法の事実を説明することはわれわれには不可能であるように思われる」と述べている（Veres, 1970, p.84, n.13）。われわれの考えでは、この困惑こそまさにフェレスの存在論的解釈が必然的に直面せざるを得ない困難を象徴している。すなわち、フェレスは 'dupliciter dicitur' を「存在論的二区分」と解釈し、それによって区分されるのは、「現実態としてのエンス」と、「真としてのエンス」と考えたため、そのようなエンス・有るもの（ens）の二区分と、エッセ・有ること（esse）（有るものではない）の二区分とが、トマスのテクストにおいて混在している理由が理解できないのである。しかし、後で述べるように（三節）、トマスのそれは「存在論的区分」というよりは「意味論的区別」であると解釈すれば、この問題は解消できる。

第二に、「現実態としてのエンス」と「真としてのエンス」との存在論的二区分を、「心の外なるエンス」と「心の内なるエンス」の区分と重ね合わせ、両者を「同じエンス」の思考不可能と思考可能の区分と解釈することは、「真としてのエンス」＝「心の内なるエンス」の存在論的地位について誤った考えに導かれる危険がある。というのも、パニアー等が指摘したように（Pannier & Sullivan, 1993, p.165-166）、ある何かが心の内なるエンスであるなら、その何かは心の外の実在と並ぶ（あるいは、その最下層に位置する）ある種の（マイノンク的）実在であるという推論が誘惑的だからである、じっさいそのような解釈もある（cf. Owens, 1985, pp.33-35）からである。そして、フェレスのように、意味論的分析を経ずに存在論的解釈をすることは、この誘惑に対して免疫がないように思われる。しかし、トマスはエッセやエンスの二区分について語るとき、明らかにこのような解釈に対して警戒している。(1)

以上のように、フェレスの存在論的解釈は諸困難に直面せざるをえない。これに対して、言語分析に基づいたヴァイデマンの意味論的解釈は、少なくとも存在論的解釈が陥った上のような困難は免れている。

二．ヴァイデマンの意味論的解釈とその矛盾

二．一　ヴァイデマンの意味論的解釈

ヴァイデマンは、アクィナスにおけるエッセやエンスの二区分を「‘be’動詞の意味論的に異なる二つの用法の区別」（Weidemann, 1986. p.181）と解釈した上で、アクィナスの‘be’動詞の「現実態」（in act）と「真」（true）という意味論的区別が、「存在の‘is’」、「叙述の‘is’」、「同定の‘is’」という、ヒンティッカが解釈した（cf. Hintikka, 1979, pp.433-468）フレーゲの三区分と「整合的に細分化される」ことを明らかにしようとした（Weidemann, 1986, p.186）。まず指摘しておくべきことは、ヴァイデマンの立場は、基本的にアクィナスの二区分を‘be’動詞の意味論的区別として解釈することであったから、フェレスの存在論的解釈とは違って、‘esse’や‘ens’や‘est’などの文法的に異なる語形の区別は重大な問題にはならないということである。

さて、ヴァイデマンは、アクィナスにおける‘be’動詞の用法をフレーゲ的に、「存在用法」、「叙述用法」（アクィナスの用語では、「より固有な述語づけ（magis propria praedicatio）」）、そして「同定用

法」（アクィナスの用語では、「同一性による述語づけ（praedicatio per identitatem）」）という三つに水平に細分化し、さらに各々の用法ごとに垂直にその意味を「現実態」と「真」に区別するという方法をとった（Weidemann, 1986. p.186）。まず、存在用法について、ヴァイデマンはギーチの解釈（cf. Geach, 1969, p.65）に従って、（1）actuality という意味と（2）there-is という意味に区別する（Weidemann, 1986, p.182-183.）。つぎに、叙述用法について、（1）〈何であるか？〉（'quid est?'）という問に関係する「実体的述語」（praedicatum substantiale）と、（2）〈これこれのものがあるか？〉（'an est?'）という問に関係する「付帯的述語」（praedicatum accidentale）とに区別する（Weidemann, 1986, p.183）。だが、同定用法についての説明はほとんどない。われわれの考えでは、ヴァイデマンのこの意味論的解釈は、言語分析という視点では正しいが、フレーゲの三区分との整合性という解釈の枠組みそのものに問題がある。そのことは、ヴァイデマン自身が自分で設定した三区分を自分で破壊するという矛盾に陥っているという事実から明らかである。

二・二　ヴァイデマンの解釈の矛盾

二・二・一　存在用法と叙述用法の区別の曖昧化

まず、ヴァイデマンは、叙述用法の実体的述語と付帯的述語の区別が存在用法の actuality と there-is の区別を「包含する」と言う（Weidemann, 1986, p.183）ことによって、存在用法と叙述用法の区別そのものを曖昧化する。このことに関連して、ヴァイデマンはさらに三つの疑問を提示する。第一は、actuality の意味の存在用法が、叙述用法における〈何であるか？〉という問いに関係する実体的述語であるというアクィナス説に対する困惑である。ヴァイデマンの理解によると、actuality の意味のエッセは本質の現実態に他ならないが、アクィナスによれば事物の本質と本質の現実態としてのエッセとは異なる（In I Sent., 33,1,1,ad1）から、actuality の意味のエッセを実体的述語とするアクィナス説はヴァイデマンにとって「奇妙」なのである（Weidemann, 1986, p.182）。

しかし、われわれの解釈によれば、この困惑は実体的述語の「実体的」（substantiale）の意味の誤解から来ている。おそらくヴァイデマンは、この「実体的」を付帯性に対立する意味での実体の範疇と理解し、実体的述語を「実体＝本質を語る述語」とみなしている。しかし、アクィナスは「実体的述語」を、実体的範疇であれ付帯的範疇であれ「自然本性における存在者」＝「十の範疇」についての述語という意味で使っている（cf. *In II Sent.*, 34,1,1）。したがって、ヴァイデマンの指摘するように、actuality の意味のエッセは本質の現実態であり、本質の現実態と本質そのものとは区別されるとしても、現実態を意味するエッセが実体的述語であること、つまり本質も付帯性も含めた丸ごとの自然本性的存在者についての述語であるということには、何の問題もない。

第二に、〈これこれのものがあるか？〉（'an est?'）という問に関係する付帯的述語に、there-is の意味の存在用法と叙述用法のコプラ est の両方を含めることは、それら二つの用法の混同ではないかという疑問を、ヴァイデマンは想定する（Weidemann, 1986, p.185）。そして、この問題は次のように解かれる。アクィナスには There is F-ness ＝ Something is F という分析があり（*In V Met.*, l.9, n.896）、この式を変形すると、S is P ＝ There is such a thing as S（that is）P という等価性が成り立ち、叙述用法の 'is' は there-is の意味の存在用法と等価であることになる。したがって、叙述用法のコプラ 'est'

が〈これこれのものがあるか?〉の問いに関係することに問題はない（Weidemann, 1986, p.185）。このヴァイデマンの説明自体はクリアである。しかし、この解釈を文字通り受け取ると、この意味で使われる叙述用法のコプラ‘est’はすべて、じつは叙述用法ではなく there-is の意味の存在用法であることになる。だとすれば、それは存在用法と叙述用法の区別それ自体の否定につながるのではないのか。

第三の疑問は、〈これこれのものがあるか?〉の問いに答えるとき、叙述用法のコプラ‘est’は主語と述語を繋ぐだけでなく命題の真理も表示するという、「まったく賛同しがたい」（implausible）アクィナス説に関するものである（Weidemann, 1986, p.184）。というのも、現代では‘be’動詞のコプラ用法や there-is の意味の存在用法と、真理発言的用法は区別されるからであるという（Weidemann, 1986, p.185）。たとえば、‘Socrates *is* white.’と‘It *is* true that Socrates is white.’において、前者の‘is’は述語を主語に繋ぐたんなるコプラ用法で、後者の‘is（true）’が真理発言的用法であるというわけである。しかし、果たしてそうだろうか。語用論とくに言語行為論の観点から分析すれば、たとえば‘Socrates est albus’の‘est’にコプラ用法と真理発言的用法を同時に読み取ることは、現代のわれわれにとって「大いに賛同しうる」説であるとわれわれには思われる(2)。

二・二・二　叙述用法と同定用法の区別の曖昧化

さて、存在用法と叙述用法の曖昧化に加えて、叙述用法と同定用法の区分に関しても曖昧化が見られる。というのも、ヴァイデマンは、「それ［＝叙述用法］はおそらく、アクィナスが言う『同一性による』述語づけを含んでいる」（Weidemann, 1986, p.186. cf. S.T.,I,39,5, ad4）と言うことによって、叙述用法と同定用法の区別を否定しているように見えるからである。じっさいヴァイデマンは、一方で、同定用法が叙述用法とは区別される（Weidemann,1986, p.183）と言いながら、他方で、叙述用法の中に同定用法の要素を認め、逆に同定用法の中に叙述的特徴を認めるという仕方で、両者の親近性を指摘し（Weidemann, 1986, p.188）、結局、両者の区別そのものを曖昧にしている。これは自己矛盾である。しかし、われわれの考えでは、ヴァイデマンが典拠とするテクスト（S.T., I,13,12,c）が示していることは、彼の言うような叙述的陳述のもっている同定的要素と同定的陳述の持っている叙述的要素を示しているのではなく、'S est P' という形式の叙述は、叙述的陳述も同定的陳述も同じように、主語と述語は異なった概念を significare し、主語と述語の結合は事物の同一性を significare するということである。後に詳論するように（三節）、それは significare という意味表示のはたらきの結果としての二つの側面を示していると解釈すべきである。

以上、われわれはヴァイデマンがフレーゲの三区分と整合的に解釈するためにアクィナスのエッセの二区分に持ち込んだ、存在用法と叙述用法と同定用法という三区分がさまざまな困惑をもたらすこと、またその結果として三区分そのものが曖昧化されること、つまりヴァイデマンの解釈の枠組みそれ自体が矛盾に陥っていることを指摘した。ヴァイデマンのフレーゲ流の三区分説それ自体は興味深いものであるが、アクィナスのテクスト解釈としてはやはり説得性がないと言わざるをえない。また、ヴァイデマンの意味論的解釈には、ギーチの actuality の意味と there-is の意味の区別以上のものは見出せない。

三　われわれの解釈

三・一　アクィナスのテクストの分析

では、われわれはどのような解釈をしようとしているのか。まず、アクィナスの主なテクストを確認しよう。

「…エッセは二つの仕方で語られる。一つの様態では、〈あること〉の現実態を意味表示し、別の様態では、命題の結合を意味表示する。この結合は心が述語を主語に繋ぐとき見い出す[3]」。

「…エンスは二つの仕方で語られる。一つの様態では、十の範疇に区分される実在のあり方を意味表示する。…別の様態では、エンスは命題の真理を意味表示するものであると語られる。真理は結合において成立し、その結合の印が‘est’という動詞なのである[4]」。

これらを含めて、二つのエッセやエンスに言及する22のテクスト（巻末 pp.xlv-l 参照）について、われわれは次の三点を指摘したい。（1）まず、アクィナスはエッセやエンスの「区別」に言及する場合、たいてい‘dupliciter dicitur’〈二つの仕方で語られる〉という表現を用いるということである[5]。（2）つぎに、‘dupliciter dicitur’（あるいは、それに相当する表現）の主語が、‘esse’の場合が八箇所[6]、

‘ens’の場合が十二箇所[7]、‘ens et esse’の場合が二箇所[8]ある。つまり、アクィナスはこの区別を語るとき、‘esse’と‘ens’という異なる語形をほとんど区別なく使っている。(3) そして、‘esse’や‘ens’が語られる二つの仕方は、ほとんどの場合[9]、‘uno modo … significat …; alio modo … significat…’という言語形式で説明されている。

以上からわかることは、アクィナスは‘esse’や‘ens’という語が「発言される」(dicitur) 二つの異なる場合を区別しており、その区別は‘esse’や‘ens’という語が「意味表示すること」(significare) の「様態」(modus) に関する区別である、ということである。

三. 二　significare の観点から見た意味論 (+語用論) 的区別

「様態に関する区別」と言っても、「significare の様態に関する区別」と言っても、それは文法学者たちが扱う文法的範疇としてのいわゆる「表示様態」(modus significandi) の区別と解すべきではない。それは言語形式の区別にすぎない。そうではなく、アクィナスがアリストテレスから学んだ「音声」(vox) ―「知」(intellectus) ―「実在」(res) という意味論的三様態に関する区別 (cf. *S.T.*, I,13, 1, c; I,13,12, ad3) と解釈すべきである。それは意味の次元に関する区別である。

さらに、アクィナスの‘significare’は、単純に「意味する」や「指示する」といった現代語に置き換えられないということに注意すべきである。スペイドも言うように、‘significare’とは「心理的因果作用を引き起こす」ことである (Spade, 1982, p.188)。すなわち、ある語が何かを significare するということは、significare されたその何か、すなわち significatum の「理解を構成すること」(intellectum constituere）に他ならない。したがって、語が何かを significare するということは、まず知性にはたらきかけて、語られている内容に意識を向けさせ、その理解を導き出し、理解された内容を significatum という結果として「表現する」ということである。しかし、significare のはたらきは知性の中に止まらず、知性の認識内容を媒介して実在（res）を意味表示する。この意味では、significare は「指示する」というはたらきである。そして、その指示された実在が res significata なのである。[10] 要するに、トマスにおいて、significare は、知性の中に理解を構成するはたらきと、理解を媒介して実在を指示するはたらきの二つの次元があり、それらのはたらきの対象として、significatum と res significata とが区別されるのである。

さらに注意すべき点は、アクィナスは、たとえば 'Socrates est' という発言が 'Socrates est in rerum natura' を significare すると分析するとき、「発話者の意図」（intentio loquentis）という語用論的概念を用いている（*In II Periherm.*, l.8, n.2）、ということである。

結論

したがって、エッセやエンスの二区分について語られるさまざまなテクストは、次のように解釈すべきである。（A）まず、'esse' や 'ens'[11] が第一の仕方で語られるとき、発話者の意図は、[12]（1）「実在の自然本性における」（in rerum natura）、（2）「有ることの現実態」（actus essendi）や、（3）「十の範疇に区分される実在の有り様」(entitas rei, prout dividitur per decem praedicamenta)[13]を指示すること、である。(B)つぎに、'esse' や 'ens' が第二の仕方で語られるとき、発話者の意図は、(1)「知性において」(in mente)[14]理解された内容を、(2)主語と述語を繋ぐ(copula)[15]ことによって、(3)「命題の結合」(compositio propositionis)[16]として表現し、(4)「命題の真理」(veritas propositionis)[17]を同時に主張すること、である。

もちろん、アクィナスの思想が 'esse' や 'ens' という語の significare というはたらきの区別にとどまらず、significare されたものの存在論的区別へと発展していくことは事実である[18]。しかし、アクィナスが「エッセ(エンス)は二つの仕方で語られる」'esse (ens) dupliciter dicitur' と言うとき、彼が意図していることは、「存在論的二区分」でも、存在用法や叙述用法といった「'be' 動詞の用法の区別」でもなく、'be' 動詞を用いた発話文の意味の次元について、significare の観点から見た「意味論(+語用論)的区別」であると思われる。

第五章　全体と部分：アリストテレスとアクィナス

一．なぜ、「全体と部分」あるいは「メレオロジー」なのか？

「ｘはｙの部分である」という関係についての考察は、〈メレオロジー〉（'mereology'）[1]と呼ばれ、現代の論理学や形式存在論において重要な問題群の一つである。日常言語において、「ｘはｙの部分（一部）である」（x is part of y）という関係は、さまざまな仕方で認められる。ヴァルツィは、質料的物体（material bodies）、空間的領域（spatial regions）、幾何学的存在（geometric entities）、出来事（events）、質料的構成（material constitution）、混合（mixture composition）、概念間の包含（conceptual inclusion）、抽象的存在（abstract entities）など、多様な存在者の間に認められる多様な「全体‐部分」関係の用例を列挙し、そうした関係に一般的に当てはまる規則を定式化している。[2]
ヴァルツィによれば、メレオロジー的全体は部分と同様に具体物でありうるので、メレオロジーは、集合論（set theory）のように抽象体（abstracta）の存在にコミットしない。また、メレオロジー的部分は全体と同様に抽象体でありうるので、メレオロジーは、唯名論（nominalism）にもコミットしない。したがって、メレオロジーは存在論的に中立である。[3]

形式的理論としてのメレオロジーは、フッサールやレスニェフスキーに始まると言われるが[4]、「全体 - 部分」の関係は、古代ギリシャと中世の哲学においては、附帯性の実体への内在と並んで、存在論的（あるいは言語論的）に重要な基本的関係であった。[5]

二．中世、そしてアクィナスにおける「全体と部分」

中世哲学では、「全体 - 部分」関係は、質料的事物の本性、普遍（類や種）と個体、魂の本質と諸能力、といった自然哲学、論理学、形而上学の主要問題を解くための鍵概念として使われている。これまで中世哲学研究の中で、この鍵概念それ自体への関心は、この概念を使って説明される諸問題への関心ほど、高くはなかったように思われる。しかし、現代メレオロジーとの関連を背景に、この鍵概念への歴史的関心が高まっている。[6]「全体 - 部分」に関する中世的理解の源泉は、主にアリストテレス[7]とボエティウス[8]である。本稿では、アリストテレスの原典（『形而上学』第V巻 c.25 & c.26）と、それに対するアクィナスの注解を読み、その論点を整理することによって、「全体 - 部分」関係の中世的理解、すなわち「中世メレオロジー」の一断面を明らかにする。

アクィナスにおいて、三つの「全体－部分」関係が区別される。すなわち、「普遍的全体」（totum universale）、「統合的全体」（totum integrale）、「能力的全体」（totum potentiale）、および各々の「部分」である。能力的全体の典型は（とくに人間の）魂であり、それは形而上学的に独特な地位にある。まずそれは、普遍ではなく個体であるから、普遍的全体（類や種）とは異なる。他方、魂は、統合的全体（個的な自然物や人工物）のように、個的諸部分に分割されない。しかし、魂は何らかの仕方で諸能力に区分される。たとえば、人間の魂は、身体の様々な場所に様々な能力（生命や感覚や知性）として現れる。しかも、人間の魂は、それら諸能力のどれ一つでもなく、それらすべての集合体である。各々の能力は、全体としての魂の現われの一つにすぎない。諸能力の各々は、それぞれ独自の力と機能を発揮しながら、全体としての魂を構成する部分とみなされる。

アクィナスは、そのような魂を「能力的全体」とみなし、普遍的全体と統合的全体の中間に位置付けて説明する。(9) 魂の構造を詳述することは本論の本旨ではないが、「全体－部分」概念を理解するための出発点として、まずはアクィナスの説明を見ることにする。彼がこの説明をするのは、アウグスティヌスの魂論を解釈するテクストである。それは、アウグスティヌスを典拠として、魂の本質［全体］とその諸能力［部分］とを同一視する「異論」に反駁する「異論解答」の中にある。異論は言う。

「魂の本質（essentia animae）はその能力（eius potentia）［と同一］であるように思われる。というのも、アウグスティヌスが『三位一体論』第九巻で言うところによれば、『心（mens）・知

（notitia）・愛（amor）は魂の中に実体的に（substantialiter）、すなわち本質的に（essentialiter）ある』からである。また、第十巻で言うところによれば、『記憶（memoria）・知解（intelligentia）・意志（voluntas）は、一なる生命（una vita）・一なる心（una mens）・一なる本質（una essentia）である』からである。(10)」

この異論によれば、魂の本質［全体］と諸能力［部分］の区別はないことになる。この異論に対して、アクィナスは答える：

「あるいは、ある人々が言うように、この説明（locutio）は、普遍的全体と統合的全体の中間にある能力的全体（totum potestativum）が、その諸部分について述語される仕方に従って検証される（verificari）。じっさい、普遍的全体は、自己の本質と力の全体に関して（secundum totam suam essentiam et virtutem）、何であれある部分に臨在する（adesse）。たとえば、動物が人間と馬に臨在するように。それゆえ、普遍的全体は個々の部分に、本来的に述語される（proprie praedicari）。これに対して、統合的全体は、本質全体に関しても力全体に関しても、いかなる部分の中にもない（non esse in）。それゆえ、統合的全体は個々の部分について（de singulis partibus）、いかなる仕方においても述語されない。しかしそれは、ある仕方で（aliquo modo）、非本来的に（improprie）ではあるが、すべてについて同時に（de omnibus simul）述語される。たとえば、『壁と屋根と基礎が家である』（paries, tectum et fundamentum sunt domus）と言われる場合のように。これに対して、能力的全体（totum potentiale）は、自らの本質全体に関しては、個々の部分に臨在するが、力全体に関しては、そうではない。それゆえ、「能力的全体は」何であれある部分について何らかの仕方で（quodammodo）述語されうるが、しかし、それは普遍的全体のように本来的にではない。そして、このような意味で、アウグスティヌスは、記憶・知解・意志は魂の一なる本質（una animae essenti）であると言ったのである。[11]」

ここでアクィナスは、全体が部分に「臨在する」（adesse）または「内在する」（esse in）か否かによって、全体が部分に「述語される」（praedicari）か否かを規定している。前者はさらに、「本質全体に関して」（secundum totam suam essentiam）と「力全体に関して」（secundum totam suam virtutem）という基準に従って細区分され、後者はさらに、「本来的に」（proprie）と「非本来的に」（improprie）という基準にしたがって細区分される。以上の基準によって、普遍的全体、能力的全体、統合的全体を分類すると、以下のようになる。

全体の部分への関係 ＼ 全体の三分類		普遍的全体 (totum universale)	能力的全体 (totum potentiale)	統合的全体 (totum integrale)
臨在 (adesse) 内在 (esse in)	本質全体に関して	○	○	×
	力全体に関して	○	×	×
述定 (praedicari)	本来的に (proprie)	○	×	×
	非本来的に (improprie)	×	○	(×)

普遍的全体は、その諸部分の各々に「本質と力の全体に関して」臨在するので、諸部分について「本来的に述語される」(proprie praedicatur)。他方、統合的全体は、いかなる部分にも「本質と力のいずれの全体に関しても」内在しない (non esse in) ので、諸部分について「けっして述語されない」(nullo modo praedicatur)。これに対して、両者の中間にある能力的全体は、その諸部分の各々に「本質全体に関しては」臨在する (adesse) が、「力全体に関しては」臨在しない (non [adesse]) ので、その諸部分について、ある仕方で述語されうるが、本来的にではない (non proprie)。すなわち、能力的全体は「本質に関して」はその諸部分に述語可能であるが、「力に関しては」述語不可能なのである。つまり、「ソクラテスの感覚は［本質に関して］彼の魂［と同一］である」は言えるが、「ソクラテスの感覚は［力に関して］彼の魂［と同一］である」とは言えない。

以上から、われわれは「述定」(praedicari) という規準によって、「全体」が三つに区分され、中間的な位置にある能力的全体の理解は、他の二つ、すなわち普遍的全体と統合的全体、の理解に基づくことを確認した。以下では、この二つを中心に考察する。しかし、そもそも「全体」や「部分」とは、いかなる概念なのか？

三．全体-部分：アリストテレスとアクィナス

全体と部分の関係について、アリストテレスは一般的に言う：

「ホロン［全体］（ὅλον）というは、（一）全体が自然的にそれらから成っていると言われるところのそれら諸部分（μέρος ἐξ ὧν λέγεται ὅλον φύσει）のいずれの一つもそれには欠けていないそれ（οὗ τε μηθὲν ἄπεστι）のこと、および（二）それのうちに包含される諸部分が或る一つの統一的なもの（ἕν τι）であるようにそれらを包含するところのそれ（τὸ περιέχον τὰ περιεχόμενα）のことである。[12]」

これについて、アクィナスは以下のように解釈する。

「まず彼［アリストテレス］は、全体の一般的概念（ratio communis totius）を措定する（ponere）。それは、次の二点にある。第一は、全体の完全性が諸部分から統合される（perfectio totius integratur ex partibus）という点にある。彼が『全体というは、それら［すなわち諸部分］から全体が自然的に成る［すなわち、全体が自然本性的に構成される（secundum suam naturam constitueri）］と言われる、それら諸部分のいずれも欠いていないもの（cui nulla … deest）のことである』と言う時、この第一の点を意味している。第二は、諸部分が全体において統一されている（uniuntur in toto）ということである。全体とは、包含されたもの（contenta）［すなわち、諸部分］が全体において何らかの一（aliquid unum）となるように、『包含されたものを包含するものである』（'continens est contenta'）と彼は言う。[13]」

これによれば、一般的に、全体とは、①諸部分から「統合され」（integrari）、「完全性」（perfectio）を持つものである。また、全体は、②諸部分［多］を何らかの一（aliquid unum）へと統一する（unire）ような仕方で「包含するもの」（continens）である。つまり、もし「xがyの部分である」なら、①「xはyを統合し完成する」、逆に②「yはxを包含し統一する」という関係が成立している。

続いて、さまざまな「全体」の区分について、アリストテレスは言う：

「ただし後者にはさらに二つの場合がある。すなわち、それら諸部分の各々がそれぞれ或る一つの統一的なものである場合（ὡς ἕκαστον ἕν）と、ただそれらから［それら相互のあいだに］或る一つの統一ができているだけの場合（ὡς ἐκ τούτων τὸ ἕν）とである。[14]」

これについて、アクィナスは以下のように解釈する：

「つぎに彼［アリストテレス］は、…、全体の二つの様態（modus）を措定して、全体は二通りに語られると言う。一つは、包含的全体（totum continens）によって包含されたもの［諸部分］の各々（unumquodque contentorum）が、「一」（unum）すなわち当の包含的全体［と同一］である場合。これは、何であれその部分について（de qualibet suarum partium）述語される普遍的全体（totum universale）の場合である。もう一つは、諸部分から一が構成される（ex partibus constituatur unum）が、その一は諸部分のいずれ［と同一］でもない場合である。これは、統合的諸部分のいずれにも述語されない統合的全体（totum integrale）の特徴である。[15]」

これによれば、全体は、（1）「普遍的全体」（totum universale）、（2）「統合的全体」（totum integrale）に区別される。（1）は諸部分の各々［と同一］であり、各々の部分について述語される（praedicari）のに対して、（2）は諸部分のいずれ［とも同一］でなく、諸部分のいずれにも述語されない。つまり、「xがyの部分である」とき、（1）yが普遍的全体であれば、「xはy（の部分）である」と言えるが、（2）yが統合的全体なら、「xはyの部分である」とは言えるが、「xはyである」とは言えない。すなわち、上で見たように、（1）と（2）を区別する基準は、xに対するyの「述語可能性」である。

四　「全体」とは？

四・一　普遍的全体

続いて、アリストテレスは（1）普遍的全体について詳しく説明する：

「（1）第一の場合は、普遍的なもの（τὸ καθόλου）、すなわちその各々を或る全体的存在として（ὡς ὅλον τι ὄν）全体的に述語するもの（τὸ ὅλως λεγόμενον）［普遍概念］の場合で、これはつぎのようなわけで多くの個別的なものを自らのうちに包含しているから普遍的［したがって全体的］である。すなわちそのわけは、これが多くの個別的なものの述語である（πολλὰ περιέχον τῷ κατηγορεῖσθαι καθ' ἑκάστου）からであり、したがって個別的なものども、たとえば人間や馬や神（ἄνθρωπος ἵππος θεός）などが、すべて或る一つのもの（ἓν ἅπαντα）であるからである、というのは、人間も馬も神も同じく一つの生命あるもの（ἅπαντα ζῷα）であるからである。[16]」

これについて、アクィナスは注解する：

「彼［アリストテレス］は、前述の全体の二様態について、まず、第一の様態について説明して、言う。普遍（universale）、『そして全体的に［語られるもの］』すなわち共通に述語されるもの（quod communiter praedicatur）は、各々のものに述語される（praedicatur de unoquoque）がゆえに、一なる全体（unum totum）と言われる。ちょうど、各々のものに述語されるその［一なる］ものにおいて、多を部分として包含している（continens）から、普遍と言われるように。そして、普遍的全体においては、それらすべて［諸部分］が一となり、それら［諸部分］の各々が当の一なる全体である。たとえば、動物（animal）は人間や馬や神（homo et equus et deus）を包含する。なぜなら、『それらすべては魂あるもの（animalia）』であるから、つまり動物（animal）がそれらの各々に述語されるからである。[17]」

ここで、（1）普遍的全体の有する二つの側面、すなわち「普遍性」と「全体性」が明らかにされる。それが「全体」であるのは、「各々のものに述語される」（praedicatur de unoquoque）からである。それが「普遍」であるのは、「一」において「多を部分として包含する」（multa continens ut partes）からである。要するに、「xがyの部分であり」、かつyが普遍的全体であるとき、xのすべての値に関して、「xはyである」と「yはxを包含する」が同時に成り立つ。たとえば、y：動物、x：人間、馬、等々とすると、「人間は動物である」「馬は動物である」等々、かつ「動物は人間を包含する」「動物は馬を包含する」等々が、すべてのxの値について同時に成り立つ。

四. 二. 一　統合的全体＞量的全体

つぎに、アリストテレスは（2）統合的全体について説明する：

「しかしまた、（2）連続的であり且つ限りのあるもの（τὸ συνεχὲς καὶ πεπερασμένον）も、それがそのうちに包含される多くのものどもから成る或る一つの統一的なもの（ἕν τι）であるかぎり、全体と言われる。ことにそれらがそれのうちにただ可能性において（δυνάμει）［差別不明瞭に］包含されている場合にそうであり、そうでないなら、現実態において（ἐνεργείᾳ）もそうである[18]。」

ここでは、（2）「統合的全体」一般について、量という側面と、可能的／現実的包含の区別について語られる。前者について、アクィナスは注解する：

「つぎに、全体の第二の様態すなわち統合的全体（totum integrale）に関して彼［アリストテレス］は説明する。これについて、二つの説明を行う。まず彼は、このような全体、とくに、量的諸部分（partes quantitativae）に分割される全体（これが分かりやすいので）について、一般的な特徴を措定する。彼は言う。『連続的で有限な』（'continuum et finitum'）、すなわち完全で全的な（perfectum et totum）ものが、［全体と］言われる。じっさい、『自然学』第Ⅲ巻に言われているように、すなわち、全体に内在する多（plura quae insunt toti）からある種の一（unum aliquod）が生じる時、無限なもの（infinitum）は全体の性格（ratio totius）ではなく部分の性格（ratio partis）しか持ちえない。彼がこう言うのは、反対のもの（ex contrario）から何かが生じる場合を排除するためである[19]。」

これによれば、「分かりやすい」（manifestius）、つまり典型的な、（２）統合的全体は、「量的諸部分に分割される全体」（totum quod dividitur in partes quantitativas）、すなわち「量的全体」（totum quantitativum）である。量的全体が「全体」であるためには、「多」なる諸部分から何らかの「一」が生じる必要があり、したがって「有限なもの」（finitum）でなければならない。

四.二.二　統合的全体∨連続的全体 vs 非連続的全体

つづいて、可能的／現実的包含の区別について、アクィナスは注解する：

「さて、全体を構成する諸部分は、全体において二通りにありうる。一つは、可能的に（in potentia）、一つは、現実的に（in actu）。連続的全体（totum continuum）においては、諸部分は可能的にあるのに対して、非連続的全体（totum non continuum）においては、［諸部分は］現実的にある。たとえば、石山（acervum）において、諸々の石（lapides）は現実的にある。連続体（continuum）のほうが、非連続体（non continuum）より、優れて一（magis unum）であり、したがって、より優れて全体（magis totum）である。それゆえ、諸部分は、とくに可能的に（maxime in potentia）、全体に内在し（inesse toti）ていなければならないと彼［アリストテレス］は言う。かりに可能的にないとしても、少なくとも『エネルギアにおいて』（energia）すなわち現実態において（in actu）。というのも、エネルギアとは、内的活動（interior actio）のことを言うからである。[20]」

ここで明らかなように、（２）統合的全体は、さらに（2.1）連続的全体と、（2.2）非連続的全体に区分される。「連続的全体」（totum continuum）とは、個々の木や個々の人間のように、可能的諸部分からなり、一つの共通の境界を共有する全体のことであり、「非連続的全体」（totum non continuum）[21]とは、石山や獣の群れや群衆のように、現実的諸部分からなり、一つの共通の境界を共有しない全体のことである。一般的には、可能態よりも現実態が優先するが、この場合は、諸部分が現実的に（in actu）区別されている非連続的全体よりも、可能的に（in potentia）しか区別されていない連続的全体の方が、より優れた一（magis unum）であり、より優れた全体（magis totum）である。したがって、「xがyの部分であり」、yが（2.2）非連続的全体なら、「xは現実的にyの部分である」と言えるが、yが（2.1）連続的全体なら、「xは可能的にyの部分である」あるいは「xはyの潜在的部分である」としか言えない。

四．二．二．一　統合的全体∨連続的全体∨自然的全体 vs 人工的全体

次に、アリストテレスは（２）統合的全体における、自然的／人工的の区別について言う：

「そして、このようなもののうちでは、自然によって存在するもの（τὰ φύσει）の方が技術によって存在するもの（τὰ τέχνῃ）よりもいっそう多く真に全体的である。このことは、さきにわれわれが『一つ』について言ったとおりである。というのは、全体性［全体的であること］（ὁλότητος）は統一性［一つであること］の一種（ἑνότητός τινος）だからである。[22]」

これについて、アクィナスは注解する：

「つぎに彼［アリストテレス］は、全体の第二の様態［統合的全体］における二様性を示す。一つは、連続的なもの（continua）のうち、あるものは技術によって（per artem）、あるものは自然によって（per naturam）、連続的である、ということである。そして、自然によって連続的なものの方が、技術によって連続的なものより、より優れて（magis）『そのようなもの』すなわち全体である。これはちょうど、一（unum）について上で、すなわち、自然によって連続的なものの方がより優れて一であると、いわば全体性（totalitas）がある種の統一（aliqua unio）であるかのように、述べられたのと同様である。したがって、明らかに、より優れて一であれば（magis unum）、より優れて全体（magis totum）なのである。[23]」

四．二　自然的全体 vs 人工的全体

ここで明らかなように、(2.1) 連続的全体には、（a）自然的な（per naturam）全体と、（b）技術的な（per artem）、つまり人工的な全体があり、自然的な全体のほうが、人工的な全体より優れている。それはなぜか？「より優れて一」（magis unum）ということ以外、その理由は明示されていない。アクィナスによれば、実体形相（forma substantialis）は、ある全体のあらゆる部分に内在しているが、そのような実体形相を持っているのは自然的な実体のみである。これに対して、人工物は付帯形相（forma accidentalis）を持っているにすぎず、それは全体のあらゆる部分には内在しないからである。[24]

いずれにせよ、「xがyの部分であり」、y_1が（a）自然的な全体、y_2が（b）人工的な全体である

場合、「xがy_1の部分である」という関係の方が、「xがy_2の部分である」という関係より、優れた「全体－部分」関係である。

四．二．三　統合的全体：諸部分の秩序

ところで、統合的全体の諸部分相互の区別は、「秩序」（ordo）という概念によって説明される。

「すべての統合的諸部分は、お互いに何らかの秩序（ordo）をもっているが、あるものは、位置に関する秩序（ordo in situ）しかもたず、その結果、あるいは兵隊（exercitus）の諸部分のように関係する（se habere）か、あるいは堆積物（acervus）の諸部分のように接触する（se tangere）か、あるいは家（domus）の諸部分のように集まる（colligere）か、あるいは直線（lenea）の諸部分のように連続する（continueri）か、である。これに対して、別のあるものは、動物の諸部分のように、さらに力の秩序（ordo virtutis）も持っている。動物の諸部分のうち、力において第一は、心臓（cor）であり、その他は、何らかの力の秩序において互いに依存し合う（dependere ab invicem）。第三に、［別のあるものは］時間（tempus）や運動（motus）の諸部分のように、時間の秩序（ordo temporis）において関係している。[25]」

ここでは、統合的諸部分の「秩序」（ordo）を、（a）［空間的］位置（situs）、（b）力（virtus）、（c）時間（tempus）という三つの観点によって区別する。そして、（a）をさらに、（a.1）兵隊

（exercitus）、（a.2）堆積物（acervus）、（a.3）家（domus）、（a.4）直線（lenea）に例示的に区分する。（b）の例示は、心臓（cor）を中心とする動物の身体の諸部分である。そして、（c）を、（c.1）時間（tempus）と、（c.2）運動（motus）に区分する。したがって、たとえば、（a.1）「xは兵隊の部分（一員）である」と言われる場合、そのxの様々な値は空間的位置によって関係し（se habere）、（a.2）「xは堆積物の部分である」と言われる場合、そのxの様々な値は接触し（se tangere）、（a.3）「xは家の部分である」と言われる場合、そのxの様々な値は集合し（collegi）、（a.4）「xは直線の部分である」と言われる場合、そのxの様々な値は連続する（continueri）。また、（b）「xは動物の［身体］部分である」と言われる場合、そのxの様々な値は、空間的位置によって関係するだけでなく、力によっても互いに依存しあう（dependere ab invicem）。そして、（c.1）「xは1日の部分（一部）である」、または（c.2）「xは移動の部分（一部）である」と言われる場合、それらxの様々な値は、時間（tempus）的に秩序づけられる（ordinari）。

四．二．四　統合的全体∨量的全体∨同質的全体 vs 異質的全体

さらに、連続的全体の諸部分の「秩序」と「位置」について、アクィナスは次のように説明する。

> 「彼［アリストテレス］は、二様性の第二を措定する。量（quantitas）の中に諸部分の秩序（ordo partium）があるとき、その秩序には、初め（principium）・中間（medium）・終わり（ultimum）があり、そこに位置の根拠（ratio positionis）があるので、そのような［量的］全体

はすべて、その諸部分の中に連続的な位置（continua positio）を持っていなければならない。しかるに、諸部分の位置に対して、連続的全体は三通りの関係を有することが見られる。じっさい、一つには、諸部分の多様な位置（diversa positio partium）が違いを作らない（non facere diversitatem）、ある種の全体が存在する。たとえば、水（aqua）のように。じっさい、水の諸部分は、どのように位置を転移し（transponere）ても、変わらない（nihil differunt）。油、ワイン、等々、他の液体についても同様である。また一つには、［諸部分の多様な］位置が違いを作る（differentiam facere）、ある種の全体が存在する。たとえば、人間、何であれ動物、家などである。家は、諸部分がどのように秩序づけられても存在するわけではなく、諸部分の特定の秩序にしたがって（secundum determinatum ordinem partium）存在する。人間や動物についても同様である。…これに対して、その両方がおこる（contingere ambo）、ある種の全体が存在する。というのも、［諸部分の多様な］位置がその全体に何らかの仕方で（quodammodo）違いを作るからである。…すなわち、そのような全体は、諸部分の位置の転移が起こった時、質料は同一のままであるが、形相や姿形（forma sive figura）は同一ではない。たとえば、蠟燭（cera）のように。蠟燭の諸部分がどのように位置を転移しても、依然として蠟燭は存在する（ただし、同じ姿形をしてはいない）。布（vestimentum）、類似した諸部分をもつが多様な姿形をとる他のすべてのもの、についても同様である。[26]」

これによれば、諸部分の秩序に、「初め・中間・終わり」（principium・medium・ultimum）の区別があるから、「位置」（positio）がある。「連続的全体」（totum continuum）が、諸部分の位置との関係によって三つに区別される。（a）第一は、水のように、「諸部分の位置が違いを作らない全体」である。（b）第二は、家のように、「諸部分の位置が違いを作る全体」である（（c）第三は考察しない）。別の箇所では、（a）は「同質的全体」（totum homogeneum）、（b）は「異質的全体」（totum heterogeneum）と言われる[27]。かくして、「xがyの部分である」場合、yが（a）同質的全体であれば、xの様々な値の位置が変わっても、yは変わらないのに対して、yが（b）異質的全体であれば、xの様々な値の位置が変わると、yも変わることになる。

同質的全体と異質的全体の区別は、「一と多の対照」という文脈でも語られる。

「全体には二通りある。一つは、同質的（homogeneum）全体で、これは「類似の諸部分から」（ex similibus partibus）構成される。もう一つは、異質的（heterogeneum）全体で、これは「不類似の諸部分から」（ex dissimilibus partibus）構成される。ところで、何であれ同質的全体の場合、全体の形相（forma totius）をもっている諸部分から全体が構成される。たとえば、水のいかなる部分も水である（quaelibet pars aquae est aqua）。連続［的全］体のその諸部分からの構成はそのようなものである。これに対して、何であれ異質的全体の場合、全体の形相はどの部分にもない（quaelibet pars caret formam totius）。じっさい、家のどの部分も家ではなく、人間［の身体］のどの部分も人間ではない。そのような［異質的］全体は多性（multitudo）である。したがって、そのような全体の諸部分は多性の形相（forma multitudinis）を持っておらず、諸々の一性

（unitates）が多性を構成している。たとえば、家は家ではないものから（ex non domibus）構成されている。諸々の一性が多性を構成するのは、［諸々の一性が］多性と対立する意味での「不可分という性格」（ratio indivisionis）をもっているからではなく、有性（entitas）をもっていることによる。ちょうど、家の諸部分が、家でないことによってではなく、ある種の物体であることによって家を構成しているように。[28]」

上では、同質的全体と異質的全体が、「諸部分の位置が違いを作るか否か」を基準として区別されたが、ここでは、諸部分の「（不）類似」を基準として区別されている。「類似の諸部分から」（ex similibus partibus）構成されるのが「同質的全体」で、「不類似の諸部分から」（ex dissimilibus partibus）構成されるのが「異質的全体」である。類似性（similitudo）は、たとえば水とその諸部分のように、全体と諸部分の形相の共通性による。これに対して、不類似性（dissimillitudo）は、たとえば家とその諸部分のように、全体と諸部分の形相の相異による。この形相の相異は、多性（multitudo）と諸々の一性（unitates）の関係から説明される。家［全体］の形相には、屋根、壁、基礎等々の諸形相が含まれているので多性があるが、屋根、壁、基礎等々には、そのような「多性の形相」（forma multitudinis）はなく、各々別々の一性の形相をもっている。したがって、そのような諸部分を集めると、「諸々の一性」（unitates）が集まる。しかし、諸々の一性に全体を構成する部分としての資格を与えるのは、「多ではない一」としての「不可分性」（indivisio）ではなく、「有性」（entitas）である。たとえば、屋根、壁、基礎等々が家を構成する部分であるのは、「家ではないもの」としてではなく、「ある種の物体」（quaedam corpora）としてである。

したがって、「xがyの部分である」場合、yが（a）同質的全体であれば、xのすべての値とyは同じ形相を共有し（つまり類似し）、xの値同士もお互いに類似しているのに対して、yが（b）異質的全体であれば、xのすべての値とyは同じ形相を共有して（つまり類似して）いないだけでなく、xの値同士もお互いに類似していない。

　ところで、冒頭に引用したアクィナスのテクスト（*S.T.*, I, q.77, a.1, ad 1）の中で、統合的全体は「個々の部分について」（de singulis partibus）は述語されないが、「ある仕方で」（aliquo modo）、すなわち「すべてについて同時に」（de omnibus simul）述語されると言われ、〈壁・屋根・基礎が家である〉（paries, tectum et fundamentum sunt domum）という例文が与えられた。これは、どういう意味か。

　この説明の意味は、「異質的全体」の理解において明らかになる。家とそれを構成する壁・屋根・基礎は、異質的全体とその諸部分の関係であるから、家の形相は個々の部分には共有されていない（つまり、個々の部分は「家ではない」）。したがって、＊〈この壁は家である〉、＊〈この屋根は家である〉など、個々の部分に全体は述語されない。しかし、〈家である〉という述語は、「ある仕方で」、すなわち「壁・屋根・基礎」「すべてについて同時に」（de omnibus simul）適用される。[29]「すべてについて同時に述語される」とは、全体が「諸部分のすべてを集めたもの」について述語されるということである。[30]「諸部分のすべてを集めたもの」は「全体」に他ならない。これは結局、「全体について」全体が述語されると言っているに等しい。したがって、これは、「諸部分について」全体が述語されるという意味では、「非本来的」(improprie) なのである。

五．「部分」とは？

五．一　統合的部分∨量の部分

さて、「部分」について、アリストテレスは四つに区分する。まず、「量的部分」について言う：

「メロス［部分］(μέρος) というのは、或る意味では、(一)(1) それにまで (εἰς ὅ) 或る量的なもの (τὸ ποσόν) がなんらかの仕方で分割される (διαιρεθείη) ところのそれである (というのは、量としてのかぎりにおいて (ᾗ ποσόν) 量的なものから取り出されたもの (τὸ ἀφαιρούμενον τοῦ ποσοῦ) は、その量的なものの部分と呼ばれる (μέρος λέγεται) のが常だからである、たとえば2が或る意味では3の部分であると呼ばれる (τῶν τριῶν τὰ δύο μέρος λέγεταί πως) がごときである)。しかし他の意味では、(2) この第一の意味での諸部分のうちでただこの量的なもの全体の尺度［単位］となるもののみ (τὰ καταμετροῦντα ... μόνον) が部分と言われる。それゆえに2が、さきの意味では3の部分であると呼ばれる (μὲν ὡς λέγεται μέρος) が、この意味ではそう呼ばれない (δ᾽ ὡς οὔ) のである。[31]」

これについて、アクィナスは、以下のように注釈する。

「ここで彼［アリストテレス］はあるものが部分（pars）と言われる四つの様態（modus）を措く。第一に、部分と言われるのは、あるものが量に関して（secundum quantitatem）分割される（dividitur）場合である。これは二通りある。一つには、より大きい量（quantitas maior）から分割された結果の小さい量（quantitas minor）が、どれだけ小さかろうとも、大きい量の部分と言われる。というのも、ある量から取ってこられたもの（id quod aufertur a quantitate）は、つねに元の量の部分だからである。たとえば、2はある意味で3の部分である。また一つには、より大きい量の尺度となる（mensurare）小さい量のみが部分と言われる。この意味では、2は3の部分ではなく、2は4の部分である。なぜなら、2が二つで4だからである(32)。」

これによれば、一般的に、部分とは「分割され」（dividitur）た結果をさす。その分割の仕方は多様である。まずここでは、「量的（secundum quantitatem）分割」が語られる。上で見たように、統合的全体の典型は量的全体である。その量的部分について、ここでは、たんなる量的部分と「尺度となる」（mensurare）量的部分を細区分している。たとえば、2は3の部分であるが尺度的部分ではない。しかし、2は4の部分でありかつ尺度的部分でもある。したがって、「xがyの部分である」場合、x、yともに数量であり、かつ（1）y＞xなら、「xはyの量的部分である」。また、（2）xがyの約数なら、「xはyの尺度的部分である」。

五．二　普遍的全体の基体的部分∨類の部分

続いて、量なしの分割、すなわち質的分割について、アリストテレスは言う：

「さらにまた、（二）それらにまで（εἰς ἅ）或る種類のもの（τὸ εἶδος）がその量とは無関係に（ἄνευ τοῦ ποσοῦ）分割されるところのそれらをそのものの部分と言う。この意味で種（τὰ εἴδη）は類の部分（τοῦ γένους μόρια）であると呼ばれるのである。[33]」

これについて、アクィナスは注釈する：

「第二に、部分と言われるのは、あるものが量なしに（sine quantitate）分割される（dividitur）場合である。この意味では、種（species）が類の部分（partes generis）であると言われる。というのも、［類が］種へ分割されるのは、量とは違って、量の部分（pars quantitatis）へ分割されるのではないからである。なぜなら、全体量（tota quantitas）は、それの諸部分のいずれの中にも（in una suarum partium）ないが、類はいずれの種の中にも（in qualibet specierum）あるからである。[34]」

ここでは、類から種への分割が、「量なしの」（sine quantitate）つまり質的分割として語られている。

量的分割は、典型的には、統合的全体の分割に当てはまるのに対して、類から種への質的分割は、普

遍的全体の分割に当てはまる。たとえば、動物という類が人間や馬という種に分割される。ところで、「類」（genus）や「種」（species）という概念（用語）は相対的である。動物は、人間や馬に対しては類であるが、生物に対しては種である。つまり、それらの概念は、二つの普遍の相対的階層関係を示しているにすぎない。そして、種であっても類ではない、つまりその傘下には個体しかない最下位の普遍、たとえば人間は、「最下位種」（species specialissima）と呼ばれる[35]。

五．三　統合的部分∨形相の部分 vs 個体の部分

さらに、「形相の部分」と「個体の部分」について、アリストテレスは続ける：

「さらにまた、（三）それらにまで（εἰς ἃ）全体（τὸ ὅλον）が分割される（διαιρεῖται）ところの、あるいはそれらから（ἐξ ὧν）全体が合成される（σύγκειται）ところのそれらを、この全体の部分と言う、—ここで全体というのは形相（τὸ εἶδος）のこと、または形相を有するもの（τὸ ἔχον τὸ εἶδος）のことであるが、—たとえば、青銅の球（τῆς σφαίρας τῆς χαλκῆς）や青銅の立方体（τοῦ κύβου τοῦ χαλκοῦ）に対しては、青銅（ὁ χαλκὸς）も（そのうちに形相を内在させている質料（ἡ ὕλη ἐν ᾗ τὸ εἶδος）として）それらの部分（μέρος）であり、またその方形（ἡ γωνία）も部分（μέρος）である[36]。」

これについて、アクィナスは注釈する：

「第三に、部分（pars）と言われるのは、形相（species）であれ、形相を持つもの（aliquid habens speciem）すなわち個体（individuum）であれ、そこへと［全体が］分割されるもの、あるいはそこから全体が複合されるもの、である。じっさい、言われたように、部分には、形相の部分（partes speciei）もあり、質料の部分（partes materiae）、つまり個体の部分（partes individui）もある。こういうわけで、青銅（aes）は、形相を受け取る質料（materia in qua species est recepta）という意味において、青銅製の球の部分（pars sphaerae aereae）であり、青銅製の立方体の部分（［pars］cubi aerei）である。したがって、青銅は形相の部分ではないが、形相を持つものの部分なのである。他方、立方体（cubus）とは、方形の表面によって包含された物体（corpus contentum ex superficiebus quadratis）である。角（angulus）は、形相としての三角形の部分（pars trianguli sicut speciei）である。[37]」

ここで語られる〈スペキエスの部分〉（'pars speciei'）とは何か？それは、「種の部分」つまり個体のことではない。ここで〈スペキエスの部分〉は〈質料の部分〉と並置され、後者が〈個体の部分〉と言い換えられている。そもそも、この文脈でアクィナスが使う 'species' という語は、アリストテレスの 'εἶδος' のラテン語訳であり、普遍としての「種」ではなく、「形相」を意味する。ここで言及される〈スペキエスの部分〉は、〈形相の部分〉に他ならない。では、〈形相の部分〉や〈個体の部分〉とは、何を意味するのか？

これを理解するために、以下のテクストを参照しよう。

「それゆえ、明らかに質料は形相の部分（pars speciei）である。しかし、ここで理解されている形相（species）とは、たんなる形相（formam tantum）ではなく、何であったかということ（quod quid erat est）である。また明らかに、質料は、「形相と質料からなる」全体（totum quod 'est ex specie et materia'）、すなわち個［的全］体（singulare）、の部分である。個［的全］体とは、限定されたこの質料の中にある形相［種］の本性（natura speciei in hac materia determinata）を意味する。じっさい、質料は複合体の部分（pars compositi）であるが、複合体には普遍［的複合体］と個［的複合体］がある。[38]」

ここでまず、質料が、（a）形相の部分としての質料と、（b）個体の部分としての質料に区分される。（a）の「形相」（species）は、「何であったかということ」（quod quid erat est）、すなわち「本質」（essentia）のことである。以下これを、「［全体］形相」と表記する。これに対して、（b）の個体の部分には、質料とは区別された意味での「たんなる形相」（forma tantum）も含まれる。以下これを、「［部分］形相」と表記する。質料が「形相の部分である」というのは、［全体］形相すなわち本質の部分である、ということである。［全体］形相、すなわち本質は、［部分］形相と質料からの複合体（compositum）であり、普遍的にも（e.g.「人間」）、個的にも（e.g.「この人間」ソクラテス）理解される。いずれにせよ、ここで語られている「部分」とは、「本質を構成する部分」としての［部分］形相や質料のことである。

「しかし、動物や人間といった複合体（compositum）は、普遍（universale）と個体（singulare）という二通りに理解されることが知られなければならない。すなわち、人間や動物は普遍として、ソクラテスやカリアスは個体として理解される。それゆえ、人間や馬などのように個体の中にある（sunt in singularibus）が普遍的に語られる（universaliter dicta）ものは、「実体（substantia）ではなく」、すなわちたんなる形相（solum forma）ではなく、限定された質料と限定された形相の両方から複合されたある種の全体（simul totum quoddam compositum ex determinata materia et determinata forma）であるが、それら［質料と形相］は個的にではなく普遍的に（non ... ut singulariter, sed universaliter）理解される。じっさい、人間（homo）と言われるのは、この魂とこの身体から（ex hac anima et hoc corpore）ではなく、魂と身体からの（ex anima et corpore）ある種の複合体である。これに対して、個体（singulare）と言われるのは、「最終的質料（すなわち個的質料）からの」（'ex ultima materia', idest materia individuali）ある種の複合体である。すなわち、ソクラテスはこの魂とこの身体からのある種の複合体（aliquid compositum）であり、その他の個体についても同様である。[39]」

要するに、「個体の中にあるが普遍的に語られるもの」（quae sunt in singularibus, sed universaliter dicta）、すなわち普遍（universale）としての「人間」は、「魂と身体から」（ex anima et corpore）複合されるが、個体としての「この人間」は、「この魂とこの身体から」（ex hac anima et hoc corpore）複合される。この区別は、上述のテクストにおける「［全体］形相」と「［全体］形相を持つもの＝個体」に対応する。「この」（haec/ hoc）という個別性は「個的質料」（materia individualis）からくる。個的質料とは、「第一質料」（prima materia）の対極にある「最終的質料」（ultima materia）のことで、いわゆる「個体化の根源」（principium individuationis）としての「この限定された質料」（hac materia determinata）のことである。「この人間」ソクラテスは、個的質料によって個体化された「ある種の全体」（totum quoddam）である。他方、「この限定された質料」から「この」を取れば、「限定された質料」（materia determinata）が残る。それは「個的にではなく普遍的に」（non quidem ut singulariter, sed universaliter）理解された質料である。普遍としての「人間」は、「この魂とこの身体」からではなく、「魂と身体」から構成される「ある種の全体」である。したがって、「［全体］形相の部分」とは、［全体］形相を構成する「形相と質料」のことであり、「個体の部分」とは、「［全体］形相を持つもの＝個体」を構成する「この形相とこの質料」のことであると思われる。

ところで、ここで語られる「普遍」（universale）と、類や種としての「普遍的全体」（totum universale）は同じものとして理解してよいのか？「普遍的全体」（e.g. 動物）とその部分（e.g. 人間）の関係は、「述語可能性」であった（「人間は動物である」）。しかし、ここで語られる「普遍」（e.g. 人間）とその部分（e.g. 魂や身体）の場合、全体がその部分に述語不可能である（＊「魂は人間である」、＊「身体は人間である」）。したがって、ここでアクィナスが語っている「個体の中にあるが普遍的に語られるもの」としての「普遍」を構成する部分としての形相や質料は、類や種としての「普遍的全体」の部分ではなく、「統合的全体」の部分と見なされている。[40]

五．四　統合的部分∨定義の部分

さらに、アリストテレスは言う：

「さらにまた、（四）それぞれの事物の本質を明らかにする（*τῷ δηλοῦντι ἕκαστον*）説明方式の要素（*τὰ ἐν τῷ λόγῳ*）［類と種差］も、その全体の部分である。それゆえに、他の意味では種が類の（*τὸ εἶδος τοῦ γένους*）部分であるが、この意味ではまた類が種の（*τὸ γένος τοῦ εἴδους*）部分であるとも言われるのである。[41]」

これについて、アクィナスは注解する：

「第四の仕方で部分と言われるのは、何であれ事物の定義において措定されるもの（quae ponuntur in definitione cuiuslibet rei）であり、それは概念の部分（partes rationis）である。たとえば、動物と二足歩行（bipes）は人間の部分（partes hominis）である。[42]」

「定義において措定されるもの」（quae ponuntur in definitione）とは、定義の構成要素である。定義は類と種差から構成される。たとえば、人間の定義は「理性的動物」である。この場合、動物という類は、人間の定義の「部分」である。ところで、上の（二）「類の部分」の説明においては、逆に、人間は動物という類の「部分」であった。これら二つの説明は、どのような整合性をもつのか？この問題を、アクィナス自身が説明している。

「このことから明らかに、第四の仕方では、類が種の部分であるが、上の第二の仕方では、種が類の部分である。じっさい、第二の仕方では、部分は普遍的全体（totum universale）の基体的部分（pars subiectiva）とみなされたが、他の三つの仕方では、それは統合的部分（pars integralis）とみなされた。第一の仕方では、量の部分（pars quantitatis）とみなされ、他の二つの仕方では、実体の部分（pars substantiae）とみなされた。こうして、第三の仕方では、形相の部分（pars speciei）であれ個体の部分（pars individui）であれ、事物の部分（pars rei）であるのに対して、第四の仕方では、それは概念の部分（pars rationis）なのである。[43]」

ここで、アクィナスは四種類の「部分」を統一的に解釈することによって、上記の問いに答えている。まず大きく、（A）普遍的全体の基体的部分としての第二（普遍の部分）と、（B）統合的部分としての第一（量の部分）、第三（形相の部分&個体の部分）、第四（定義の部分）とに大別される。さらに、（B）統合的部分が、（B1）附帯性の部分である第一（量の部分）と、（B2）実体の部分であるが、（B2）実体の部分が、（B2-1）事物の部分としての第三（形相の部分&個体の部分）と、（B2-2）概念（ratio）の部分としての第四（定義の部分）とに細区分される。以上を表示すると次のようになる。

- （二）普遍的全体の基体的部分∨類の部分　e.g.人間（⇕動物）
- 統合的全体の部分∨
  - （一）附帯性の部分∨量の部分
    - e.g.2（⇕3）
    - 尺度的 e.g.2（⇕4）
  - 実体の部分∨
    - （三）事物の部分∨
      - ［全体］形相の部分 e.g.魂（⇕人間）
      - 質料（個体）の部分 e.g.この身体（⇕この人間）
    - （四）概念の部分∨
      - 定義の部分 e.g.動物（⇕人間）

さて、以上の整理に基づいて、上の問題、すなわち種が類の部分なのか、類が種の部分なのかという問題に対する解答が与えられる。（1）第二（普遍の部分）の意味で、人間という種が動物という類の部分であるのは、普遍的全体の基体的部分としてである。この場合、動物は、人間を「基体」（subiectum）として、それについて述語される。これに対して、統合的部分としての、（B2-2）第四（定義の部分）の意味で、動物という類と理性的という種差から人間という種の定義「理性的動物」が構成されるのは、概念のレベルである。このレベルで、人間という概念に動物という概念が述語されることはない。

＊本論は、二〇一二年度科研費基盤研究（B）による研究成果の一部である。

第六章　全体－部分の形而上学

一．中世メレオロジーと形而上学

西洋中世哲学において、実体と付帯性、形相と質料、本質と存在などが重要な概念であったことはよく知られている。しかし、全体－部分が自然学、論理学、倫理学、形而上学などの重要問題を解くための鍵概念として広く用いられ、また全体－部分という概念自体が形而上学の主題であったこと、すなわち中世メレオロジーの形而上学的性格が注目されたのは、比較的最近のことである(1)。

十三世紀後半、ダキアのボエティウスは、〈全体〉〈部分〉というターム、およびそれらのタームから構成される〈全体はその部分より大きい〉といった命題は、論証の第一原理であり、その考察は形而上学に属することを明言している。

「このこと［論証の第一原理の解明が形而上学に属することへの疑問］に対して、以下のように言わなければならない。形而上学は、あらゆる有（ens）に共通のこと、つまり有の特定の部分に固有化されないことを教える。じっさい、諸々の技術知の専門家は自らの対象に固有なことを教えるが、自らの対象とその他の有にとって共通なことにまでは上昇せず、形而上学者によって教えられたことを前提とする。このため、いかなる技術知の専門家も、対象の中にあるすべてのことを教えるわけではないので、自らの対象を十全には教えない。形而上学者は、あらゆる有に共通なことを教える。しかし、有の一部に固有なことにまでは下降しない。そのようなことは、自らの対象を固有化する専門的学知に属するからである。

第二に、以下を注意深く考察しなければならない。心の共通概念あるいは最大命題ともいわれる公理を構成するタームは、特定の専門的学知に固有化されず、あらゆる学知に共通である。じっさい、〈全体はその部分より大きい〉という自明命題を構成している〈全体〉〈部分〉というタームは、医学のみに固有化されない。なぜなら、幾何学においても、全体と部分の関係が見出されるからである。また、それは幾何学にも固有化されない。なぜなら、算術や音楽や天文学、また他のあらゆる学知においても、全体と部分の関係が見出されるからである。何であれその他の公理や最大命題を構成するタームについても、同様に理解されなければならない。それゆえ、あらゆる専門的学知が使用する論証の第一原理を構成するタームは、形而上学者に属する。なぜなら、あらゆる学知に共通でいかなる学知にも固有でないことはすべて、形而上学者に属するからである。…

さらに［第三に］、以下を注意深く考察しなければならない。そのような公理や心の共通概念や最大命題は、あらゆる専門的学知に共通であり、いかなる専門的学知によっても固有化されない。その理由は、それら［公理や心の共通概念や最大命題］を構成するタームが共通的タームだからである。じっさい、〈全体はその部分より大きい〉は、もしそれを構成するタームが幾何学に固有であるなら、幾何学に固有化されていることになるだろう［だが、そうではない］(2)。

このテクストでは、論証の第一諸原理の解明がなぜ形而上学に属するのかという疑問に答える形で、形而上学が扱うべき主題や対象について三つの論点が提示されている。そのうち、第二と第三の論点において、〈全体〉〈部分〉というターム、およびそれらのタームから構成される〈全体はその部分より大きい〉といった命題が、形而上学に属することが明らかにされる。

第一の論点は、形而上学以外の個別の専門的学知（たとえば、医学や幾何学や天文学）は、「有の一部に固有なこと」、すなわち有の一面しか扱わないのに対して、形而上学は「あらゆる有に共通のこと」を扱うという。では、あらゆる有に共通のこととは、どのようなことであろうか？それは、有である限りの有一般、および有一般の諸属性や諸原理などである(3)。この第一の論点では、形而上学の主題あるいは対象は、専門的学知に固有化されない有一般に関する事柄であるという規準の確認が行われている。

ところで、「有一般」（ens commune）とは何かという問に、ここで簡単に答えておきたい。ラテン語‘ens’は、「ある」を意味する動詞‘esse’の分詞の派生形であり、〈有〉〈有るもの〉〈存在者〉〈存在〉など、さまざまな仕方で和訳される。‘ens’ は三つの意味で理解されうる。（1）まず、‘ens’ は、‘id quod est’〈ある－もの〉と言い換えられる。[4] したがって、何であれある個体 x について、‘x est’ と言われるとき、‘x’ = ‘id quod est’ すなわち ‘ens’ である。たとえば、‘Socrates est’ なら、‘Socrates’ = ‘id quod est’〈ある－もの〉すなわち ‘ens’ である。（2）しかし、‘id quod est’〈ある－もの〉は、必ずしも ‘id quod existit’〈存在する－もの〉と同値ではない。‘id quod est’ という表現は、‘id quod est φ’〈φである－もの〉を排除しないからである。この場合、‘φ’ は何らかの属性を表し、‘x est’ は ‘x est φ’ の ‘φ’ を埋めるものがない場合と考えてもよい。たとえば、‘Socrates est albus’ なら、‘Socrates’ = ‘id quod est album’ すなわち ‘ens album’〈白い有〉である。（3）ところで、‘est’ が使われない一般動詞の文の場合、どうなのか? アクィナスによれば、文を構成するすべての述語動詞は ‘esse’ を含意するので、[5] ‘currere’（走る）’ → ‘esse currens’ のように、一般動詞はすべて「‘esse’ ＋分詞」に還元できる。[6] たとえば、‘Socrates currit’ は、‘Socrates est currens’ へと還元できる。したがって、一般動詞の場合も ‘est φ’ の形に還元できることになる。そして、‘Socrates est currens’ なら、‘Socrates’ = ‘id quod est currens’ すなわち ‘ens currens’〈走る有〉である。以上から明らかなように、何であれある個体 x について何かを語る文は、結局 ‘x est φ’ へと還元され、その結果、文法形式上、‘x’ = ‘id quod est φ’〈φである－もの〉すなわち ‘ens φ’〈φ－有〉となる。そして、このφを考慮から除外すれば、すべての ‘x’ は共通に、‘id quod est’〈ある－もの〉すなわち ‘ens’〈有〉と言われうる。φを考慮に入れないそのような共通の（一般的な）‘ens’ こそが、‘ens commune secundum quod ens’「有である限りの有一般」である。形而上学が扱うのは、そのような有一般とその属性や原理、および有の第一諸原因である。[7] そして、‘ens’〈有〉についてのこのような論は、「ens－論」（enti-logy）、すなわち「存在－論」（onto-logy）と呼ばれ、形而上学の主要領域なのである。

さて、上掲のテクストに戻ろう。その第二と第三の論点に共通しているのは、形而上学の扱うターム（第二論点）や命題（第三論点）はあらゆる学知に共通に適用されうるという観点である。あらゆる学知に共通に適用可能なタームとそのようなタームから構成された命題は、「論証の第一諸原理」と言われる。そのような原理はあらゆる個別の専門的学知において広く使われるが、そのような原理それ自体の考察は、個別の専門的学知にではなく形而上学に属する。論証の第一原理は、基本的に自明（per se nota）でなければならない。そして、その自明性における真理の最高の明証性（evidentia）のゆえに尊厳に値するという意味で、第一原理は「公理（尊厳）」（dignitas）とも呼ばれる。また、第一原理は整った知性によって直ちに承認され所有態（habitum）となるがゆえに、「心の共通概念」（communis animi conceptio）とも呼ばれる。そして、自明でない他の命題を照明する最大能力（maxima potestas）のゆえに、第一原理は「最大命題」（maxima propositio）とも呼ばれる。[8] そして、〈全体〉と〈部分〉というターム、および〈全体はその部分より大きい〉という自明命題は、まさにそのような意味「心の共通概念、公理、最大命題」で、論証の第一原理として、形而上学の主題であることが言明されている。

しかし、ここで疑問がわく。あらゆる学知に共通という論点は、文法学や論理学にも当てはまるのではないのか？じっさい、論理学が扱う共通の志向観念（intentio）すなわち類や種、および推論様式や認識様態はあらゆる学知で使用されうる。[9] また、そのような心的概念の表現様態を扱う文法学もあらゆる学知に共通である。[10] したがって、あらゆる学知に共通という点では、文法学や論理学の原理も形而上学の原理も同様であり、しかも全体－部分に関するタームや命題の考察は、むしろ文法学（言語の分析）や論理学（概念の分析）にこそ属するのではないのか？だとすればなぜ、〈全体〉と〈部分〉というターム、およびそれらのタームから構成される〈全体はその部分より大きい〉といった論証の第一原理は、形而上学に属すると言われるべきなのか？

その問題を解く鍵は「様態論」にあると思われる。様態論とは、簡単に言うと、事物の「存在様態」（modus essendi）が、知性の「認識様態」（modus intelligendi）を介して、言語の「表示様態」（modus significandi）を規定するという考え方である。[11] 論理学は知性の認識様態を説明し、[12] 文法学は言語の表示様態を説明する。[13] これに対して、形而上学は事物の存在様態を説明する。もちろん、事物の存在の様態を説明するのは形而上学に限らない。[14] しかし、すでに見たように、形而上学は、個別の専門的学知（自然学や数学）とはちがって、あらゆる学知に適用されうる有一般の属性や原理を教える学知であり、全体－部分に関する命題はまさにこのような原理の一つであった。したがって、全体－部分の考察は形而上学（とくに存在論）の主題なのである。[15] 以上において、様態論を背景とした中世メレオロジーの形而上学的性格が明らかとなった。

二.「xはyの部分である」

さて、全体‐部分の関係、すなわち「xはyの部分である」という関係は、どのような事物（概念・事態）において見出されるのか？ヴァルツィは、現代英語で 'x is part of y' と言われうる十五通りの関係を例示している[16]。それらの関係は、質料的物体（e.g. 'The handle is part of the mug'）、空間的領域（'That area is part of the living room'）、幾何学的存在（'The outermost points are part of the perimeter'）、出来事（'The first act was the best part of the play'）、抽象的存在（'Rationality is part of personhood'）など多様な事物の間に広く認められ、唯名論や集合論とは違って存在論的制約（ontological restriction）を前提としない。そこから、ヴァルツィは、抽象的存在に関する、メレオロジーの存在論的中立性（ontological neutrality）を主張する。

以下に見るように、アクィナスの場合も、全体‐部分の関係は、具体的事物同士の間にも、具体的事物と抽象的存在との間にも、抽象的存在同士の間にも認められ、関係の両項に存在論的制約は前提されていない。したがって、アクィナスのメレオロジーも存在論的に中立であると言える[17]。しかし、アクィナス（そして中世）のメレオロジーを理解するためには、その背景にある中世の知的文脈を確認しなければならない。アクィナスにおいて、全体と部分は相互に関係的な概念である[18]。したがって、さまざまな全体‐部分の関係は「xはyの部分である」という形で語られうる。我々は少なくとも以下の28の用例を確認することができた[19]。

1. 歩兵は軍隊の部分である（pedes est pars exercitus）。
2. 石片は石山の部分である（lapis est pars acervi）。
3. 壁は家の部分である（paries est pars domus）。
4. 点は線の部分である（punctum est pars lineae）。
5. 心臓は身体の部分である（cor est pars corporis）。
6. 手は身体の部分である（manus est pars corporis）。
7. 昼は日の部分である（meridies est pars diei）。
8. 走行は運動の部分である（cursus est pars motus）。
9. 告白は悔悛の部分である（confessio est pars poenitentiae）。
10. 人間は動物の部分である。（homo est pars animalis）
11. ソクラテスは人間の部分である。（Socrates est pars hominis）
12. 魂は人間の部分である。（anima est pars hominis）
13. 身体は人間の部分である。（corpus est pars hominis）
14. この魂はソクラテスの部分である。（haec anima est pars Socratis）
15. この身体はソクラテスの部分である。（hoc corpus est pars Socratis）
16. 理性的は人間の部分である。（rationale est pars hominis）
17. 動物は人間の部分である。（animal est pars hominis）
18. 滋養的能力は魂の部分である（potentia vegitativa est pars animae）

19. 生成力は滋養的魂の部分である（potentia generativa est pars animae vegitativae）
20. 感覚的能力は魂の部分である（potentia sensitiva est pars animae）
21. 視覚は感覚的魂の部分である（visus est pars animae sensitiva）
22. 表象力は感覚的魂の部分である（phantasia est pars animae sensitivae）
23. 場所運動能力は魂の部分である（potentia motiva secundum locum est pars animae）
24. 欲求力は魂の部分である（appetitus est pars animae）
25. 感能は欲求力の部分である（sensualitas est pars appetitus）
26. 意志は欲求力の部分である（voluntas est pars appetitus）
27. 知性的能力は魂の部分である（potentia intellectiva est pars animae）
28. 知性は知性的魂の部分である（intellectus est pars animae intellectivae）

このように、「xはyの部分である」という関係は、質料的物体（1~3）、身体（5~6、13、15）、魂とその能力（12、14、18~28）、数学的存在（4）、時間（7）、運動（8）、行為（9）、概念（10~11、16~17）など、さまざまな有において見られる。では、我々が確認したこれらの用例リストにおいて、全体-部分の関係は、有のどのような存在様態を表出しているのだろうか？

三．全体と部分：中世的理解の源泉

まずは、歴史的文脈から始めよう。アクィナスをはじめ中世の人々の理解の源泉となったのは、主としてアリストテレス[20]とローマのボエティウス[21]である。

アリストテレスは『形而上学』第5巻において「全体」（ὅλον）について論じる。[22] アクィナスの『形而上学注解』によれば、そこでアリストテレスは、あらゆる全体に共通の一般的特徴、すなわち完全性と統一性を提示する。完全性とは、諸部分から全体が統合され（integrari）完成されることであり、統一性とは、全体が諸部分を包含しそれらを一へと統一する（unire）ことである。[23] ここで統一性の違いによって2つのタイプの全体－部分が区別される。すなわち、（A）諸部分のいずれにも述語されない統合的全体（totum integrale）と、（B）任意の部分について述語される普遍的全体（totum universale）である。[24]

またアリストテレスは、同書で「部分」（μέρος）について論じる。[25] アクィナスによれば、一般に、部分とは分割されたものであり、分割（divisio）には二種類が区別される。第一は、「量による」（secundum quantitatem）分割である。後で述べるように、量的全体は統合的全体の典型である。第二は「量なしの」（sine quantitate）分割つまり質的分割である。この意味では、種が類の部分であると言われる。第一と第二の違いは、量的全体ないし全体量は、それの諸部分のいずれの内にもないが、類はいずれの種の内にもあるという点である。ここでも（A）諸部分のいずれの内にもない統合的全体と、（B）任意の部分の内にある普遍的全体が区別される。[26] 以上から明らかなように、アリストテレスは、統合的全体と普遍的全体という二つのタイプの全体という理解を中世に伝えた。

つぎに、全体‐部分の中世的理解のもう一つの源泉は、ローマのボエティウスである。ボエティウスは『区分論』において、連続的全体、非連続的全体、普遍的全体、諸能力から成る全体という4つの全体を区分する。[27] 連続的全体として物［身］体と線を例示し、非連続的全体として堆積物(gregem)、群衆(populum)、兵隊(excercitum)を例示する。後述するように、連続的全体と非連続的全体は統合的全体としてまとめられる。さらに、ボエティウスは、普遍的全体として人間や馬を例示し、「何であれ個体が人間であると言われる」と言う。したがって、ここで想定されている普遍は、個体を諸部分とする全体すなわち「［最下］種」(species［specialissima］)である。最後に、ボエティウスは、能力的全体として、魂を挙げ、その部分として思考する能力、感覚する能力、滋養する能力を例示する。要するに、ボエティウスの挙げた全体の四つの類型は、統合的全体、普遍的全体、能力的全体という三つのタイプに収斂する。

これら三つのタイプの全体‐部分は、ほとんどすべての中世哲学者たちによって共有されている基本的類型であり、[28] アクィナスの全体‐部分の用例も結局はこの三タイプに分類できる。すなわち、用例リストの1～9＆12～17は統合的全体‐部分、10～11は普遍的全体‐部分、18～28は能力的全体‐部分である。このように、アクィナスの理解は、先達から多くを受け継ぎそれらを洗練化しているが、後で述べるように、彼の独自性は全体‐部分の関係を神学にも適用した点にある。[29] しかし、まずは全体‐部分の三つの基本的類型について、詳しく考察しなければならない。

四．一　統合的全体：量的全体、連続的全体と離散的全体、自然的全体と人工的全体

まず、統合的全体から始めよう。統合的全体の典型としてアリストテレスやアクィナスが想定しているのは量的全体である。アクィナスによれば、量的諸部分に分割される全体が、「より明らかに」つまり典型的に語られるのは、統合的全体である。そして、量的全体が全体であるためには、多なる諸部分から何らかの一が生じる必要があり、したがって有限なものでなければならない。したがって、統合的全体は有限な量的全体をその典型とする。[30] そして量は質料的事物の属性である。[31] したがって、壁や屋根といった諸部分に分割される家（人工物）、根や茎や葉といった諸部分に分割される植物（生物）、頭や胴体や手足あるいは肉や骨や血といった諸部分に分割される人間など、この世界において我々が出会う質料的事物のほとんどは、量的全体としての統合的全体に分類される。

さらに、統合的全体は、諸部分の分割の可能性－現実性を規準として連続的全体と非連続的全体に区分される。アクィナスによれば、連続的全体とは、「可能的に」分割された諸部分から構成される全体（たとえば、物［身］体や線）のことである。つまり、諸部分は現実的には分割されず各々の部分の境界は可能性にすぎないので、諸部分は一つの共通の連続的な境界を共有している。他方、非連続的全体とは、「現実的に」分割された諸部分から構成され、一つの共通の連続的な境界を共有していない全体（たとえば、石山や群衆や兵隊）のことである。このように現実的に分割された諸部分から構成される全体は、全体としての結束性が弱いため「離散的」（discerptum）とも言われる。[32] 一般的には、可能態より現実態が優先するが、今の場合は、諸部分が現実的に分割されている離散的全体よりも、諸部分の分割が可能性にすぎない（つまり、現実的には分割されていない）連続的全体の方

が、全体としての一性がより強く、それゆえ「より優れて」全体とみなされる[33]。

さらに、連続的全体は、自然的（per naturam）全体と、技術的（per artem）すなわち人工的な全体とに区別され、自然的全体のほうが人工的全体より優れて一であり、より優れて全体であるとみなされる[34]。そもそも、実体形相はある全体のあらゆる部分に内在し、そのような実体形相を持っているのは自然的実体のみである。これに対して、人工物（たとえば家）の形相は付帯形相にすぎず、それは全体のあらゆる部分に内在するわけではない[35]。そこから、実体形相を持っている全体の方がそうでない全体よりも一性が強いとみなされる。したがって、付帯形相しか持っていない人工的全体（たとえば家）よりも、実体形相をもっている自然的全体（たとえば身体）のほうが、より優れて全体なのである。

以上、統合的全体は量的全体を典型とし、さらに量的全体の中で離散的全体（たとえば、石山や群衆や兵隊）よりも連続的全体（たとえば、物［身］体や線）の方がより優れた全体であり、さらに連続的全体の中で人工的全体（たとえば家）よりも自然的全体（たとえば身体）の方がより優れた全体であるということになる。

四．二　統合的全体：時間・運動・行為

このように統合的全体は、質料的事物において見られる量的全体を典型とするが、必ずしも質料的事物に限られるわけではない。アクィナスは、『神学大全』において、質料的事物だけでなく時間、運動、行為など多様な統合的全体を、諸部分相互の「秩序」（ordo）という観点から整理する。非質

料的な（量的でない）全体は、その諸部分が「位置」（situs）という秩序において関係し合わないので、連続的、離散的、いずれのカテゴリーにも属さない。非質料的な時間や運動や行為の諸部分は、空間的境界を共有せず継起的に生起するだけだからである。アクィナスは言う。

「すべての統合的諸部分は、お互いに何らかの秩序をもっているが、あるものは、位置に関する秩序しかもたず、その結果、あるいは兵隊の諸部分のように関係するか、あるいは石山の諸部分のように接触するか、あるいは家の諸部分のように集合もするか、あるいは線の諸部分のように連続もするか、である。これに対して、別の統合的部分は、動物の諸部分のように、さらに加えて、力（virtus）の秩序も持っている。動物の諸部分のうち、力において第一は、心臓であり、その他は、何らかの力の秩序において相互に依存する。第三に、［別の統合的部分は］時間や運動の諸部分のように、時間の秩序において秩序づけられている。したがって、悔悛の諸部分は行為であるから、相互に力と時間の秩序を有するが、それら［悔悛の諸部分］は配置（positio）を有さないから、位置の秩序は有さない[36]。」

このテクストで、アクィナスは、統合的諸部分の秩序を、［空間的］位置、力、時間という3つの観点によって区分する。この区分に、上述の連続的と離散（非連続）的、および自然的と人工的という区分を重ね合わせると、以下のようにまとめられる。

諸部分の秩序	諸部分の秩序の様態	部分の事例	統合的全体の種類
位置	関係する	兵隊の諸部分	量的離散的全体
	関係＋接触する	石山の諸部分	
	関係＋接触＋集合する	家の諸部分	量的連続的（人工的）全体
	関係＋接触＋集合＋連続する	線の諸部分	量的連続的（数学的）全体
位置＋力	第一の力	身体の心臓	量的連続的（自然的）全体
	相互に依存する	身体のその他の諸部分	
時間	秩序（順序）を有する	時間の諸部分	時間的全体
		運動の諸部分	
時間＋力	相互に秩序を有する	行為の諸部分　e.g.告白	行為的全体　e.g.悔悛

四．三　全体－部分の神学への適用

ここで特筆すべきは、アクィナスが行為、とくに「悔悛」（poenitentia）というキリスト教的な行為の考察（つまり神学）に全体－部分の関係を適用していることである。「悔悛」（悔い改め、回心）とは、キリスト教で「洗礼」「堅信」「聖体」などと並ぶ「秘跡」（sacramentum）の一つとされているものである。「悔悛の秘跡」とは、教会において「悔い改める罪人」と「赦しを与える司祭」が「聖なる何か」すなわち「罪を赦す神の業」を示すような仕方で行う「儀式」（celebratio）である。[37] アクィナスは、『神学大全』第Ⅲ部の第90問題（最終問題）において、悔悛の諸部分について一般的に論じる。[38] この第90問は、さらに四つの項（小問）に分割され、「悔悛には部分があるか」（第1項）、「諸部分の数について」（第2項）、「どのような（タイプの）部分であるか」（第3項）、「悔悛の基体的部分への区分について」（第4項）が順次考察される。第1項によれば、悔悛は、「痛悔」（contritio）、「告白」（confessio）、「償い」（satisfactio）という三つの人間的行為から統合される（integrari）完全性である。[39] 第2項によれば、悔悛は、上記三つの罪人の行為を質料的部分とし、これに加えて司祭の赦しを第四の形相的部分とする。[40] 第3項によれば、上記三つの行為は悔悛という類（普遍的全体）の「基体的部分」（partes subiectivae）でもなく、悔悛という能力の「能力的部分」でもなく、悔悛という行為の完全性を構成する「統合的部分」である。[41] 第4項では、行為としてではなく「徳」（virtus）としての悔悛の区分について述べられる。[42] したがって、行為としての悔悛は、痛悔、告白、償いという三つの人間的行為を部分としてそれらから完成される統合的全体なのである。このように、神学的主題を論じるとき全体‐部分という概念枠を適用するという点で、アクィナスはメレオロジーの歴史において独自性を示している。

四．四　用例の分析（1）：統合的全体

さて、以上述べたことを「xはyの部分である」という形に当てはめると、次のように整理できる。

1．歩兵は軍隊の部分である（pedes est pars exercitus）。
↓量的離散的部分－量的離散的全体：諸部分が位置において関係する
2．石片は石山の部分である（lapis est pars acervi）。
↓量的離散的部分－量的離散的全体：諸部分が位置において接触する
3．壁は家の部分である（paries est pars domus）。
↓量的連続的人工的部分－量的連続的人工的全体：諸部分が位置において集合する
4．点は線の部分である（punctum est pars lineae）。
↓量的連続的数学的部分－量的連続的数学的全体：諸部分が位置において連続する
5．心臓は身体の部分である（cor est pars corporis）。
↓量的連続的自然的部分－量的連続的自然的全体：心臓は位置＋力において第一として他の諸部分と関係する
6．手は身体の部分である（manus est pars corporis）。
↓量的連続的自然的部分－量的連続的自然的全体：諸部分が位置＋力において相互に依存する
7．昼は日の部分である（meridies est pars diei）。
↓時間的部分－時間的全体：諸部分が時間において秩序づけられる
8．走行は運動の部分である（cursus est pars motus）。
↓時間的部分－時間的全体：諸部分が時間において秩序づけられる
9．告白は悔悛の部分である（confessio est pars poenitentiae）。

↓行為的部分－行為的全体：諸部分が時間＋力において相互に秩序を有する

五．一　普遍的全体とその基体的部分

つぎに、普遍的全体は、アクィナスによれば[43]、全体性と普遍性を特徴とする。普遍は、各々の部分について共通に述語されるがゆえに一なる全体である。それはまた、一において多を包含するがゆえに「普遍」（universale）である。そのような普遍的全体として、‘animalia’ が例示される。‘animalia’ とは、「anima を有するもの」という意味の形容名詞中性形 ‘animale’ の複数形で、「有魂物体」（animata corpora）を意味する。‘animal’ という中性名詞も同じ語源から派生した語で、狭義には「動物」、広義には「有魂物体」を意味する。‘animal’ という一つの類は、人間や馬など多くの種を包含し、多に共通に述語されるという普遍的全体の特徴をもっている。したがってここでは、普遍的全体－部分の関係の典型として、類－種の関係が示されている。

そもそも、「類」や「種」という概念は相対的である。「動物」は、「人間」や「馬」に対しては類であるが、「生物」に対しては種である。つまり、類や種の概念は、二つの普遍の相対的階層関係を示しているにすぎない。そして、種であっても類ではない、つまりその傘下には個体しかないような最下位の普遍は「最下種」と呼ばれる。たしかに、個体を部分とする種と、種を部分とする類とは、同列には扱えない。種－個体は概念－事物の関係であるが、類－種は概念－概念の関係だからである。前者は、ある要素のある集合への帰属関係であるが、後者は、概念同士の包含関係である。しかし、ある種の傘下にある個体も、ある類の傘下にある種も、普遍の部分であるということに違いはな

い。

そもそも、普遍的全体の部分となりうるのは、「基体的部分」（pars subiectiva）である。[44]「基体」（subiectum）とは、何らかの普遍を担うものであるが、言語的には「主語」（subiectum）となる。つまり、普遍的全体の部分は、何らかの普遍が述語づけられる「基体／主語」でなければならない。その意味で、種（たとえば人間）は、その部分である個体（たとえばソクラテス）に述語づけられる（〈ソクラテスは人間である〉）。また、類（たとえば動物）も、その部分である種（たとえば人間）に述語づけられる（〈人間は動物である〉）。現代の述語論理では、これら二つの文は異なった種類の命題を表すと分析される。〈ソクラテスは人間である〉は、「個体ソクラテス（s）が人間という属性（H）を持っている」（Hs）と分析される。これに対して、〈人間は動物である〉の方は、「もしある個体（x）が人間という属性（H）をもっているなら、xは動物という属性（A）を持っているということが、すべてのxについて当てはまる」｛∀x(Hx ⇒ Ax)｝と分析される。しかし、アクィナスの普遍的全体‐基体的部分の関係においては、これら二つの文を明確には区別しない。その理由は、後に詳細に述べるように[45]、類であれ種であれ、普遍的全体は、本質的にも働きの力の点でも、その基体的部分のすべてに内在し、その基体的部分のすべてについて「本来的に述語づけられる」からである。

五．二　事物の中の普遍と知性の中の普遍

ところで、普遍とは何か？ アクィナスは、‘universale’という語を、必ずしも類や種といった概念

のみに適用するわけではない。彼は普遍の三つのあり方、あるいは‘universale’という語の三つの意味を分析する。[46] 普遍は、（1）事物の中に（in re）本性としてあり、（2）事物から（a re）抽象され事物より後に（posterius re）あり、（3）事物の原因として（ad rem）事物より先に（prius re）ある。（1）の普遍は「事物の中にある」（esse in re）と言われているが、けっしてプラトンのイデアのような実在的普遍を意味するわけではない。それはこの世界の個体としての事物においていわば個体化された普遍であって、本来の普遍性という特徴（ratio）、すなわち「一において多を包含」や「多について述語可能」という特徴を失っている。（2）の普遍は「事物から抽象によって受け取られたもの」である。抽象によって受け取るのは知性に他ならない。したがってそれは、「事物より後に」知性において形成された知や概念のことである。これに対して、（3）は事物の原因となる知である。たとえば、建築家の心の中にある家の形相すなわち設計は、その設計どおりに作られた建築物の原因である。同様に、天使の心の中に存在する諸事物の形相は、この世界の諸事物をアプリオリに認識するための原因であるから、当然「事物より先に」ある。そして、この（3）の普遍がいちばんプラトンのイデアに近いものだが、アクィナスにおいては、そのような普遍は独立に存在するのではなく、「心の中に」（in mente）すなわち人間や天使の知性において存在する。つまり、普遍の特徴を失って事物の中にある（1）以外、（2）も（3）も結局は知性の中に、すなわち認識様態としてある。したがって、普遍は「唯の名」にすぎないのか、それとも独立に「実在する何か」なのかといういわゆる普遍論争に関して、アクィナスの立場は、普遍を知性の中の認識様態とみなす立場である。知性の認識様態は、事物の存在様態と言語の表示様態を媒介する。したがって、アクィナスの立場は唯名論と実在論のいわば中間的な立場と言えよう。

五．三　普遍：統合的全体か普遍的全体か？

ところで、事物の中にある普遍とは、個体の中にある本性のことであった。では、事物において、普遍と個体はどのようにあるのか？アクィナスは言う。

「しかし、動物や人間といった複合体は、普遍と個体の二通りに理解されることが知られなければならない。すなわち、人間や動物は普遍として、ソクラテスやカリアスは個体として理解される。それゆえ、人間や馬などのように個体の中にあるが普遍的に語られるものは、「実体ではなく」、すなわちたんなる形相（solum forma）ではなく、限定された質料と限定された形相の両方から複合されたある種の全体であるが、それら［質料と形相］は個的にではなく普遍的に理解される。じっさい、人間と言われるのは、この魂とこの身体からではなく、魂と身体からのある種の複合体である。これに対して、個体と言われるのは、「最終的質料（すなわち個的質料）から」のある種の複合体である。すなわち、ソクラテスはこの魂とこの身体からのある種の複合体であり、その他の個体についても同様である。(47)」

ここで、事物の中にある普遍と個体の様態について、「人間」を例に説明がなされる。たとえば、ソクラテスやカリアスは、この魂とこの身体から複合される「この人間」という個体である。「この」

(haec/ hoc) という個別性は個的質料 (materia individualis) からくる。個的質料とは、第一質料の対極にある最終的質料 (ultima materia) のことで、いわゆる個体化の根源としての「この限定された質料」のことである[48]。個体「この人間」は、個的質料「この身体」と、この身体によって個体化された「この魂」を部分とするある種の複合体つまり統合的全体である。

他方、個体化の根源としての「この限定された質料」から「この」を取ると、「限定された質料」が残る。限定された質料とは、個的質料ではないが、だからといって無限定な可能態としての第一質料でもなく、「個体の中にあるが普遍的に理解された質料」のことである。同様に、個的質料によって受け取られた「この形相」から「この」を取ると、「普遍的に理解された形相」が得られる。そのように普遍的に理解された質料と形相、すなわち魂と身体から複合されるのが、普遍的に語られた「人間」である。魂と身体から統合された全体としての人間は、複合体がその部分について述語されないように、魂と身体について述語されない。すなわち、〈魂は人間である〉〈身体は人間である〉とは言えない。そのような全体は、事物の中にある普遍であるから、知性の中にある普遍的全体とは区別されなければならない。普遍的全体の特徴は、本質と力による諸部分への内在と、諸部分について の述語可能性であった。その意味で、普遍的全体としての人間は、ソクラテスやカリアスといった個体を基体的部分とし、それら個体について述語可能である。すなわち、〈ソクラテスは人間である〉〈カリアスは人間である〉。したがって、この意味における「人間」は統合的全体であり、普遍的全体としての「人間」とは、区別されなければならない。

六．一　質料的部分と形相的部分

以上のように、「この魂とこの身体」は、個的な統合的全体「この人間」の部分であり、「魂と身体」は、普遍的に理解された統合的全体「人間」の部分である。アクィナスは、両者の区別を、質料の部分と形相の部分という観点から説明しようとする。アクィナスは言う。

「第三に、部分と言われるのは、スペキエス（species）であれ、スペキエスを持つものすなわち個体であれ、そこへと［全体が］分割されるもの、あるいはそこから全体が複合されるもの、である。じっさい、言われたように、部分には、スペキエスの部分もあり、質料の部分、つまり個体の部分もある。こういうわけで、青銅は、スペキエスを受け取る質料として、青銅製の球や青銅製の立方体の部分である。したがって、青銅は、スペキエスの部分ではなくスペキエスを持つものの部分であり、立方体は、方形の表面に包まれた物体である。他方、角は、スペキエスとしての三角形の部分である[49]。」

ここで言われる「スペキエス」とは何か？ ‘species’ という語は、一般的には「目に見える姿」を意味するが、ここではアリストテレスの ‘εἶδος’ のラテン語訳であり、「種」や「形相」を意味する。もしこれが「種」を意味するなら、「スペキエスの部分」とは、「種の部分」つまり個体を意味することになる。すでに見たように、個体を傘下に置く種は普遍的全体である。それは知性の中にある。しかし、この文脈においてスペキエスは、事物の中にある形相を意味する。つまり、スペキエスの部分とは「種の部分」ではなく「形相の部分」を意味する。したがって、ここで語られているのは、「形相の部分」と「質料の部分」である。たとえば、青銅製の立方体は、青銅という質料と、立方体すなわち「方形の表面に包まれた物体」という形相から複合された全体である。そして、青銅という質料は、スペキエス（形相）の部分ではなく、「スペキエスを持つもの」すなわち「個体」の部分であると言われる。

では、質料がスペキエス（形相）の部分ではないということと、以下のテクストにおける「質料はスペキエス（形相）の部分である」こととは、矛盾しないのだろうか？

「それゆえ、明らかに質料はスペキエスの部分である。しかし、ここで理解されているスペキエスとは、たんなる形相ではなく、何であったかということである。また明らかに、質料は、『形相と質料からなる』全体」、すなわち個体の部分である。個体とは、「この限定された質料の中にあるスペキエスの本性」を意味する。じっさい、質料は複合体の部分であり、複合体には普遍的なものと個的なものがある。[50]」

質料がスペキエス（形相）の部分であると言われる場合、その「スペキエス」は二通りに理解される。一つは、「たんなる形相」(forma tantum) である。もう一つは、「何であったかということ」(quod quid erat est) である。「たんなる形相」とは、文字通り、質料と対立する意味での形相のことである。人間における魂がそれである。他方、‘quod quid erat est’とは、アリストテレスの用語‘τὸ τι ἦν εἶναι' のラテン語直訳であり、ふつう「本質」（essentia）を意味する。したがって、先のテクストで「質料がスペキエスの部分ではない」と言うのは、「たんなる形相」の部分ではないという意味である。つまり、身体（質料）は魂（たんなる形相）の部分ではないのである。他方、このテクストで「質料がスペキエスの部分である」と言うのは、本質（スペキエス）の部分という意味である。ここで、本質は、形相と質料からなる複合体すなわち全体とみなされている。[51]

六. 二　本質の部分

「本質の部分」（pars essentiae）について、アクィナスは、ある箇所で「本質の部分は、本性の秩序においては形相と質料であるが、論理的には類と種差である[52]」と言う。つまり、本質の部分が、本質の本性的な部分と論理的な部分とに区分される。この場合、論理的な部分として彼の念頭にあるのは、定義を構成する概念である。[53]たとえば「人間」で言えば、その部分は、本性的には（naturaliter）、魂と身体であるが、論理的には（logice）、「動物」と「理性的」である。「人間」は「理性的動物」（animal rationale）と定義されるからである。他方、普遍的全体としての「動物」（類）に対しては、「人間」（種）が基体的部分である。つまり、定義においては「動物」が「人間」の部分であるが、普遍的全体としては、「人間」（種）が「動物」（類）の部分である。これは矛盾ではないのか？これについて、アクィナスは次のように説明する。

「このことから明らかに、第四の仕方では、類が種の部分であるが、上の第二の仕方では、種が類の部分である。じっさい、第二の仕方では、部分は普遍的全体の基体的部分とみなされたが、他の三つの仕方では、それは統合的部分とみなされた。第一の仕方では、量の部分とみなされ、他の二つの仕方では、実体の部分とみなされた。こうして、第三の仕方では、スペキエス（形相）の部分であれ個体の部分であれ、事物（res）の部分であるのに対して、第四の仕方では、それは概念の部分なのである。[54]」

ここで、アクィナスは四通りの「部分」を統一的に説明する。まず大きく、（A）普遍的全体の基体的部分（pars subjectiva）と、（B）統合的全体を構成する統合的部分（pars integralis）とに大別される。さらに、（B）統合的部分が、（B1）附帯性（「量の部分」）と、（B2）実体（「形相の部分と個体の部分」）に二分される。さらに、（B2）実体の部分が、（B2-1）事物（res）としての「形相の部分＆個体の部分」と、（B2-2）概念（ratio）としての「定義の部分」とに細区分される。

さて、以上の整理に基づいて、上の問題、すなわち「人間」が「動物」の部分なのか、その逆なのかという問題に対する解答が与えられる。まず、「人間」が「動物」の部分であるのは、（A）普遍的全体の基体的部分としてである。この場合、「動物」は、「人間」を基体（主語）として、それについて述語される（「人間は動物である」）。これに対して、統合的部分としての、（B2-2）概念レベルでは、「動物」（類）と「理性的」（種差）から「人間」（種）の定義（「理性的動物」）が構成され、「動物」が「人間」の部分となる。この場合は、普遍的全体とはちがって、「人間」（理性的動物）が、

「動物」という部分について述語されることはない。

六．三　用例の分析（２）：普遍的全体、統合的全体としての個体と普遍

以上述べた普遍的全体とその基体的部分、および本質の部分と個体の部分に関する用例を、「xはyの部分である」という形に整理すると、次のようになる。

10．人間は動物の部分である。（homo est pars animalis）
基体的部分（種）‐普遍的全体（類）

11．ソクラテスは人間の部分である。（Socrates est pars hominis）
基体的部分（個体）‐普遍的全体（最下位種）

12．魂は人間の部分である。（anima est pars hominis）
事物（本質）の形相的部分‐統合的全体（事物の中の本性）

13．身体は人間の部分である。（corpus est pars hominis）
事物（本質）の質料的部分‐統合的全体（事物の中の本性）

14．この魂はソクラテスの部分である。（haec anima est pars Socratis）
事物（個体）の形相的部分‐統合的全体（個体）

15．この身体はソクラテスの部分である。（hoc corpus est pars Socratis）
事物（個体）の質料的部分‐統合的全体（個体）

16. 理性的は人間の部分である。（rationale est pars hominis）
概念（定義）の形相的部分－統合的全体（定義）

17. 動物は人間の部分である。（animal est pars hominis）
概念（定義）の質料的部分－統合的全体（定義）

七．一　能力的全体：魂とその諸部分

上で述べたように、[55] ローマのボエティウスは「能力的全体」（totum potentiale）として、思考する能力、感覚する能力、滋養する能力を部分とする「魂」を挙げている。このような魂の三部分説に対して、アクィナスは魂の五部分説の立場をとる。[56]

「魂の諸能力の五つの類、すなわち滋養的、感覚的、欲求的、場所運動的、知性的、が区別されるべきではないように思われる。というのも、魂の諸能力は魂の諸部分と言われるが、すべての人が共通的に挙げるのは、魂の三つの部分、すなわち滋養的魂、感覚的魂、理性的魂、だけである。それゆえ、魂の諸能力の類は5つではなく、三つにすぎない。…

これに対して、言わなければならない。魂の諸能力には、上で挙げられた五つの類がある。このうち3つは魂の呼び名であるが、四つは生の様態の呼び名である。」

アクィナスはまずここで、魂の諸能力は魂の諸部分であることを確認した上で、諸能力の区分と数を問題とする。アクィナスによれば、諸能力は「滋養的」(vegetativa)、「感覚的」(sensitiva)、「欲求的」(appetitiva)、「場所運動的」(motiva secundum locum)、「知性的」(intellectiva) という五つの能力に区分される。このうち、滋養的、感覚的、知性的の三つは、働きの対象によって区別される魂の能力である。すなわち、滋養的能力の働きの対象は「魂と結合された身体」であり、感覚的能力の働きの対象は「すべての可感的物［身］体」であり、知性的能力の働きの対象は「あまねくすべての有」ないし「普遍的有」(ens universale) である。そして五つの能力のうち、滋養的、感覚的、場所運動的、知性的の四つは、生の様態 (modus vivendi) すなわち諸生物の段階 (gradus viventium) によって区別される魂の能力である。すなわち、植物はたんに滋養的能力しか持たず、貝類 (conchilia) のような不動的動物はそれに加えて感覚的能力も持ち、完全な動物はそれらに加えて場所運動的能力も持ち、人間はこれらすべてに加えて知性的能力を持っている。残る一つ、すなわち欲求的能力は、感覚を有する動物以上の生物にかならず備わっており、特定の生物を構成しない。[57]

さらに滋養的魂の諸部分として、「栄養摂取的」(nutritiva)、「生成的」(generativa)、「成長的」(augmentativa)、という三つの能力がある。[58] 感覚的魂の諸部分として、「視覚」、「聴覚」、「嗅覚」、「触覚」、「味覚」という五つの「外部感覚」、および「共通感覚」(sensus coommunis)、「表象力」(phantasia)、「想像力」(imaginatio)、「評定力」(aestimatio)、「記憶力」(memoria) という五つの「内部感覚」が区別される。[59] 知性的魂には、「能動知性」と「可能知性」という二つの能力が区別される。[60] さらに、欲求的能力として、「感覚的欲求」と「知性的欲求」が区別される。[61] 感覚的欲求は「感能」(sensualitas) とも呼ばれ、「怒り」(irascibilis) と「欲情」(concupiscibilis) という二つの部分に区別される。[62] 知性的欲求には、「意志」（voluntas）と「自由意志」（liberum arbitrium）すなわち「選択力」（vis electiva）という能力があるが、これらは、知性と理性（ratio）と同様、実質的に同じものである。[63]

全体	①部分（能力）	②部分の部分（能力）		生の様態
魂	滋養的［魂］	栄養摂取的、生成的、成長的		植物
	感覚的［魂］	外部感覚	視覚、聴覚、嗅覚、触覚、味覚	不動的動物（貝類など）
		内部感覚	共通感覚、表象力、想像力、評定力、記憶力	
	場所運動的			完全な動物
	欲求的	感覚的欲求（感能）	怒り、欲情	
		知性的欲求（意志、自由意志、選択力）		
	知性的［魂］	知性（理性）	可能知性	人間
			能動知性	

七・二　用例の分析（3）：能力的全体（魂とその諸部分）

以上述べた能力的全体としての魂とその諸部分（諸能力）を「xはyの部分である」という形にま

とめると、以下のようになる。

18. 滋養的能力は魂の部分である（potentia vegitativa est pars animae）
魂の能力・種類（滋養的・感覚的・知性的）－魂（能力的全体）

19. 生成力は滋養的魂の部分である（potentia generativa est pars animae vegitativae）
滋養的魂の能力（栄養摂取的・生成的・成長的）－滋養的魂（能力的全体）

20. 感覚的能力は魂の部分である（potentia sensitiva est pars animae）
魂の能力・種類（滋養的・感覚的・知性的）－魂（能力的全体）

21. 視覚は感覚的魂の部分である（visus est pars animae sensitiva）
外部感覚（視覚、聴覚、嗅覚、触覚、味覚）－感覚的魂（能力的全体）

22. 表象力は感覚的魂の部分である（phantasia est pars animae sensitivae）
内部感覚（共通感覚、表象力、想像力、評定力、記憶力）－感覚的魂（能力的全体）

23. 場所運動能力は魂の部分である（potentia motiva secundum locum est pars animae）
魂の能力（魂の種類ではない）－魂（能力的全体）

24. 欲求力は魂の部分である（appetitus est pars animae）
魂の能力（魂の種類ではない）－魂（能力的全体）

25. 感能は欲求力の部分である（sensualitas est pars appetitus）
感覚的欲求（＝感能）－魂の欲求的能力＝欲求力（能力的全体）

26. 意志は欲求力の部分である（voluntas est pars appetitus）
知性的欲求（＝意志・自由意志・選択力）‐魂の欲求的能力（能力的全体）
27. 知性的能力は魂の部分である（potentia intellectiva est pars animae）
魂の能力・種類（滋養的・感覚的・知性的）‐魂（能力的全体）
28. 知性は知性的魂の部分である（intellectus est pars animae intellectivae）
知性的魂の能力（知性／理性）‐知性的魂（能力的全体）

八．全体‐部分の三類型の関係：まとめに代えて

以上、アクィナスにおける全体‐部分の関係を「xはyの部分である」という命題を軸として、統合的全体とその部分、普遍的全体とその基体的部分、能力的全体とその部分という三類型に分類して考察し、28の用例としてリスト化した。最後に、全体‐部分のこれら三類型相互の関係性について考察しなければならない。アクィナスは『神学大全』において、統合的全体、普遍的全体、能力的全体の三類型を比較対照し、能力的全体を他の2つの中間に位置付けている[64]。魂（能力的全体）の本質と諸能力（能力的諸部分）は同一であるという異論に対して、アクィナスは答える[65]。

「この語りは、普遍的全体と統合的全体の中間にある能力的全体が、その諸部分について述語さ

れる仕方に従って検証される。じっさい、普遍的全体は、自己の本質全体と力全体に関して、何であれある部分に臨在する。たとえば、動物が人間と馬に臨在するように。それゆえ、普遍的全体は個々の部分に、本来的に述語される。これに対して、統合的全体は、本質全体に関しても力全体に関しても、いかなる部分にも内在しない。それゆえ、統合的全体は個々の部分についてけっして述語されない。しかし、［統合的全体は］ある仕方で、非本来的にではあるが、同時にすべてについて述語される。たとえば、「壁と屋根と基礎が家である」と言われる場合のように。これに対して、能力的全体は、自らの本質全体に関しては、個々の部分に臨在するが、力全体に関しては、そうではない。それゆえ、［能力的全体は］何であれある部分についてある仕方で述語されうるが、しかし、それは普遍的全体のように本来的にではない。」

アクィナスはここで、「述語付け」（praedicare）を規準として、統合的全体と普遍的全体の中間に能力的全体を位置付けている。能力的全体としての魂は、類や種のような普遍ではなく個々の生物が持っている個的なものであるから、普遍的全体とは異なる。また、魂は量的にも位置的にも時間的にも個的諸部分に分割されないので、統合的全体とも異なる。しかし、上述のように、魂はその働きや対象に応じて諸能力に区分される。アクィナスはまず、全体の部分への述語付けを、全体の部分への内在によって規定する。内在はさらに、「本質全体に関して」（secundum totam suam essentiam）と「力全体に関して」（secundum totam suam virtutem）という基準に従って細区分され、「述語付け」はさらに、「本来的」（proprie）と「非本来的」（improprie）という基準にしたがって細区分される。以上の基準によって、普遍的全体、能力的全体、統合的全体を分類すると、以下のようになる。

全体の部分への関係＼全体の三類型		普遍的全体	能力的全体	統合的全体
内在する	本質全体に関して	○	○	×
	力全体に関して	○	×	×
述語付けられる	本来的	○	×	×
	非本来的	×	○	（×）

普遍的全体は、その諸部分の各々に本質全体と力全体に関して内在するので、諸部分について本来的に述語される。たとえば、人間の本質と力の全体が個々の人間に帰属するので、本来的に〈ソクラテスは人間である〉〈カリアスは人間である〉等々と述語される。他方、統合的全体は、その部分には本質と力のいずれの全体に関しても内在しないので、諸部分について述語されない。つまり、〈この壁は家である〉〈この屋根は家である〉とはけっして言えない。これに対して、能力的全体は、その諸部分（諸能力）の各々に、本質全体に関してはあるが、力全体に関してはないので、本質に関してはその諸部分に述語可能であるが、力に関しては述語不可能である。たとえば、ソクラテスの知性は彼の魂と本質的に同一であり、本質に関しては〈ソクラテスの知性は彼の魂である〉と言える。しかし、知性の力は感覚の力とは区別され、またそれらの力は、魂の力全体とも区別される。したがって、力に関しては〈ソクラテスの知性は彼の魂である〉とはけっして言えないのである。

以上、われわれは全体－部分という関係が存在様態の異なる多様なものの間に認められることを、「xはyの部分である」という用例のアクィナスにおけるリストの作成を通して確認し、最後に全体－部分の関係の基本的な3類型、すなわち統合的全体とその部分、普遍的全体とその基体的部分、能力的全体とその部分の相互の関係性を「述語付け」を規準として考察した。このようなアクィナスにおけるメレオロジーと現代のメレオロジーとの比較対照は今後の課題としなければならない。

＊本論は、二〇一四年度科研費成果公開促進費による著書（松田毅編、二〇一四）の一部である。

第七章 「個」の意味

一．問題の所在

今ここに、一輪の赤いバラがある。そしてそれを見ているソクラテスという個人がいる。我々にとって一見自明と思われる「一」や「個」という概念は、三位一体論を説明しようとするアクィナスにとっては、神のペルソナの個体性を論理的に基礎づけるために極めて重要な概念であった（山田、1978、p.178、註8）。というのも、ペルソナとは、「理性的本性を有する個的実体」（rationalis naturae individua substantia）に他ならない（*S.T.*, I, 29, 1）からである。アクィナスにおける「個」の意味を考察することが本論の意図である。

広い意味で「個」を表示するラテン語は多様である。（1）'singulare' 'particulare' はどちらも附帯性も含めた最も広い意味での「個的なるもの」を表示する（*In III Sent.*, 6, 1, 1）。（2）'subsistentia' は自己自身によって（per se）または自己自身において（in se）存在し、他者において存在するのではないところの「自存者」（subsistens）としての個的実体を表示する（*S.T.* I, 29, 2, c）。（3）‘res naturae’ は共通概念の傘下に置かれ、「本性を持つ事物」としての個的実体を表示する。この特徴を表示する論理的概念語は ‘suppositum’ である（*ibid.*）。（4）‘hypostasis’ ‘substantia’ は附帯性の基体となる個的実体を表示する。この特徴を表示する論理的概念語は ‘individuum’ である（*ibid.*）。（5）‘persona’ は理性的な ‘hypostasis’ あるいは ‘substantia’ としての個的実体を表示する（*ibid.*）。さらに ‘singularis’ ‘particularis’ ‘individualis’ ‘individuus’ などの形容詞や、‘individuatio’ ‘singularitas’ ‘particularitas’ などの抽象名詞も使用される。しかし，「個」という日本語表現は、これらの多様なラテン語表現の下に共通して理解されている概念あるいは意味内容を表わしている。

二．アリストテレスにおける「個」の意味

アクィナスが「個」を捉える基本的枠組はアリストテレスによって与えられる。アリストテレスにとって個体の問題は彼の哲学の中心にあった。個体を離れたイデアを真の実在と考えたプラトンとは違って、アリストテレスは個体の内に実在を見たからである。じっさい、「ウーシア」（*οὐσία*・真実在・実体）が、厳密かつ第一義的かつ固有な意味で語られるのは個的実体、すなわち第一実体（*ἡ πρώτως οὐσία*）である。たとえば、「この人間」（*ὁ τὶς ἄνθρωπος*）や「この馬」（*ὁ τὶς ἵππος*）が真に「ウーシ

ア」の名に値するのである。[1]

他方、「人間」（ὁ ἄνθρωπος）という種（εἶδος）や「動物」（τὸ ζῷον）という類（γένος）などは、「第二実体」（δεύτεραι οὐσίαι）と呼ばれ、[2] 第一実体を傘下におく普遍である。それは第一実体の後に（μέτα）来るものである。[3]

二．一

第一実体と第二実体の区別は、「個的なるもの」（τὰ καθ᾽ ἕκαστον）と「普遍的なるもの」（τὰ καθόλου）という、もっと大きな「もの」（τὰ πράγματα）の分類に包含される。[4] ここで言われる「普遍的なるもの」とは、本性的に多くのものについて述語されるもの、たとえば種を表す「人間」であり、「個的なるもの」とは、本性的に多くのものについて述語されないもの、たとえば個体を指す「カリアス」である。[5]

二．二．一

このような「述語付け・述定」（κατηγορεῖσθαι）を基準とする、いわば論理学的な「もの」の分類はさらに、「有るもの」（τὰ ὄντα）の次の四つの分類に包含される。

D-Ⅰ　「ヒュポケイメノン（主語）」（ὑποκειμένον）について語られるが、いかなるヒュポケイメノン（基体）においてもないもの。e.g.「人間」（ὁ ἄνθρωπος）。[6]

D-Ⅱ　ヒュポケイメノン（基体）においてあるが、いかなるヒュポケイメノン（主語）についても語られないもの。e.g.「この文法知識」(ἡ τὶς γραμματική)、「この白」(τὸ τὶ λευκόν)[7]。

D-Ⅲ　ヒュポケイメノン（主語）について語られ、かつヒュポケイメノン（基体）においてあるもの。e.g.「知識」(ἡ ἐπιστήμη)[8]。

D-Ⅳ　ヒュポケイメノン（基体）においてなく、かつヒュポケイメノン（主語）についても語られないもの。e.g.「この人間」(ὁ τὶς ἄνθρωπος)、「この馬」(ὁ τὶς ἵππος)[9]。

二．二．二

この分類において、D-Ⅳは第一実体、D-Ⅰは第二実体に当たる。すなわち、両者とも、ヒュポケイメノン（基体）においてないという点で一致するが、第一実体はヒュボケイメノン（主語）について語られないが、第二実体は語られるという違いがある。ヒュポケイメノン（基体）「において」あるということは、基体の部分としてあるということではなく、基体と離れては存在しえないもの[10]、すなわち「付帯性」(τὰ συμβεβηκότα)であるということである。この点に関しては、第一実体、第二実体ともに否定される。この両者は実体である限り、決して基体においてはない。しかしながら、第二実体は、主語について語られるものであるから、何らかのヒュポケイメノン（主語）を前提とし、そして、いかなるヒュポケイメノン（主語）についても語られることのない第一実体を前提とする。

さらに、D-ⅡとD-Ⅳはヒュポケイメノン（主語）について語られないという点で一致し、D-ⅠとD-Ⅲは語られるという点で一致する。したがって、この対立関係は、上述（二．一）の「個的なるもの」すなわち個体と「普遍的なるもの」すなわち普遍との関係を表わす。ヒュポケイ メノン（主語）

について語られるものは、本性的に多くの個体について述語されるもの、すなわち、普遍であって、それは、普遍的実体と、普遍的付帯性に区分される。同様に、ヒュポケイメノン（主語）について語られないものは、本性的に多くの個体について述語されえないもの、すなわち、主語となって述語とはならない個体であって、それは、個的実体と個的付帯性に区分される。したがって、アリストテレスにおける、「個体」には、個的実体も個的付帯性も同じ資格で含まれることになる。ただ、すでにみたように、付帯性は実体に依存するから、存在性の先後関係からみれば、根源的には個的付帯性より個的実体のほうが「個体」と言われるに相応しい。

二．三

以上から明らかなように、アリストテレスにおける「個体」（τὰ καθ᾿ ἕκαστον）とは、個的実体としての第一実体をより根源的なものとしつつも、個的付帯性をも包含する概念である。しかし、この規定がすべてではない。じっさい「いかなるヒュポケイメノン（主語）についても語られない」のは、「不可分かつ数的一」（τὰ ἄτομα καὶ ἓν ἀριθμῷ）であると言われているからである[11]。また、いわゆる「このもの」（τόδε τι）は、「不可分かつ数的一」であるとも言われている[12]。したがって、アリストテレスは個体を「不可分かつ数的一」と捉えた上で、『カテゴリア論』の上記の当該箇所を展開していると思われる。では、「不可分かつ数的一」とは、何を意味するのか。

二・三・一

まず、「不可分」（τὰ ἄτομα）とは何か？ 一般に分割（διαίρεσις）を持たないものは、その限りにおいて「一」（ἕν）と言われる。[13] したがって、「不可分」という概念と、「一」という概念は、アリストテレスにおいては、同じものを表示している。ただし、「不可分」（ἄτομον = ἀδιαίρετον）という概念は否定的概念であり、「一」（ἕν）という概念は、肯定的概念であるという違いはある。

したがって、「不可分かつ数的一」を理解するためには、「一」の意味を理解しなければならない。アリストテレスは（A）『自然学』第I巻第2章と、（B）&（C）『形而上学』第V巻第6章の二つの箇所、および（D）『形而上学』第X巻第1章の四つの箇所において、様々な「一」について列挙している。

二・三・二

（A）『自然学』第I巻第2章[14]

（1）連続的なるもの（τὸ συνεχές）

（2）不可分なるもの（τὸ ἀδιαίρετον）

（3）本質（τὸ τί ἦν εἶναι）としてのロゴス（λόγος）が同一であるところのもの

（B）『形而上学』第V巻第6章の第一箇所[15]

（1）付帯的なるもの（τὸ κατὰ συμβεβηκός）

（2）自体的なるもの（τὸ καθ᾽αὑτό）

（i）連続的なるものであるということによって[16]

（ii）基体が形相において区別されないことによって[17]

（iii）種差（τὰ διαφορά）の基体である類が一であるゆえに[18]

（iv）本質（τὸ τί ἦν εἶναι）を語るロゴス（定義）が他のものの本質を明らかにするロゴス（定義）と区別されない場合[19]

（C）『形而上学』第V巻第6章の第二箇所

（1）数的に（κατ᾽ ἀριθμόν）[20]

（2）種的に（κατ᾽ εἶδος）[21]

（3）類的に（κατὰ γένος）[22]

（4）アナロギア的に（κατ᾽ ἀναλογίαν）[23]

（D）『形而上学』第X巻第1章の場合

（1）連続的なるもの[24]

（2）全体（τὸ ὅλον）あるいは形態（μορφή）や形相（εἶδος）を持つもの[25]

（3）数的に不可分な場合[26]

（4）種的に不可分な場合[27]

二・四

以上、アリストテレスの著作の四つの箇所から「一」の分類を列挙したが、これらの分類を統一的に説明することは、非常に困難な作業である。というのも、上記の様々な箇所において、彼は、次の二つのタイプの問いに対する答えとしての「一」を、ごちゃまぜにして挙げているからである。すなわち、［タイプ1］xとyが一つのものを作り上げる、あるいはxとyとの結合が一であって多ではない条件とは何か？［タイプ2］xとyとが同一のものであって、異なっていない条件とは何か？[28] しかしながら、目下の我々の問題は、「一」一般ではなく、個体の規定としての「不可分かつ数的一」の意味であった。そして、「不可分」は、「一」と同じ意味であることを既にみた（二・三・二）。その「一」は、上記のごとく、多様な仕方で（πολλαχῶς）語られる。[29] しかしながら、それらに共通しているのは、実体（οὐσία）が第一義的な意味で「一」と言われる、[30] ということである。そして、数的一性は、種的一性と対立するというより、種的一性をその意味内容に含んでおり、逆に、数的に一なるものの多数性を前提として、種的一ということが語られうるのである。[31]

この二点において、先の場合（二・一〜二・二）とは異なる「個」の性格が浮きぼりになるのではないだろうか。すなわち、先の場合、個的実体も付帯性も、どちらも「個的なるもの」（τα καθ' εκαστον）、「ヒュポケイメノン（主語）について語られないもの」という「個体」の規定の内に含まれていたが、今の場合、一性が何よりもまず見い出されるのは個的実体であると言われる。また、先の場合では、個体は普遍との対立において捉えられていたが、今の湯合、数的一性は種的一性を含むものであることが特に解説されている。

二．五

ところで、「不可分かつ数的一」としての個的実体の、数的一性の原理すなわち、「個体化の原理」は何であろうか。それは質料である[32]。彼はこのことをくり返し述べており[33]、この点に関して、アリストテレスの思惟は非常に明晰かつ堅固である。彼は、可感的質料についてのみならず、可知的質料についてもまた、同様に考えていた。すなわち、「この円」(κύκλος ὅδι) は、同じ半径の別のあの円とは質料によって異なる[34]。そして、種がただ一つの個体しか含まない場合においても同様に理解した[35]。

しかしながら、質料がどのような仕方で個体化の原理となりうるかについて、アリストテレスは詳しい考察をしていない。それ自体無限定な質料は、前もって「この質料」となっていなければ、普遍的な種的一性を数的に多数化し、個々の数的一性を成立させる原理にはなりえない。では、質料はいかにして「この質料」となるのか。それがさらに問われねばならない。しかしながら、アリストテレスは、このことについては何も述べていない。ただし、アクィナスが、質料は量によってのみ分割されうるので、質料は次元の下にある限りにおいて「この質料」すなわち「指定された質料」となる[36]、と主張する時、彼は、アリストテレスの『自然学』第I巻を引用して、量のみが実体の分割を可能にする、という論拠を用いている[37]。しかし、これはアクィナスの解釈であって、アリストテレスにおいては残された問題といえる[38]。

二．六　まとめ

以上まとめると、アリストテレスにおいて、「普遍」(τὰ καθόλου) と区別された「個体」(τὰ καθ'

ἕκαστον）とは、論理的な次元で言えば「主語（ὑποκείμενον）について述語されないもの」のことであって、これは「基体（ὑποκείμενον）においてあるもの」（＝付帯性）も「基体においてないもの」（＝実体）も共に含んでいる（*Cat.* c.2, 1a20-1b6; *De Int.* c.7, 17a38-39）。しかし、アリストテレスにおいてもアクィナスにおいても、「個」の概念が中心的に見い出されるのは実体の類である。なぜなら実体はそれ自体において個体化されるが、付帯性はそれを担う基体としての実体によって個体化される（*S.T.*, I, 29, 1 c.）からである。アリストテレスにとって個的実体は、類（γένος）や種（εἶδος）などの「第二実体」（δεύτεραι οὐσίαι）と区別された「第一実体」（ἡ πρώτως οὐσία）であり、それこそが真に「ウーシア」（οὐσία）の名に値する実在であった（*Cat.*, c.5, 2a11-14.）。しかし、第一実体と第二実体のこの区別が次の二つの問題を引き起こした。即ち、（1）形相と質料の複合実体における個体化の根源は何かということ、（2）質料を含まない単純実体における「個」という概念の意味は何かということである。

二　アクィナスにおける「個」の意味

アクィナスはアリストテレスの残したこの問題を自覚していたと思われる。アクィナスは、複合実体（res compositae）に関する限り個体化の問が二つに区別されることを指摘している。すなわち、（1）「個体化の根源」（principium individuationis）であり、（2）「個体化の概念」（ratio individuationis）である。前者は質料であるからその意味における「個」（individuum）という概念は神には適合し（competere）ない。しかし後者は「非共通性」（incommunicabilitas）であって、この概念を意味する限りにおいて神にも「個」ということが適用される（*In I Sent.*, 25, 1, 1, ad6; *S.T.*, I, 29, 3, ad4.）。

したがって、以下の考察は、まず複合実体の個体化の根源が質料であるということについて、アクィナスの多様な文脈を整理し、そこから複合実体における個体化の二重構造を明らかにする。次に非共通性（incommunicabilitas）という個体化の概念（ratio）がやはり二重の仕方で見い出されることを、「一」（unum）という概念との関係で明らかにすることによって、複合実体および神を含めた単純実体の全存在領域に渡って、共通に適用される「個」の意味の探究へ向かう。

個体化の根源が質料であるという考えをアクィナスはアリストテレスから受け継いでいる。[39]しかし、クリンガーによれば、この問題はさらに詳しく考察すると次の4つの問題に分解される。[40]（1）可感的な個体がいかにして知性認識されるかという認識論の文脈において、個体のどこから普遍概念が抽象されるのか、という問題。（2）共通本性（natura communis）あるいは種の本質（essentia speciei）と、そのような本性や本質をもつ「具体的事物」（res naturae）とは何によって区別されるのか、という問題。（3）同じ本性を有し、したがって同じ種に属する複数の具体的事物の多数性は何によって生じるのか、という問題。（4）それ自体は多において受容されうる自然的形相の第一の基体は何か、という問題。この4つの観点から、アクィナスにおける個体化の根源が質料であるということの意味を考察しよう。

三・一　個体のどこから普遍概念が抽象されるのか？

アクィナスは、『神学大全』の「我々の知性は個物を認識するか」という問題のなかで次のように言う。

「質料的なものにおける個体（singulare）を我々の知性は直接的かつ第一義的には（directe et primo）認識できない。その理由。質料的なものの個体化の根源は個的質料（materia individualis）である。しかるに我々の知性は、このような質料から可知的形象を抽象することによって知性認識する。しかし個的質料から抽象されたものは普遍（universale）である。したがって、我々の知性は直接的には普遍しか認識できない(41)」。

また『真理論』において次のように言う。

「我々の知性のうちにある、ものの類似（similitude rei）は、個体化の根源であるところの質料及びすべての質料的条件から切り離されたものとして受け取られるので、本来的な意味で言えば、我々の知性は個物を認識するのではなく、普遍をのみ認識する(42)」。

これらの箇所で、「個的質料」といわれたり、また単に「質料」といわれたり「質料的条件」といわれたものは何であろうか。それは、「指定質料」（materia signata）である。指定質料がこの場合の個体化の根源であり、すべての知性が「ここ」と「今」から抽象を行なう時、この指定質料から普遍概念を抽象するのである（*De Veritate*, 2, 6, ad1）。そしてこの指定質料は、「限定された次元の下にある」（sub determinatis dimensionibus existens）と言われている[43]。

三．二　共通本性あるいは種の本質と、そのような本性や本質をもつ具体的事物とは何によって区別されるのか?

アクィナスは『有と本質』において、個体と種の本質とはどこが異なっているのかという問題を扱っている。そこではまず、複合実体において本質が形相と質料を共に含むのでなければならないことを論証した後に、次のような問を立てる。

「しかし、個体化の根源は質料であるから、質料と形相を同時に含む本質は単に個的であって普遍的ではないということが帰結するように思われる。したがって、もし本質が定義によって表示されるものだとすれば、普遍は定義を持たないことになってしまうであろう[44]」。

この異論に対してアクィナスは次のように答える。

「質料はどのような意味においても個体化の根源と受けとられるのではなく、ただ指定質料のみがそうなのである。つまり、限定された次元の下に考察された指定質料のことである。しかしこの質料は、人間である限りの人間の定義に措定されず、ソクラテスの定義において（かりにソクラテスが定義をもつとすれば）措定される。人間の定義には、非指定質料（materia non signata）が措定される。したがって、人間の本質とソクラテスの本質とは、指定性と非指定性という点に関してのみ異なる(45)」。

この文脈においても、（三二）の場合と同様に指定質料が個体化の根源であり、それは「限定された次元の下に考察された」（sub dimensionibus determinatis considerate）質料である。

三．三　同じ本性を有し、したがって同じ種に属する複数の具体的事物の多数性は何によって生じるのか？

アクィナスは『対異教徒大全』のなかで次のように言う。

「その他の付帯性のなかで次元的量（quantitas dimensiva）だけが、それ自体で個体化されているという固有性を持っている。その理由。次元的量の概念のなかには位置（positio）が含まれているからである。位置とは全体における諸部分の秩序（ordo partium in toto）のことである。じっさい、量はこうした位置を持っているのである。ところで、同一の種のなかに諸部分の多様性が認められるならそこには常に個体化が認められる。一つの種に属する複数のものは、個体によってのみ多数化される（multiplicari）からである。そして次元的量のみが自らの概念のうちに、同じ種に属する個体の多数化（multiplicatio）が生じうることの根拠を有する。それ故、この多数化の第一の根拠は次元（dimensiones）からくると思われる。なぜなら、実体の類においても多数化は質料の分割によって生じ、この分割は次元の下に考察された質料に関してのみ理解されうるからである。実際、量を取り除くと、すべての実体は分割されえなくなるからである[46]」。

この文脈から明らかなように、同じ種に属する複数の個体の多数性の根拠としての個体化の根源は次元的量である[47]。

三．四　それ自体は多において受容されうる自然的形相の第一の基体は何か？

アクィナスは『神学大全』の「神に質料と形相の複合が認められるか」という問の異論で次のように言う。

「質料は個体化の根源であると思われる。実際、神が多くのものについて述語されることはないからである。ゆえに神は質料と形相とから複合されている[48]」。

この異論に答えて言う。

「質料に受容されうる（receptibilis）形相は、その質料によって個体化されている。質料はすべてのもののもとに在る第一基体（primum subiectum substans）であるから、他者において在るということはできない。これに対し形相は、何か他のものによる妨げのないかぎり、複数のものに受容されうる。ところが質料に受容されえず独立に自存する（per se subsistens）形相は、まさにその『他者に受容されえない』ということによって個体化されている。神はそのような形相なのである。故に、神が個であるからといって神が質料を有するということは帰結しない[49]」。

この文脈において、質料が個体化の根源であるということは質料が第一の基体としてそれ自体は「他者に受容されない」というあり方をしている限りにおいて捉えられている。複合実体の個体化の根源が質料であるということは、以上（三一）～（三四）の多様な文脈において展開されている。

四．「個体化」

四．一　「個体化」の二つの意味

次に個体化の根源の多様な文脈において現われた「個体化」という概念そのものについて考察しなければならない。複合実体における個体が普遍概念や共通本性との関係において考察された場合（三一&三二）の個体化の根源は指定質料であった。質料のこの指定性は「限定された次元」すなわち次元的量によってもたらされる。次元的量は一つの種のなかに、同じ共通本性を有し我々の知性によって同じ普遍概念の傘下にあるものとして認識される個体が多数あることの根源でもある（三三）。したがって、（三一）、（三二）、（三三）の場合は結局、個体化が種から個体への「多数化」（multiplicatio）の観点で捉えられている。

これに対して（三四）の場合、個体化は「他者に受容されない」という観点から捉えられている。この場合、個体化の根源としての質料は基体として形相を受容するという働きが前面に出ている。「他者に受容されない」ということは、形相と質料の複合実体が「自己自身において存在する」（in se existere）ということである。existere の根源は形相であるにしても、in se ということの根源は質料である。そして in se existere ということは「自存する」（subsistere）ことであるから、[50] 質料は形相のもたらす existere に in se をつけ加えることによって複合実体の subsistere の根源であり、その意味で個体化の根源である。したがって、（三四）の場合、「個体化」されるということが subsistere という視点で捉えられている。じっさい、アクィナスは被造物において個体化の根源の果たすべき機能として、次の二つを明示している（*De potentia*, 9, 5, ad13）。すなわち、「自存の根源」（principium subsistendi）と、共通本性を持つ個体（suppositum）の相互の区別の根源である。以上から明らかなように、複合実体において「個体化」（individuatio）は「多数化」（multiplicatio）（あるいは「区別」distinctio）と「自存」（subsistere）という両面性を持っているのである。

四．二　「個体化」の概念

複合実体の個体化の二つの意味に対応して「個体化の概念」（ratio individuationis）あるいは「個の

概念」(ratio individui) もまた二重性を持つ。アクィナスは『神学大全』で次のように言う。

「じっさい、個の概念には多において存在し得ないということが属する。これは二つの仕方で生じる。第一に、本性的に他者において存在しないことによる。この意味では非質料的分離形相がそれ自体で自存しているので自己自身によって個体化されている。第二に、実体形相や附帯形相が本性的に他者において存在するが多において存在しないことによる[51]」。

ここから明らかなように、「多において存在しない」(non in pluribus esse) という「個の概念」はまず、「それ自体で自存している」(per se subsistens) 形相、すなわち「非質料的分離形相」(formae immateriales separatae) においてみられる。このような単純実体は形相がそれ自体で自存し、自存によってそれ自体で個体化されている。これに対して複合実体の場合は、形相がそれ自体で自存せず、形相と質料の複合体 (compositum) が自存する。その意味で複合実体の自存は質料によって支えられている。それのみならず、そのような複合実体は量によって数的一性を与えられて、同じ種の他のすべての数的に一なるものから区別される、という仕方で個体化されている。このように、「多においてて存在しない」という「個の概念」も、自存するものと数的に一なるものという二重の場合において見い出されるのである。

ところで、「多において存在しない」という個の概念は、「非共通性」(incommunicabilitas) という個体化の概念と同じ内容であると思われる。じっさい、「非共通性」とは、「同一のあるもの」

(aliquid unum et idem) が、(i)「多に分割されず」(non in pluribus dividitur)、(ii)「多に述語されず」(non de pluribus praedicatur)、(iii)「不可分である」(non divisibile est) ということである (*In I Sent.*, 25, 1, 1, ad6)。つまり「非共通性」の概念は、「一」なるものが「多においてない」ということによって成立する概念である。したがって、「非共通性」あるいは「多においてない」という概念は、「一」の概念に基づいているのである。すなわち「個」の概念は「一」の概念に基づくのである。

周知のように、アクィナスにおいて「一」(unum) の概念は二つの仕方で見い出される。一つは「不可分の有」(ens indivisum) を意味する「一」、すなわち「有」と置換される「一」である。もう一つは、「数の根源」(principium numeri) としての「一」、すなわち数的な「一」である。これら二つの仕方で語られる「一」はまさに、個の概念の二つの場合に対応している。すなわち、数的一において見い出される個の概念は、数の根源としての「一」の概念に基づき、自存するものにおいて見い出される個の概念は、「有」と置換される「一」の概念に基づく。前者は、量による附帯的な「一」に基づく、附帯的な個の概念を意味する。これは、複合実体においてのみ見い出される個の概念である。後者は、存在論的な実体の「一」に基づく個の概念を意味する。これは、複合実体と単純実体の両方の存在領域に渡って見い出される個の概念である。神は「自存する存在そのもの」(ipsum esse subsistens) である (*op. cit.*, I, 4, 2; 7, 1 c.) から、神に適合する個の概念は存在論的な「一」に基づく個の概念である、というよりはむしろ神は「個」そのものと言わねばならない。

第八章　個体の認識

一．はじめに

アクィナスは、その著作の様々な箇所において、singuralia の認識について主題的に論じている。「singuralia の認識」とは具体的には「神・天使・人間・分離した魂が singuralia を認識すること」を意味する。我々がここで扱うのは、「神が singuralia を認識するか」（Utrum Deus cognoscat singuralia.）という問題である[1]。この場合、singuralia とは、この自然的世界においてそれ独自の存在（esse）を持って、個的なし方で（in singurali）自存している質料的事物（res materiales）のことである。（そのような意味で singuralia を我々は以下、「個体」と呼ぶことにする。）したがって、「神が singuralia を認識するか」という主題のもとでアクィナスが中心的に問題とするのは、神が質料的個体の質料性を認識するということは、個体の個いかにして認識するかということである。実際、個体を個体として認識するということは、個体の個的本質（essentia singuralis／singuralitas）を認識するということに他ならない。質料的個体の個的本質は、個的形相（forma individuata）と個的質料（materia individualis）とから構成される。したがって、個体を認識するためには、その個的本質を構成する質料を認識することが必要とされる。しかしながら、質料は認識されうるのであろうか。アクィナスによれば（*De Veritate*, 10, 4）、認識というはたらきの原理（principium cognitionis）は形相である。形相を原理とする認識というはたらきが、質料を構成要素とする個的本質にまで及びうるのか。このことを、神の場合において解明するのが、「神が個体を認識するか」という主題において、アクィナスが意図したことであると思われる。あらかじめ見ておくと、アクィナスは「神は個体を認識する」と結論する（*op. cit.* q. 2, a. 5.）。そしてこの結論は、結局質料をも神が創った（*S.T.*, I,44, a.2）のだという思想に裏づけられているのである。以下の考察は、以上のことをアクィナスのテキストにおいて確認する作業である。

二　神の自己認識と他者認識

ところで、個体は最も広い意味においては、神にとっての他者（alia a se）と規定されうるであろう。アクィナスは神の他者認識を神の自己認識から導出する。神は自己自身を認識する。そもそも、認識とはあるものの完全性が他のもののうちに在ることである。この場合、前者が認識されるもの（cognitum）、後者が認識するもの（cognoscens）である。しかし、認識されるものの完全性は、自己の限定されたエッセ（esse determinatum）によって認識するもののうちにあることはできない。ところでものの形相や完全性は質料によって限定される。したがって、あるものが認識されうる（cognoscibilis）ことの条件は、それが質料から切り離されていることによる。そしてまた、そのようなものの完全性を受け取る側にある認識するものも非質料的でなければならない。さもないと、受け取られた完全性は、何らかの限定されたエッセによって在ることになり、認識されうるものとして在るのではないことになるであろうからである。したがって、あるものが認識力を有する（cognoscitivus）ことの条件も非質料性である。そこから、非質料性の段階に従って、認識力を有するものと認識されうるものについて、一定の秩序が見出される。すなわち、植物とそれ以下のものは全く認識を欠き、感覚、そして知性へと認識力が高まる。同様に、質料的なものは単に可能的にのみ可知的（intelligibilis）であるが．非質料的なものは自体的に可知的である。神はあらゆる可能態性（potentialitas）を免れているので、完全に非質料的である。したがって、神は最高度に認識力を有し、また最高度に認識されうるものである（*De Veritate*, 2, 2.）。かくて、神においては認識するものとしての条件も、認識されるものとしての条件も完全にそろっている。ところで、現実的な認識は認識するものと認識されるものとが可知的形象（species intelligibilis）を媒体として現実的に一となることである。神が自己自身を認識する場合、認識するものと認識されるものと可知的形象はあらゆる意味で同一である。したがって、神は自己自身を自己自身によって完全に認識する（*S. T.* I, q. 14, a. 2: *S. C. G.* I, c. 47）。

ところで、神は自己を認識することによって他者を認識する。その根拠は、神と神以外の他者との関係を、作用因とその結果という関係において捉えることである。神はものの非質料的作用的根源（immateriale principium activum）である。ところで、作用者によって作出されるものは、作用者のうちに、その作用者の在り方に従って在る。それゆえ、ものは神のうちに非質料的なし方で在る。ところで、あるものが他のもののうちに、非質料的なし方で在るということは、前者が後者によって認識されているということである。したがって神は、原因としての自己のうちに含まれている結果、すなわち神にとっての他者を、原因としての自己を認識することによって認識する（*De Veritate*, 2, 3）。かくて、神は自己自身のみでなく、他者をも認識する。しかし、その認識のし方は異なる。神は自己を自己の本質によって認識するので、自己を「それ自身において」（in seipso）認識する。しかし、神は神の本質が他者の類似を含む限りにおいて、それら他者を「それら自身において」（in ipsis）ではなく、「神自身において」（in seipso）認識するのである（*S.T.*, I, 14, 5）。

以上において、神が神にとっての他者を認識することが明らかとなった。ところで、個体は神にとっての他者である。では、すでに問題は解かれたのであろうか？そうではないと思われる。神は他者を、「それら自身において」ではなく「神自身において」認識する。神は純粋に非質料的であり、そのゆえに自己自身を認識するのであった。そして、神にとっての他者の原因としての自己を認識することによって、神は他者を認識する。ところで、個体は質料的な在り方をしている。それ故、個体の在り方と、神の他者認識の在り方とは全く異なる。ところで、あるものについて完全な認識が持たれるためには、ものが存在するそのし方においてそのものが認識されねばならない。したがって、神は上に述べられたし方では、個体を完全に認識することはできない。それゆえ、神に不完全な認識を認めないとすれば、神は個体を認識しないと言うべきではないか（*De Veritate*, 2, 5, arg.6）。あるいは少なくとも、上の説明は神にとっての質料的個体を除く他者の認識に関してしか有効ではないのではないか。かくて、神が他者を認識するということの説明そのものから、むしろ逆に神が質料的個体を認識することの困難が顕わになると思われる。しかしながら、アクィナスは神の他者認識に関することの説明と基本的には同じ立場に立ちながら、しかも神が個体を完全に認識することを説明するのである。

三．神の個体認識

（1）誤謬説――神は個体を認識しない――

アクィナスは、『真理論』第二問第五項主文で、神の個体認識について詳しい説明を行なっている。その際、自らの説を展開するに先立って、神が個体を認識しないとする説を誤謬説として、同じ主文の中で提示している。神が個体を認識するというアクィナスの結論をより明確にするため、我々はまず神が個体を認識しないとする第一の誤謬説をみることにしよう。それは次のように進められる。

「ある人々は端的に神が個体を認識することを否定した」Quidam negaverunt Deum singuralia cognoscere、「普遍的にでなければ」nisi forte in universal、「彼らは神の知性の本性を我々の知性の尺度に制約しようと欲した」volentes naturam intellectus divini ad mensuram nostri intellectus coartare. 以上

がこの誤謬説についてのアクィナスの記述のすべてである。この説が正確に誰の説であり、どのような内容であったかは明らかではないし、[(2)] 又我々の現在の関心でもない。ただはっきりしていることは、この説は「神が個体を認識する」ことを否定しているという点である。神の個体認識を、このようにあっさりと否定すれば、上述の困難から我々は解放されるであろう。しかしながら、神が個体を認識しないという説は、アクィナスにとっては絶対に認めることのできない誤謬説であった。なぜなら、「もし我々がみな認識している個体を神が知らないと措定するなら」神は最も愚かだということになり矛盾に陥るからである。[(3)]

では、この誤謬説が神の個体認識を否定したのはなぜか。その理由を考察し、その点についてアクィナスの立場をまず明らかにしよう。その理由は少なくとも二つ考えられる。それは 'nisi forte in universali' という条件の 'in universali' が個体を修飾するか、神の認識の様態を修飾するかによる。

まず、その条件が個体を修飾する場合、すなわち 'in universali' が、我々の知性の認識の在り方を規定する場合と同じ用法に従って、神の認識を規定するとみた場合はどうであろうか。我々人間の知性は、自体的に語るならば個体を認識せず、ただ普遍をのみ認識する（*op. cit.* q. 2, a. 6）。というのも、何であれある活動（actio）は、活動の根源であるところの、はたらくものの有する形相の状態（condicio）に従う（*ibid.*）。したがって、認識（という活動）は認識者のうちに在るところの認識の原理たる形相に従ってある（*op. cit.* q. 10, a. 4）。人間知性のうちにあるこの形相は、可知的形象（species intelligibilis）と呼ばれ、それは質料及び質料的状態から完全に切り離されている。というのも、感覚は身体の器官において質料的個体の形相を質料なしに受け取る。受け取られた形柑は可感的形象（species sensibilis）と呼ばれ、質料的個体そのものの質料からは切り離されているが、身体の器官において受け取られるため、何らかの質料的状態においてある。そこから、想像力によって形成される表象像（phantasma）もまた質料的状態においてある。可知的形象は、さらにこの表象像の質料的状態からも切り離されたものとして、非質料的な状態においてある。ところで、質料から切り離された形相は、このようなものである限り、普遍的な在り方をしている。したがって、人間知性は非質料的、普遍的に認識する（*S. T.* I, q. 84, a. 1）。感覚や想像力は個的なし力で認識する。したがって、感覚や想像力は個体を認識するが、知性は、想像力との何らかの連結性（continuatio）によって表象像そのものへと立ち返るという間接的なし方によるのでなければ、すなわち知性そのものについて自体的なし方で語るならば、個体を認識することはできないのである（*De Veritate*, q. 2, a. 6.）。

さて、神の知性を我々人間知性の尺度に合わせて制約して、以上のような意味で神が「in universali」に認識するとしたなら、人間知性と同様、神も個体を認識しないということになるであろう。むしろ、人間知性の場合は上で述べたように、想像力との連結性によって表象像に立ち返ることによって、間接的に個体を認識するという可能性が残されていたが、感覚も想像力も認められない純粋知性たる神の場合は、このようなし方による個体認識の道は、完全に閉ざされているといえる。ところで、アクィナスの立場からみれば、この場合の誤謬は、神の知性を人間知性のわく組みの中にはめこむことにあると思われる。

神の知性の認識と人間の知性の認識とは、認識の原理たる形相のものに対する関係において、根本的に異なるのである。人間知性の形相は、感覚を通してものから受け取られ、外的に付加されたものであるが、神の知性の場合、形相はものから受け取られたものではなく、かえってものの原因であるところの神自身の本質である。すでに見たように、神は原因としての自己の本質によってものを認識するのである。しかし、この点でのアクィナスの立場を確認することは、神が個体を認識するということの何ら説明にならないことも、すでにみたとおりである。それはただ、人間知性の認識の在り方によって、神の認識を考えてはならない、ということがわかるだけである。

つぎに、'nisi forte in universali' という条件が、神の認識の様態を修飾する場合、すなわち、普遍的原因（causa universalis）のうちに、個的結果（effectus particuralis）の認識が含まれている場合に、その認識の様態を規定する用法と同じ意味に従って考察した場合はどうであろうか。そもそも、原因の認識を通じて認識されるのは、結果がその原因から帰結する限りにおいてでしかない。したがって、何らかの個的な原因を媒介してでなければ何らかの結果へと自己のはたらきが限定されないような普遍的原因があるとすれば、その原因の認識を通じて結果は一般的に（in communi）のみ知られる（*op. cit.* q. 2, a. 4.）。神をこのような普遍的原因とした場合、神はものについて、ただ一般的に、すなわちエンス（有）である限りにおいてのみ認識するであろう。たとえば、もし火が自己自身を熱の根源として認識するならば、火は熱の本性を認識し、それによって他のすべてのものを、熱いものである限りにおいて認識するであろう。ちょうどそのように、神は自己自身をエッセの根源として認識する限りにおいて、エンスの本性を認識し、そして他のすべてのものをエンスである限りにおいて認識する。

神を以上のような意味における普遍的原因と考えるなら、それは必然的に神の個体認識を否定することになるであろう。というのは、もし火に認識能力があるとして（実際にはないのだが）火が自己自身を認識することによって、すべての熱いもののうちに存在する熱の本性一般を認識するとしても、火は個体である限りの「この熱いもの」「あの熱いもの」の本性を知っているとは言えないであろう。それと同様に、神が自己自身の本質を認識することによってエンスである限りのすべてのもののエッセを認識するとしても、それは「これ」「あれ」である限りにおいて、ものを認識するということではないからである（*In I Sent.* d. 35, q. 1, *a. 3.*）。したがって、この場合の誤謬は、神の原因性を単にすべてのものにおいて共通するところのエッセにのみ限定することである。しかしながら、これに対するアクィナスの立場は、神は単にすべてのものにおいて共通のものに関してのみでなく、ものがそれによって区別されるものに関してもまた、ものの原因である。したがって、神はものをそれらが単にエンスという性格において共通するのみならず、一者が他者から区別される限りにおいても、固有の認識によって認識する（*S.T.*, I, q.14, *a.6.*）。ところで、ものがそれによって区別されるものとは、この場合、何を意味するのであろうか。アクィナスが挙げる例は、生物がそれによって無生物から区別されるところの vivere や、知性認識するものがそれによってそうでないものから区別されるところの intelligere などである。それらは、エンスのより完全な在り方をあらわすものであり、完全性に属するものである。そして更に、それによってエンスが固有の種のうちにおかれるところの形相もまた完全性である。もののうちに見出されるこれらの様々な完全性は、神のうちにすべてが卓越した在り方で先在している。したがって、神はものが区別される限りにおいても認識するということになるのである。しかしながら、質料はこうした完全性と対立し、むしろそれを限定するものである説明ではないと思われる（*De Veritate*, q. 2, a. 2: *S. T.*, I, q. 14. a. 1.)。したがって、この説明は、神が個体化の根源としての質料によって区別される個体を、個体として一者が他者から区別される限りにおいて認識するということの説明ではないと思われる（*De Veritate*, q. 2, a. 4, ad 1.)。

以上において、神の個体認識を否定する説における否定根拠を明らかにし、それとの対比においてアクィナス自身の立場をみた。すなわち、アクィナスによれば、神の認識は我々人間知性の認識のようにものから受け取られた形相による認識、すなわちものによって原因された認識ではなくて、かえってものの原因としての自己の本質による認識である。そして神の原因性は、それぞれのものを固有の種におく形相にまで及ぶのである。したがって、神はものを種的に区別される限りにおいても認識する。ところで質料と形相とから複合されておらず、その個体化が個的質料、すなわち「この質料」によってなされず、形相がそれ自身によって個体化されているものにおいては、まさにその形相そのものが「自存する個体」である（*S. T.* I, q. 3, a. 3.)。神がそのような個を認識するということに関しては以上の説明で十分である。しかし問題は、形相と質料から複合され、「この質料」によって個体化されて存在するところの「この個体」である。では、神はいかなるし方で「この個体」を認識するのであろうか。

（2）アクィナス説——神は個体を認識する——

アクィナスは、神の個体認識を説明するのに、神の知を技術者の知と比較して論を進める。この両者は共通点と相異点をもつ。共通点は神の知がものの原因であるように、技術者の知も技術作品の原因であるということである。したがって、技術者は技術作品を、彼が作品を産出するということに従って認識するが、それは自己のもとに有する技術知という形相によってである。この点では、技術者の認識は神の認識と共通している。しかしながら、技術者の知と神の知とは、原因性において全く異なるのである。技術者が産出するのは形相のみである。すなわち、技術者は形相に関してのみ、ものにエッセを与えるのである。なぜなら、質料を準備したのは自然であるから。それゆえ、技術者は自己の技術知によって、作品をただ形相に関してしか認識しない。しかるに、形相はそれ自体では普遍的である。したがって、技術者は技術知によって普遍を認識するのみである。たとえば、建築家は自己の技術知（＝家のプラン）によっては家一般を認識するのみであって、「この家」「あの家」を認識することは、建築家である限りの建築家のなすところではない。それは、感覚によって「この家」「あの家」の知標（notitia）を受け取ることによらねばならないのである（*De Veritate*, q. 2, a. 5.）。

以上のように、技術者が作品の形相の原因でしかないということが、彼の個体認識を妨げる根拠となるのである。質料と形相とから複合されたものにおいては、形相はそれ自体で自存するのではない。個体化の根源はあくまで指定された質料である。形相は指定された質料によって個体化されて個的な形相となっている。個的本質を構成しているのは、この個的な形相と指定された質料である。個体を認識するためには、この個的本質を捉えねばならないのである。しかし、技術者の知は、この個的本質には届かないのである。技術者がものに形相を与えるということは、質料の前提の上でのことなのであるから。

しかしながら、この点において神と技術者とは全く異なる。つまり、神は形相のみでなく技術者の産出において前提されていた質料そのものをも産出するのである。したがって、神の産出は無前提の産出であり、ものに形相に関してのみでなく、質料に関してもエッセを与えること、すなわちものにその全存在（totum esse）を与えることなのである。したがって、このことは、神が複合されたものとしての個体の個的本質そのものを存在せしめることを意味し、それは正に、神が個体を個体として存在せしめることに他ならないのである。この限りにおいて、神は個体の全存在の原因であり、そのような自己を認識することによって、個体をもまた認識するのである。

ところで、以上のように個体が神によって認識されるとしても、個体の存在の modus は質料的であり、神の認識の modus は非質料的である。したがって、質料的な個体を非質料的に認識するということは、やはり個体を個体そのものの在り方において認識することではなく、ある意味で不完全な認識ではないのか、という疑問が残る。これに対して、アクィナスは次のように答えるであろう。個体を個体そのものの有り方において認識するということは、個体の有り方と認識のし方が同一になるということではない。有るがままの姿における（eo modo quo est）個体を認識するということである。したがって、質料的個体を完全に認識するということは、それを質料的に認識するということではないし、そのようなことは感覚を除いては不可能である。確かに感覚は、身体の器官において質料的な状態の下に受け取る、ということによって個体を認識する。しかし、感覚もまた、個体を有るがままの姿において捉えることができない。なぜなら、感覚はその認識を個体の側から受け取るが、個体は自己の有るがままの姿を感覚に刻印しないからである。個体の感覚へのはたらきかけは、形相によるのみであって、質料は感覚にははたらきかけないのである。それは単に可能的にしかエンスと言われえない質料そのもののエッセの薄弱さ debilitas による。したがって、ものの側からのはたらきかけを前提とする我々人間知性、そして感覚にとっては、個体の有るがままの姿、すなわち個的本質は、かくされたままである。しかしながら、神の認識において、ものの側からのはたらきかけは一切無用である。かえって、神がそれによってものを認識する類似は、個々の個体の個的本質そのものに存在を与え、それを現前せしめる（re praesentare）ものであり、それによって神は個体を正に有るがままの姿において完全に認識する（*ibid.*）、と言わねばならない。

以上において明らかなように、神が個体を認識するということは、結局神が個体に、質料も含めてその全存在を与えたということであり、神の知性の中にある類似をこの自然的世界の中にそっくりそのまま現前せしめること、すなわち個体を創造することに他ならないのである。

第九章　知性と意志

一．知性認識の問題

一・一　問題の所在

アクィナスにおいて、知性認識の問題は最も重要な問題の一つであった。彼がこの問題を論じる際の基礎はアリストテレスによって与えられた。アリストテレスによれば、知性は肉体の形相である魂の能力である。人間の魂には、知性と感覚という二つの認識能力がある。感覚は事物の可感的形相を受け取ることによって、事物を個的に認識するが、知性は可知的形相を受け取ることによって、事物を普遍的に認識する。知性には二つの働きがある。可知的形相を受け取るのは可能知性（intellectus possibilis）であり、それを可能にするのは能動知性（intellectus agens）の照明である。これらの点について、アリストテレス以後の哲学者たちは彼の説に対して様々な態度をとった。

アクィナスはアリストテレスを理解し、その説を受け入れた。しかし、彼はたんにアリストテレスに従ったのではなく、その思想をキリスト教的な知性認識者のヒエラルキーのなかで展開した。すなわち、アクィナスが知性認識について語るとき、彼はそれを現世の人間知性の認識活動にのみ限定しない。肉体と離れた人間の魂（anima separata）、天使そして神も知性認識する。したがって、アクィナスにとっては、知性認識の問題はこれらすべての知性認識者に関して整合的に説明されなければならない問題であった。しかし、我々は、現世の人間知性の認識をモデルとして、その他の上位の知性の認識を考察せざるをえない。その場合、天使や神は人間を模したミニチュアにすぎないものになるかもしれない。しかし、アクィナスの世界観においては、知性認識は、本来、神や天使（人間より上位）の知性に固有な認識形態であり、現世の人間の知性認識は最も不完全なのである。では彼は知性認識の仕組みをどのように説明するのか。この問題を考察することが目下の課題である。

一・二　知性認識の根源と様態

ある存在者の知性認識の根源は、その存在者の有り方によって決まる。神の存在の様態は知性認識そのものである。(1) 神の認識対象は神自身であり、自分自身を認識することによって、神は神以外のすべての他者を認識することができる。(2) なぜなら、神は万物の類似性（similitudo aliorum）を自己のうちに所有しているからである。天使は、創造に際して神から万物の形相をあたえられ、その生得的形相によって（per formas innatas）認識する。(3) 肉体から離れた人間知性は、天使のように生得的形象によってではなく、神の光の流入によって分有された形象によって（per species ex influentia divini luminis participatas）知識を得る。(4) したがって、神、天使、分離的魂は、知性認識の根源となる非質料的形相に直接触れているという点で共通する。しかし、現世の人間知性は非質料的形相に直接触れていない。アクィナスは、現世の人間知性の固有の対象かつ認識の根源となるのは、質料的事物から抽象された「何性」（quidditas）であると考えた。では、「何性」とは何を意味するのか。

あるものの何性とは、「何であるかということ」（quod quid est）、すなわち本質（essentia）である。しかし、何性は「実体」（substantia）や「形相」（forma）とは区別される。実体（や付帯性）や形相（や質料）は事物を現実的に構成する要素であるのに対して、何性は事物の構成要素ではなく、事物の定義である。したがって、質料的事物の何性はそれの形相とは区別される。形相には質料は含まれないが、定義には質料が含まれるからである。定義は質料からの抽象によって得られるが、抽象されるのは個的質料（materia individualis）からであって、質料一般（materia communis）からではない。たとえば、「人間」の何性を得るためには、個々の人間の肉や骨から離れなければならない。しかし、肉と骨は人間の構成要素である。抽象すべきは、「この肉とこの骨」（hae carnes et haec ossa）からであって、骨や肉一般からではない。(5) かくして、現世の人間知性の認識は、個体から抽象された何性を根源とする経験的認識であって、分離的魂や天使の知性認識のように、神によって注入された形象を根源とする、生得的認識とは異なるのである。

現世の人間知性が上位の知性と異なるのは、知性認識の根源に関してだけではない。知性認識の様態に関しても異なる。(6) 感覚以外の人間の精神活動を広い意味で「知性」と呼ぶことはあるが、厳密な意味では、人間の現世における認識は「知性認識」とは言えない。天使は「知性的」（intellectualis）

であるが。人間の魂は「推論的（rationalis）」である。[7] しかし、推論的認識の複雑な過程にも、厳密な意味での知性認識の活動が少なくとも一回は必要であり、その意味では、人間の魂の認識も広い意味で知性認識と言われうる。したがって、人間の推論的認識を理解するためには、天使の知性認識との対比が必要である。

知性認識する（intelligere）とは、厳密な意味で言うと、「単純かつ絶対的な」（simplex et absoluta）認識、つまり知的直観をさす。'intelligere' とはまさに、事物の本質の「内に」（intus）真理を「読むこと」（legere）を意味するからである。[8] 天使はこのような意味で知性認識する。すなわち、「最初の端的な把握においてすぐに」（statim in prima et subita sive simplici acceptione）真理の認識を得るのである。[9] これに対して、人間の推論（ratio）とは、あるものから別のものへと「論を走らせ」（discurrere）、既知のものから未知のものの知へと「到達する」（pervenire）というある種の「運動」（motus）であり、人間知性はこのように推論的に真理の認識を得る。[10] 以上から明らかなように、知性認識と推論認識とは認識の目的である真理に関してではなく、真理に到達する方法に関して異なるのである。したがって、天使は、人間のように命題（enuntiatio）における「結合分離」（compositio et divisio）すなわち「判断」の過程なしに、また三段論法のような推論の過程なしに真理を知性直観する。というのも、天使は複合的なものを端的に、動的なものを不動的に、質料的なものを非質料的に認識するからである。[11] ある命題から別の命題へと推論することは、人間のみに属する精神活動であって、天使のような、前提を知るとすぐに論証の結論を端的に認識する知性実体にはない精神活動である。だからといって、天使は命題を形成しないわけではない。命題は形成するが、その内容を一挙に知性認識するのである。すなわち、我々が鏡を見る時、ものの像とものの自体を一挙に見るように、天使は命題を構成する（主語と述語の）異なった概念を一挙に見るのである[12]。

このように、人間は知性的というより推論的被造物であるが、それにもかかわらず、人間には二種類の厳密な意味での知性認識の活動がある。人間が知性認識すると正当に言われるのは、ものの何性を認識する時、そして何性の認識から直ちに知られる（statim nota）ものを知る時である。たとえば、「第一原理」（prima principia）はそれを構成している名辞（termini）の意味が知られると直ちに認識される[13]。名辞の意味すなわち事物の何性を認識する時、認識の対象には達しているが、目的（＝真理）にはまだ達していない。第一原理を把握してはじめて、人間知性は真理という目的に到達する。第一原理の把握が可能であることによって、人間は限定的な意味ではあるが「知性的（直観的）」認識活動を行うことができる。その時、人間の知性は天使の知性の最低段階の知性認識を行っているのである[14]。以上によって。人間の認識の様態が天使の知性認識との対比において明らかになった。

一．二　知性的魂と肉体

アクィナスは、現世における人間の知性認識の対象は質料的事物の何性であると言ったが、これは魂と肉体の関係に関する彼の説と呼応している。アクィナスは、アリストテレスに従って、魂は肉体の形相であると考えた。人間には、「知性的魂」（anima intellectiva）があり、そこには知性の能力があるだけでなく、感覚的（sensitiva）能力（人間以下の動物も持っている）もあり、また動物や植物にも見られる滋養的（nutritiva）能力もある[15]。人間のこのような知性的魂は質料と形相の合成体ではなく、それ自身が肉体の形相である[16]。

さて、魂を肉体の形相と考えることから一つの難問が生じる。人間は形相としての魂と質料としての肉体との合成体であるとすれば、人間の死後、魂は肉体から離れて存在することはどうして可能なのか。一般に、形相も質料もそれ自体では存在せず、両者の合成体が存在を持つからである。これに対して、アクィナスは次のように考えた。つまり、魂はたんに形相なのではなく、「自存する何か」(aliquid subsistens) でもある。自存するものとは、この世界において独立の存在を持つものである。この世界において独立の存在を持つものは、形相と質料の合成体だけではない。魂は、質料なしに自存する形相である。したがって、質料と形相の合成体として自存するものは、形相が質料から離れると消滅するが、魂のように、形相のみが自存するものは消滅しないのである[17]。このように考えることによって、アクィナスは、魂の不死性を証明したのである。

魂の自存性を主張することによって、魂の不死性は証明された。では、魂の自存性はどうして説明されるのか。アクィナスは、魂の自存性を魂の知性認識の働きから説明した。あるものが自然本性的に行うことができる活動は、そのものの「働き」(operatio) といわれる。ものにはそれぞれ固有の (propria) 働きがある。他の何ものの助けも借りることなく働くことができる場合、そのものは「自体的に」(per se) 働くといわれる。魂の滋養的活動も感覚的活動も、身体器官を必要とする。たとえば、植物は根や茎や葉なしに成長できないし、動物や人間は目なしに見たり、耳なしに聞いたりすることはできない。したがって、植物の滋養的魂も動物の感覚的魂も、働きは持っているが、自体的に働くことはできない。しかし、知性認識には身体器官は必要ないので、人間の知性的魂は固有の働きを持っている。[18] そのような意味で、それは肉体の形相でありながら、同時に自存するものでもあるのである。[19]

以上から、人間の魂には自存性と形相性という二面性があることが明らかとなった。人間の魂は自存するものであるが故に、固有の働きである知性認識において、身体的なものは何も必要としない。しかし、人間の魂は、現世においては肉体の形相として肉体に縛り付けられているが故に、非質料的な知を質料的な事物から抽象して獲得しなければならないのである。[20] したがって、現世の人間知性の固有対象は、神から生得的に与えられた形象ではなく、質料的事物から経験的に抽象された何性である。何性の把握において、知性は間違いを犯すことはない。それはちょうど、感覚器官に欠陥がなければ感覚が間違いを犯さないのと同じである。しかし、現世の人間知性は、固有の対象である何性から目的である真理へと推論しなければならず、その途中で誤りを犯す可能性が出てくるのである。

一．三　真理の認識

人間の知性的魂の認識は質料的事物の何性の把握から始まる。まず能動知性は質料的事物から「可知的形象」（species intelligibilis）を抽象する。この可知的形象は、事物の構成要素として事物の世界に存在する形相ではなく、形相の「類似」（similitudo）として、事物を離れて知性のうちに可知的な仕方で存在する。可知的形象は知性の第一の認識対象（id quod intelligitur primo）ではない。もしそうなら、知性は知性自身のもとにある内容を認識するに過ぎず、外界の事物を認識するとは言えなくなるからである。可知的形象は「知性認識の媒体」（quo intellectus intelligit）である。[21] このような可知的形象によって可能知性は形成される。ところで、感覚には事物から形成され（受動）、その事物の像を形成する（能動）という二面的働きがあるように、可能知性にも形成され形成するという二面性がある。すなわち、可能知性は、まず能動知性によって抽象された可知的形象によって形成され、つぎに定義を形成する。この定義は単語によって表されるような概念である。[22] たとえば、目の前に一人の人間がいると仮定しよう。私の能動知性は彼の何性を抽象し、可能知性は可能態から現実態へと引き出され（形成され）、「理性的動物」（'animal rationale'）という定義を形成する。しかしこの段階では、真や偽と言われるような命題は何も形成されていない。

知性は何性の把握からさらに結合分離によって、命題を表す判断を形成する。[23] ところで、アクィナスによれば、存在する事物は存在するかぎりにおいて真であるから、我々が事物を認識する場合、つねに「真」（verum）を認識することになる。しかし、真を認識することと「真理」（veritas）を認識することは別である。真理とは「事物と知性の対等（合致）」（adaequatio rei et intellectus）であるからである。自然的事物は、あるがままにあることによって神の知性と合致し、その合致によってつねに真である。しかし、この合致は事物と人間の知性との間にも見られる。[24] 人間知性が真理を認識するためには、事物と合致した概念を手に入れているだけでは不十分である。知性自身の働きを振り返る（reflectitur）ことによってこの合致を認識し、判断しなければならない。[25] 知性が結合分離によってなすのは、そのような判断である。[26] 知性が「理性的動物」という定義を形成するとき、知性は人間の定義を認識しているが、その定義がまさに人間の定義であるということを知性はまだ知らない。知性は、「人間は理性的動物である」という判断を形成することによって、「人間」と「理性的動物」を結合しなければならない。判断（結合）によって、知性は真理を把握するのである[27]。しかし、この場合の判断はつねに真であるとは限らない。「理性的動物」という定義は真でも、「馬は理性的動物である」は偽であるからである[28]。

判断によって知性の内に命題が形成されると、三段論法による推論が開始される。推論には、知性による第一原理の把握が必要とされる。第一原理は、推論の初めであり、かつ終わりである。推論的探求には二つの道がある。すなわち、「発見の道」(via inveniendi) と「判断の道」(via iudicandi) である。発見の道では、第一原理を出発点として、何性を抽象することによって得たものを利用しながら知識を積み上げていく。判断の道では、定義から第一原理へと戻る。発見の場合、第一原理は探求の出発点であるが、判断の場合、第一原理は探求の到達点である[29]。人間の知識はすべてこのような三段式推論の結果得られるものばかりではないが、アクィナスは、アリストテレスと共に、推論の結果得られる学知 (scientia) を現世の人間知性の目的と考えた。人間知性は、直ちに把握した第一原理から出発し、またそれを到達点として推論することによって、天使なら生得的に楽に得られる質料的事物についての真理の一部分を推論によって苦労して獲得するのである。質料的事物についての真理の「一部」と言われたのは、神から与えられた可知的形象による天使の認識には、普遍のみでなく個体についての知識も含まれているが[30]、人間の学知には普遍しか含まれていないからである。しかし、人間の知性は個体を全く認識できないわけではない。個体認識も間接的には可能である。では、どのようにして人間知性（感覚ではない）は個体を認識するのであろうか。

一・四　個体の認識

人間知性が間接的に個体を認識することができるために必要なことは、「表象像へと向き直ること」（convertere se ad phantasmata）である。人間知性は個体を直接認識することができない。能動知性によって抽象された何性によって、知性は可能態から現実態へと引き出されるが、何性の把握は、事物を「個的質料」（materia individualis）の下に認識することではないからである[31]。しかし、人間知性は表象像へと向き直ることによって、ある種の「反省」（reflexio）によって、表象像と表象像に対応する個体とを間接的に認識するのである。すなわち、知性は事物の可知性を把握し、そして振り返って自らの活動と活動の出発点である可知的形象を認識し、さらにその可知的形象のもとにある表象像を認識し、それによって個体を認識するのである[32]。

アリストテレスにとっては、普遍に関する知が最高の知であり、個体の知でないことを学知の限界とは、彼は考えなかった。しかし、アクィナスにとっては、個体を知らないことは知の欠陥を意味した。たとえ、感覚を通して間接的であるにせよ、個体を認識することが人間の完全性に属するからである[33]。天使や神などの上位の存在者も個体を認識するが、それは感覚を通じてではない。人間が間接的にしか個体を認識できないのは、人間が魂と肉体から合成された存在者であり、感覚を通じてでなければ認識活動を遂行できないからである。天使は神から与えられた生得的形象によって認識するので、天使の個体認識の問題は神のそれに還元して考えることができる[34]。

ある人々は、神は個体を普遍的原因から認識すると考えて、次のように言った。「ある天文学者が、天の動き（motus caeli）と天体間の距離（distantiae caelestium corporum）のすべてを認識できたなら、彼は将来起こりうるすべての食（eclipsis）を予言できるだろう」と。しかし、アクィナスの考えでは、このような知は個体についての知ではない。同じ原因から全く同じ種類の食が一度以上起こりうるので、天文学者は「個々の食が今あるとかないとか（eam [unamquamque eclipsim] nunc esse vel non esse）を知っているわけではない」のである。[35] アクィナスは、神の個体認識を説明するのに、知性が事物を認識するときの形相あるいは形象を二つに区分する。すなわち、質料的事物から抽象された（abstracta）形相と、事物を作出する（productiva）形相である。われわれが家を認識する場合、その認識は家から抽象された形相による。しかし、建築家がこれから建てようとしている家の形相（設計図）を知性の内に抱いている場合、その形相はその家の作出的形相である。しかし、建築家に家の形相は作れても、家の質料（瓦や材木等）は作れない。個体化の根源（principium individuationis）は質料であるので、建築家は家について普遍的本性の観点から（secundum naturam universalem）知っているに過ぎない。しかし、神において事情は異なる。神は、形相のみならず質料をも含めた個体の全存在（totum esse）を創造するので、神はすべての個体を自らの作出的形相によって個的に認識するのである。[36]

二．五　まとめ：知性認識

以上において述べられたことを整理する。

1．知性認識の問題に関して、アクィナスはアリストテレスを継承しつつ、さらにそれをより広いパースペクティブのなかで捉える。すなわち、現世の人間知性の認識を、神、天使、分離した魂という知性的存在者のキリスト教的ヒエラルキーの最下位に位置付ける。

2. 天使や分離した魂の知性認識は、神によって与えられた形象による生得的な認識であるのに対して、現世の人間知性の認識は、質料的事物から何性を抽象して得られる経験的認識である。

3. 厳密な意味での知性認識は、神や天使の直観的認識である。人間知性の認識は「推論的」であるが、第一原理の認識によって、広い意味では「知性的」といわれる。

4. 現世の人間の知性的魂には、自存性と形相性という二面性がある。したがって、知性認識の働きそのものにおいて肉体は不要だが、質料的事物の何性をその固有の対象とするため、感覚の助けを必要とし、さらに推論を経て真理に向うという複雑な認識過程の途中で、さまざまな虚偽の可能性が生じる。

5. 知性認識の目的である真理は、事物と知性の合致（対等）であり、すべてのものは神の知性に合致しているかぎり常に真であるが、人間知性が、結合分離によって事物について判断するとき、真理と虚偽が生じる。

6. 認識の完成である個体認識は、人間知性の場合、表象像へと向き直ることによって間接的に得られるのみだが、神（および天使）の場合は、知性の内にある、個的質料も含めた事物の全存在を作出する形相によって、直接的に個体を認識する。

二．意志の必然性

二．一　問題の所在

アクィナスにおける神の創造論を考える場合、創造（creatio）は神の意志（voluntas）を前提とする。創造が創造であるためには、それは神の意志に基づくのでなければならない。しかもそれは、神の自由な意志（voluntas libera）に基づくのでなければならない。もし神があらゆることを「必然的に」（ex necessitate）意志するとすれば、神の創造は必然であることになり、創造における神の自由は失なわれ、創造はプロティノス的流出論と区別されなくなるであろう。[37] それゆえ、創造において自由が保証されるためには、神の意志は必然であってはならない。しかし、神が神自身を意志する（velle）ことが神の自由であるとすれば、神は神自身を意志することも意志しないこともありうることになる。これは不合理である。したがって、神の意志はいかなる対象について、またいかなる意味において、必然である（または必然でない）かが問われなければならない。この問題についてのアクィナスの見解を解明するのが本論の課題である。

二．二　神の意志の自己充足

アクィナスは『神学大全』第I部19問3項において、「神はその意志するものをことごとく必然的に意志するのか」という問を提起している。[38] この問が提出される前提として、そもそも「神には意志があるのか」ということが問われなければならない。このことはすでに同問1項で論じられた。その結論は、「神に知性があるのと同様に意志もまたある。なぜなら、意志は知性に伴なうものだからである」ということである。[39] つまり、意志は知性あるいは知性的本性（natura intellectualis）を有するものに必然的に伴なう（consequiri）のである。それは如何にしてか。そもそも、いかなるものもその自然本性的形相に対し、それをまだ所有していない時はそれに向い、それを獲得するとそのうちに憩うというあり方をする。[40] このことは、自然本性の善（bonum naturae）であるいかなる自然本性的完全性（perfectio naturalis）についても、同様に言える。[41] そして、知性的本性を有するものも、可知的形相（forma intelligibilis）によって把えられる善に対して、これと似たあり方をする。すなわち、その善をまだ得ないうちはそれを求めるが、それを得るとそのうちに憩うというあり方である。[42] そしてこのいずれのあり方も意志に属しているのである。すなわち、本来すべてのものは善を欲求する（appetere）のであって、知性的本性を有するものの場合、この欲求の対象である善は、まず知性によって前もって把握されていることが前提となる。そして、知性によって把握された善を欲求することが、意志すること（velle）であり、この働きの主体が意志（voluntas）なのである。それゆえ、何であれ知性を有するもののうちには意志が存するのである。[43] これが、意志が知性に伴なうということの意味である。ところで、神に知性があることは明らかであるから、意志もまた当然なければならないのである。ただここで注意すべきことは。神の内に知性と意志と、つまり知性の働きと意志の働きというそれぞれ別箇の二つのものがあるというわけではない。神においては知性も意志も神の本質（essentia Dei）であり、また知性の働きも意志の働きも神の存在（esse Dei）であり、神の本質と存在は同一であるから、これらはすべて神においては一つの実体（substantia）としてあるのである。

ところで、神の意志がそれへと向う対象・目的である善とは如何なるものであろうか。それは神自身の善性（bonitas）である[44]。そして、神は本質によって善であるからして[45]、神の意志の対象は神の本質そのものであり。かくして神において、意志とその対象は同一であるということになる。だとすると、意志の第一の働き、すなわちまだ所有していないものを欲求すること（appetere quae non habet）は、神には当てはまらない。神の意志の対象は自己自身であるから、神の意志はその対象を常に完全に所有しているからである。それゆえ、神の意志は、第二の働き、すなわちすでに「所有しているもののうちに憩う」（quiescare in id quod habet）という働きをなすのでなければならない。ここで問題が生じる。神が意志を有するとしても、神の意志はその対象たる自己自身を自己のもとに保持し、そこにおいていわば自己充足的に永遠に憩っているのであるとすれば。神は自己以外の他者はまったく意志しないことになるのではないか。しかし、神が神自身以外のものを意志しないなら、世界を創造することもなかったはずである。しかし、世界は創造された。だとすれば、神は神自身以外のものを意志したはずである。したがって、次に考察されるべき問は、「神は神自身以外のものを意志するのか」ということである。これは、『神学大全』第Ⅰ部第19問2項において論じられる[46]。

二．三　神は神以外を意志しなければならないのか

以上のように、神の意志は自己自身において充足していることが明らかになった。それゆえ、自己以外の他者（alia a se）を意志する必要は神にはまったくないのではないかという疑問が出るのは当然である。この疑問を異論3が代弁している。

「如何なる意志であっても何らかの意志されたものがその意志にとって十分である場合には、それ以外に何も求めない。しかし神にとつては。神自身の善性だけで十分であり、神の意志は神自身の善性によって満ち足りている。ゆえに、神は、神自身以外のなにものかを意志することはない(47)」。

これに対してアクィナスは次の様に答える。

「神の意志にとってはその善性だけで十分であるということからは、神は他のなにものをも意志しないということは帰結しない。そこから帰結するのは、神は他のなにものも神自身の善性の観点から（ratione suae bonitatis）でなければ意志しないということである(48)」。

ここで言われているように、神の意志が神自身において充足している（sufficere）ということから直ちに神は自己以外の他者を意志しないと結論づけることは、たしかに早計であるかもしれない。それ自身充足している意志が、他のなにかを意志しないとはどこにも主張されていないからである。しかし、このことが可能となるためには、意志の働きは、まだ所有していないものを欲求し、すでに所有したもののうちに憩う、という二つの働きに、第三の働きが措定されなければならず、しかもその第三の働きは、第一・第二の働きと矛盾しないものでなければならない。では、それはどのような働きであろうか。アクィナスは言う。

「すなわち、自然物は、固有の善（proprium bonum）に対して、それをまだ所有していないときは獲得しようとし、またすでに所有している場合はそのうちに憩おうとする自然の傾向性（inclinatio naturalis）を有するのであるが、しかしただそれだけではなく、自己の有している善をなしうる限り他のものにおし及ぼ（diffundere）そうとする自然の傾向性をも有している(49)」。

ここでは、先に事物の善に対するあり方・関係（habitudo）といわれていたものが、「自然の傾向性」といわれている。事物は、自己の善を他に及ぼすという自然の傾向性を有するのである。しかし、自己の善を他に及ぼす為には、まずもって、何らかの善を獲得していること、すなわち何らかの意味で現実態にあり完全であることが前提される。だから、我々は、働く者すべてが、現実態にありかつ完全である限りにおいて、自分に似たものを造る（omne agens inquantum est actu et perfectum, facit sibi simile）のを見るのである(50)。ところでこのことは、意志によって働く者（volens）にも当然当てはまる。したがって、誰かが所有している善を、なしうるかぎり伝え（communicare）ようとすることも、意志の特質に属しているのである(51)。以上において明らかなように、意志の第三の働きは、自己の有する善を他に及ぼす（diffundere）、或いは伝える（communicare）という働きである。この第三の働きは第一・第二の働きと矛盾せず、むしろそれを前提としてそこから必然的に結果するということが明らかとなったのである。つまり、意志の第一の働きから第二・第三の働きへの移行は、自然的傾向性の一連の進行過程であり、第一の段階のものは第二の段階へ、さらに第三の段階へといわば自然必然的に進行するのである。そして、このことが。まさに意志の特質（ratio voluntatis）なのである。

そしてこのことは特に、神の意志に属することである。神の意志からすべての完全性は、何らかの類似性（similitudo）によって派出するからである。[52] それゆえ、もしも自然物が完全である限りにおいて自己の有している善を他に伝えるのであるならば、ましてや神の意志には神自身の善をなしうるかぎり類似性によって他に伝えることが属している、[53] ということになる。ところで、すべてのものの有する完全性は、結局、存在の完全性（perfectio essendi）に帰着する。[54] したがって、神の有する善（＝完全性）は、存在（esse）であり、神が自己以外の他者に伝える善とは結局、存在にほかならないのである。それゆえ、神は神自身の存在を意志するとともに、神自身以外のものの存在をも意志する。ただし、神自身の場合は、目的として意志するのに対し、神以外のものの場合は、目的に向うものとして、それらのものもまた神の善性を分有することが相応しいかぎりにおいて意志するのである。[55] 神以外のものとは、被造物の全体すなわち世界である。「神の善性を分有することが相応しいかぎりにおいて」（inquantum condecet divinam bonitatem participare）とは、世界の様々なものが「それぞれ固有の存在において」ということである。それゆえ、神は世界がそれぞれに固有な存在のレベルにおいて存在することを意志したということである。存在することを意志することは、すなわち創造することに他ならない。

以上の議論をまとめると、知性を有する神は必然的に意志を有し、神の意志の固有対象は神自身である。神自身を意志することから必然的に神は世界を意志する。つまり、これは神が世界を必然的に創造するということを帰結しないだろうか。神がすべてのことを必然的に意志するとすれば、神の世界創造に自由がないことになる。しかし、だからといって神が神自身を意志することが必然的でないとすると、不都合が生じることになる。したがって、神の意志対象と必然性の関係が問われなければならない。

二・四　絶対的必然と仮定的必然

「神はその意志するものをことごとく必然的に意志するか」（Utrum quidquid Deus vult, ex necessitate velit）。そもそもこの問によって何が問われているのだろうか。この問のうち、「神は必然的に意志する」（Deus ex necessitate vult）の部分は「神の意志のはたらきは必然性を有する」（velle Dei habet necessitatem）と言いかえることができよう。そして、‘velle Dei est necessarium’ という命題は三つの側面から語られる。一つは、意志する主体の側から（ex parte ipsius volentis）語られ、一つは意志の活動という側面から（ex parte actus）語られ、一つは意志対象との関係（comparatio ad volitum）の観点から語られる。最初の二つの場合、この命題は疑いなく真である。したがって、‘Utrum quidquid Deus vult, et necessitate velit.’ によって問われていることは、「神が意志するということは、意志されたものとの関係において必然性を有するか」[56] という問なのである。したがって、我々はまず、「意志の対象との関係」、および「必然的に」（ex necessitate）という二つの概念を考察しなければならない。

まず、「必然的に」の意味について考察しよう。ある事柄が必然的であるということは二つの意味で言われる。つまり、「絶対的に」（absolute）と「仮定的に」（ex suppositione）とである。[57]「絶対的に」必然である場合とは、名辞同士の関係（habitudo terminorum）から判断される場合である。たとえば、〈人間は動物である〉（'homo est animal'）という命題は絶対的に必然である。なぜなら述語が主語の定義のなかに含まれているからである。[58]あるいはまた、〈数は偶か奇である〉（'numerus est parem vel imparem'）という命題は絶対的に必然である。なぜなら主語が述語の概念のなかに含まれているからである。[59]しかし、たとえば、〈ソクラテスが坐る〉（'Socrates sedet'）という命題は絶対的に必然ではない。なぜなら、この命題においては、述語が主語の定義のなかに含まれておらず、また主語が述語の概念のなかに含まれてもおらず、ソクラテスは坐ることも立つことも自由だからである。しかしこの命題は仮定的に必然であると言える。なぜなら、ソクラテスが実際に坐ると仮定すれば、〈ソクラテスが坐る〉という命題は彼が坐っている間は必然的だからである。[60]このように「必然的に」という言葉は、「絶対的に」語られる場合と「仮定的に」語られる場合とがあるのである。「必然的に」のこの二つの意味を手掛かりにして、「神はその意志対象を必然的に意志するか」という問題について考察を進めよう。そして、この考察を終えた時、神の意志はいかなる対象について、またいかなる意味において、必然である（あるいは必然でない）かが明らかとなるだろう。

二・五　神は世界を仮定的必然によって意志する

意志の対象（volitum）は二つある。一つは第一義的（principale）対象であり、一つは第二義的（secundarium）対象である。第一義的対象とは意志が自然本性的に（naturaliter）意志する対象であり、それは意志の「目的」（finis）という性格を有する。神の意志の場合、意志の第一義的対象は神自身の善性にほかならない[61]。このような対象は、「固有対象」（objectum proprium）とも言う。ところで、神の意志はその固有対象である神の善性に対して「必然的な関係」（necessaria habitudo）を有している。ゆえに神は神自身の善性が存在することを必然的に意志する[62]。じっさい、神が自身は善でない（se non esse bonum）ことを意志することはありえない。これはちょうど、我々人間の意志が必然的に「至福」（beatitudo）を意志するようなものである。また、何であれ他の能力（potentia）も、固有対象に対しては、たとえば視覚が色に対するように必然的な関係を有している。じっさい、固有対象に向かうということは、それぞれの能力の特質（ratio）のうちに含まれているのである[63]。すなわち、「色に向う」（tendere in colorem）ということが、視覚の特質（ratio）に属するように、神の善性を意志することが神の意志の特質（ratio）に属するのである。神の意志の特質（ratio）とはどのようなものなのであろうか。それはちょうど、神の本質が神にとって万物を認識する根拠（ratio）であるように、神の善性が神の意志にとって、万物を意志する根拠（ratio）である[64]。神の意志の根拠（ratio）は神の善性である。それゆえ、〈神の意志があるものを意志する〉（‘voluntas Dei vult aliquid’）という命題において、この「あるもの」（aliquid）が「神の善性」（sua bonitas）である場合、これは絶対的に必然的な命題である。主語が述語の概念（ratio）に含まれるからである。したがって、神は神自身を絶対的必然性において意志する。神が神自身を意志しないことはありえないのである。

他方、意志の第二義的対象（secundaria volita）とは、この第一義的対象を目的としてそれへと秩序づけられたもの、つまり目的へと秩序づけられたもの（quae ad finem ordinatur）という性格を有する。神の意志にとっては、神以外の他者がこれに当たる。すなわち、神は神以外のものは、神自身の善性を目的としてそれに秩序づけられているかぎりにおいて意志するのである[65]。しかし、このような第二義的対象は二通りある。一つは、それなしには目的が得られないようなもの（sine quibus finis esse non potest）であり、一つは、それなしにも目的が得られるようなもの（ea sine quibus finis esse potest）である。前者の場合は、我々は目的を意志する際にそれを必然的に意志する。たとえば、生命の維持を（目的として）意志して、そのために（目的のためにあるものとしての）食物を必ず意志する[66]。これに反して、後者、すなわちそれなしにも目的が得られるようなことがらの場合は、我々は必然的に意志しない[67]。たとえば、歩行するために馬を欲する場合がそれである。じっさい、我々は、馬がなくても歩行することはできる。神が神以外の他のものを意志する場合、前者でないことは明らかである。神の善性は完全であり、他のものなしにありうるからである[68]。したがって、神が神以外のものを意志することは絶対的に必然的なことではない[69]。しかし、必然性が全くないわけではない。仮定的に必然的だといってよいだろう。つまり、神が神以外のものを意志していると仮定すれば、神はいったん意志したものを意志しなかったことはありえない。神の意志が変わることはあり得ないからである[70]。

二．六　結論

以上において、神が神自身を意志することの必然性を否定せず、しかも世界創造における神の自由性を守ることができた。神は絶対的必然性において善そのものである神自身を意志し、神自身を目的としてそれに秩序づけられている被造的世界は仮定的必然性において意志する。つまり、この世界を神が意志し、創造したことは全くの自由の行為であるが、いったん神が意志した以上、神の意志は変わらないという必然性によって、この世界の存在が保持され、いわば自由かつ必然的な神の創造に支えられて、この世界は存在し動いているのである。

Chapter 10（第十章）
Semantic and Pragmatic Analyses of Aquinas' *ESSE*[1]

1. Introduction

Aquinas' position on the nature of so called existential propositions such as '*Socrates est*' appears to be clear, because he declares that '*est*' is a predicate. He says:

[T1] *Expositio Libri Peryermenias*, II, 2, (J.Vrin: Paris, 1989, p.88, ll. 36-46): ... hoc uerbum 'est' quandoque in enunciatione predicatur secundum se, ut cum dicitur: 《Sortes est》, per quod nichil aliud intendimus significare quam quod Sortes sit in rerum natura; quandoque uero non predicatur per se, quasi principale predicatum, set quasi coniunctum principali predicato ad connectendum ipsum subiecto, sicut cum dicitur: 《Sortes est albus》: non enim est intentio loquentis ut asserat Sortem esse in

1) Part of this work has been financially supported by Grant-in-Aid for Scientific Research, JSPS (Japan Society for the Promotion of Science), 2006-2010. This paper was adapted from the original read at 13th SIEPM Colloquium in the title of "Aquinas on ESSE: from Semantic and Pragmatic Points of Views".

rerum natura, set ut attribuat ei albedinem mediante hoc uerbo 'est'; et ideo in talibus 'est' predicatur ut adiacens principali predicato,

(tr.)... the verb 'is' is sometimes predicated in an enunciation by itself, as when it is stated, "Socrates is," by which we intend to signify nothing other than that Socrates is in reality. But sometimes 'is' is not predicated by itself as though the principal predicate, but as though conjoined to the principal predicate in order to connect it to the subject, as when it is stated, "Socrates is white," it is not the intention of the speaker to assert Socrates to be in reality, but to attribute whiteness to him through the intermediary of this verb 'is'. And therefore in such cases 'is' is predicated as adjacent to the principal predicate.

This passage treats the verb '*est*' unproblematically as a predicate. On the basis of this text, some Thomists[(2)] assert the predicability of 'to be' in Aquinas. According to them, (1) the term '*est*' in "*Socrates est*" is a

2) cf. Régis, 1951, p.123: "The truth, in Thomism, is that the verb is the predicate par excellence: ... Now, in existential propositions, the verb 'to be' is predicated per se..."; McInerny, 1959, p.317 : "From this passage it is clear that in 'Socrates is', *is* is the predicate; the existential proposition, like any other simple enunciation, is composed of a noun and a verb, a subject and a predicate. ... St. Thomas also notes the obvious signification of *is* in 'Socrates is': when we make such an assertion, we mean that Socrates is *in rerum natura*. It is important to stress that St. Thomas asserts (1) that existence is a predicate, and (2) that existence, *is*, signifies something. Both of these assertions have been denied in the interests of an existential interpretation of St. Thomas' doctrine."

predicate, and (2) it signifies something, that is, "*esse in rerum natura.*"

From a modern point of view, however, Aquinas' position in this text is not so "obvious" as it may first appear. Modern philosophers assume that the logical subject term of a basic proposition connects with or refers to an existent individual when one forms a true statement. Thus the existence of the individual talked about is already given by the act of reference of the logical subject, and cannot in any sense be predicated of the individual. What can be predicated must be properties or characteristics of the individual. The question is whether existence is a property.[(6)]

2. Predicability of *ESSE*

Since Kant many philosophers have thought this question crucial to a proper assessment of the so called Ontological Argument for the existence of God. But in order to avoid the question whether properties themselves exist, and to clarify the logical grammar of existential assertions, it is often thought more convenient to concentrate instead on the linguistic question, that is, whether the word 'is' (or 'exist') is a predicate. If this is the case, it must be true of everything and so redundant. Besides if it is true of everything, then its

3) Ayer, 1947, p.43: "when we ascribe an attribute to a thing, we covertly assert that it exists: so that if existence were itself an attribute, it would follow that all positive existential propositions were tautologies, and all negative existential propositions self-contradictory; and this is not the case."

negative form 'isn't' (or 'doesn't exist') is true of nothing. Thus 'isn't' (or 'doesn't exist') can never be a predicate, neither can 'is' (or 'exist')[(3)].

This modern point of view concerning the predicability of 'is' is well aware of by Gilson. He clearly says, "*Is* does not predicate anything, not even existence[(4)]". He continues to insist on this view even after being shown the clear text [= T1]. He says, "It is both evident in itself and clear from the texts quoted by Fr. Régis that, in the thought and language of Saint Thomas Aquinas, existence can be predicated. But this does not imply that, in the modern sense of the word, *esse* is a 'predicate.'[(5)]" He replies to his opponent by distinguishing the logical level from the metaphysical one. Logically speaking, *esse* could be said to inhere in the subject Socrates, but metaphysically speaking, it does not, because where there is no *esse* there is no Socrates. Thus according to Gilson '*est*' can be a predicate on the logical level of speaking, while

4) Gilson, 1949, p.201: "If it is a question of saying *how* things are, many problems are liable to arise precisely because things *are* in many different ways. ... But when it comes to existence, everything is simple, for *x* either *is* or *is not*, and that is all that can be said about it. Existential judgements are meaningless unless they are meant to be true. If the proposition, "*Peter is*," means anything, it means that a certain man, Perter by name, actually is, or exists. *Is* does not predicate anything, not even existence; it posits it, and such a proposition has no business to be quoted in formal logic, except as an example of a whole class of propositions which are not the business of the logician."

5) Gilson, 1952, 2nd ed., p.224: "It is both evident in itself and clear from the texts quoted by Fr. Régis that, in the thought and language of Saint Thomas Aquinas, existence can be predicated. But this does not imply that, in the modern sense of the word, *esse* is a 'predicate.' ... For if we tell them [= contemporary non-Tomists] that existence is a predicate, they will certainly understand that, according to Thomas Aquinas, actual existence, or *esse*, can be predicated of its essence as one more essential determination".

on the metaphysical level of speaking it is not.

Gilson's sense of the modern problem concerning the predicability of 'is' deserves our attention. But it is to be asked whether Aquinas has in mind here in T1 the logical predication as distinguished from the metaphysical one.

It is Geach who gives to '*est*' as used by Aquinas a status of a predicate in the modern structure of meaning. He distinguishes two senses of 'is' which he thinks are relevant to Aquinas: "present actuality sense" and "'there is' sense".[(7)] He believes that the 'is' in present actuality sense is a predicate of an individual, while the 'is' in 'there is' sense is not.

In 'there is' sense, we say "F-ness is" or "an F exists", which do not predicate existence of an F, but predicate F-ness to something or other. So they are equivalent to "something is F". Geach thinks of this sense of 'is' as relevant to that of '*est*' in "*malum est*" or "*caecitas est*", as identified by Aquinas with "*aliquid est privatum*."[(8)]

6) *Ibid*., p.225: "Logically speaking, it could be said that *esse* inheres in the subject Socrates, but metaphysically speaking, it does not, because where there is no *esse* there is no Socrates. Granting that *est* is a logical denomination of Socrates as existing, the metaphysical status of the denominated still remains an open question. Among those who refuse the composition of essence and esse, quite a few have been misled precisely by the fact that their metaphysical inquiries were being conducted in terms of logic."

7) Anscombe & Geach, 1961, pp.90–91: "We may express the difference between the two senses of 'is' as follows: An individual may be said to 'be', meaning that it is at present actually existing; on the other hand, when we say that 'there is' an X (where 'X' goes proxy for a general term), we are saying concerning a kind or description of things, Xs, that there is at least one thing of that kind or description."

8) Geach, "Form and Existence", 1969, pp.29–53 (also in Geach, *God and The*

On the other hand, in propositions like "Joseph is not and Simeon is not," the 'is' is used in present actuality sense. Geach says, "We have here a sense of 'is' or 'exists' that seems to be certainly a genuine predicate of individuals; the sense of 'exist' in which one says that an individual came to exist, still exists, no longer exists, etc.... Now it is this sense of 'is' or 'exists', the one found in C propositions [="Joseph is not and Simeon is not"], that is relevant to Aquinas' term *esse*. This interpretation, I maintain, alone makes coherent sense of all that Aquinas says about *esse*."[(9)]

Hermann Weidemann clearly follows Geach when he distinguishes "between two different existential uses of this verb, which we may, following Peter Geach, call its use in an *actuality* sense and its use in a *there-is* sense, respectively."[(10)] Anthony Kenny is also influenced by Geach when he puts at the top of his list of twelve senses of the verb 'to be' in Aquinas those "two senses of '*esse*' which correspond to the word 'exist', i.e. '*specific existence*' and '*individual existence*.'[(11)]

Soul, 1969, pp.42-64), pp.44-6: "The logical peculiarity of B propositions is that 'an F exists' does not attribute actuality to an F, but F-ness to something or other. Aquinas realizes the peculiarity of B popositions when he paraphrases '*malum est*' or '*caecitas est*' into '*aliquid est privatum*' (*S.T.*,I,48,2,ad2; *S.C.G.*, III, 9) Moreover, the same logical status is expressly ascribed to "Deus est" (*S.T.*, I,3,4,ad2). In "Deus est" we are not predicating something of God, but predicating the term '*Deus*' itself, so that '*Deus est*' means 'something or other is God."'

9) *Ibid.*, p.46-8

10) Weidemann, 1986, pp.182 (also in Davies, 2002, pp.77-95).

11) Kenny, 2002, pp.189-90: 1. *Specific existence*, as in 'there are extra-terrestrial intelligences'. This is the existence that philosophers since Kant have insisted 'is not a predicate' and which is commonly rendered nowadays by the use of the quantifier, as in 'For some X, X is an extra-terrestrial intelligence.'

In contrast, Brian Davies takes an opposite position.(12) According to him, Aquinas thinks that "Socrates is" doesn't mean in any sense "Socrates exists," but "Socrates is by nature human". Davies denies to '*est*' any sense in which it tells us anything about any individual.

In short, Geach, Weidemann, and Kenny give to '*est*' a sense in which it is predicated of individuals, while Davies doesn't.

Their opposition, however, is not so simple as it may appear. For Geach adds a complementary explanation that "Existence in sense C [= present actuality sense] is, according to Aquinas, always existence in respect of some form".(13) This means that "Socrates is" in this sense

Statement of being of this kind affirm that a particular concept is instantiated. 2. *Individual existence*, as in 'The King is no more' or as in Wordsworth's poem 'she lived unknown, and few could know/ when Lucy ceased to be.' This kind of being is a predicate, which belongs to individuals, who may come into and go out of existence. Statements of this kind of existence are tensed like other subject-predicate sentences. The Great Pyramid still exists, while the Pharos of Alexandria does not.

12) Davies, 1997, pp. 510–12: "What is it that Aquinas takes existence statements to be doing when they tell us something about an individual? One thing he does not take them to be doing is telling us that the something in question exists. ... according to Aquinas names like 'Socrates' or 'Plato' signify human nature as ascribable to certain individuals. *Hoc nomen 'Socrates' vel 'Plato [n]' significat naturam humanam secundum quod est in hac materia*. On Aquinas's account, saying *Socrates est* or *Plato[n] est* is not to inform people of a property of existence had by Socrates and Plato. It is to assert what Socrates and Plato are by nature, i.e., human. In short, Aquinas is perfectly alert to the dangers of saying that '__ exist(s)' can serve to tell us anything about any object or individual."

13) Geach, 1969, p.48: "Existence in sense C is, according to Aquinas, always existence in respect of some form: *quodlibet esse est secundum formam aliquam* (S. T., I, 5, 5, ad3). For it is in this sense of 'exist' that we say a thing goes on existing; and for a thing to continue to exist is for it to be the same X over a period of time, when 'X' represents some *Begriffswort*; and this in turn means

refers back to "Socrates is at present actually a man."(14) This view is found also in Weidemann(15) and Kenny.(16)

So Geach, Weidemann, and Kenny all think that existence predicated of an individual is existence in respect of a substantial form, so "*Socrates est*" refers back to, is in accord with, and equivalent to "*Socrates est [actu] homo*". Certainly this interpretation can be documented by Aquinas' words "*quodlibet esse est secundum formam aliquam*" (*S.T.*, I, 5, 5, ad3). But this weakens their assertion that '*est*' has a sense of existence predicated of an individual, and consequently diminishes their difference from Davies. For it is because of the

the persistence in an individual of the form expressed by the predicable expression 'X'."

14) Anscombe & Geach, 1961, pp.91-2: "Similarly, there is no such thing as a thing's *just* going on existing; when we speak of this, we must always really be referring to some form or nature, X, such that for that thing to go on existing is for it to go on being X. (For a man to go on existing is for him to go on being a man — one and the same man; for a statue to go on existing is for it to go on being the same shape; etc.) *Esse*, therefore, is always related to some form or other; and any persistent *esse* is the continued existence of some individualized form."

15) Weidemann explains that the 'is' in "Socrates is" means that he is actualized as a man that he essentially is. cf. Weidemann, 1979, S.53: "Wird das Wort "est" in dem Satz "Socrates est" in dieser Bedeutung verwendet, so sagt es von Sokrates aus, daß er als der Mensch, der er seinem Wesen nach ist, verwiklicht ist." He says, "... to Aquinas's mind, it is only in accordance with a thing's essence or nature that actual being (or existence) belongs to a thing." (Weidemann, 1986, p.184).

16) Kenny describes 'individual existence' as 'substantial being'. Cf. Kenny, 2002, p.190: "Aquinas believed that in statements of individual existence, 'S is' was equivalent to 'S is P', where 'P' is a predicate in the Aristotelian category of substance: e.g. 'Lucy is no more' = 'Lucy is no longer a human being'. Hence individual existence can be, in Aquinas' scheme of things, identified with substantial being."

equivalence of "*Socrates est*" to "Socrates is human" that Davies denies to '*est*' any sense of existence predicated of individuals.

After all Geach, Weidemann, Kenny, and Davies all think substantially of the same thing, i.e. the equivalence in Aquinas of the proposition "*Socrates est*" and "*Socrates est [actu] homo*". Then what's their difference?

They differ in this: what Geach and Weidemann positively call 'existence'(17), that is, the present actuality sense of 'is', Davies refuses to regard as existence. Kenny, though he calls it 'individual existence,' refuses to interpret it in the actuality sense.(18) Probably behind this there are different attitudes toward the modern logical concept of existence and predication and so toward the modern maxim 'existence is not a predicate'. Geach and Weidemann don' t restrict the concept of existence to the logical one,(19) while Davies do.(20)

17） Geach: 'existence in respect of a substantial form'; Weidemann: 'actual being（or existence）'

18） Kenny identifies 'individual existence' with 'substantial being', but not with 'actual being'.（Kenny, 2002, pp.190-1）

19） Geach, 1961, pp.90-91: "Frege was clear as to this distinction, though he rightly had no special interest, as a mathematical logician, in assertions of present actuality. It is a great misfortune that Russell has dogmatically reiterated that the 'there is' sense of the 'substantive' verb 'to be' is the only one that logic can recognise as legitimate: for the other meaning — present actuality — is of enormous importance in philosophy, and only harm can be done by a Procrustean treatment which either squeezes assertion of present actuality into the 'there is' form or lops them off as non-sensical."

20） Kenny, 2002, p.195: Among the problems that we have identified with Aquinas' theory of *esse* the most fundamental is the failure to make a clear distinction between existence on the one hand, and being in its multiple forms on the other. In the history of philosophy this distinction was most sharply emphasized by Gottlob Frege, who taught us to distinguish, under pain of

3. Irrelevancy to Aquinas of regarding *ESSE* as 'existence'

Concerning this I would like to point out two things. First, the irrelevancy to Aquinas of calling his '*esse*' 'existence'. Secondly, the irrelevancy to Aquinas of the modern concept of predication.

There is a text where Aquinas identifies '*esse actu*' with '*formam uel actum actualiter inesse*'. He says:

> [T2] *Expositio Libri Peryermenias*, I, 5 (1989, p.31, ll.395-404): nam 'est' simpliciter dictum significat esse actu, et ideo significat per modum uerbi. Quia vero actualitas, quam principaliter significat hoc verbum 'est', est communiter actualitas omnis forme uel actus, substancialis vel accidentalis, inde est quod, cum uolumus significare quamcunque formam uel actum actualiter inesse alicui subiecto, significamus illud per hoc uerbum 'est', simpliciter quidem secundum presens tempus, secundum quid autem secundum alia tempora;

> (tr.) for "is" said simply, signifies *to be in act*, and therefore signifies in the modes of a verb. However, the actuality which the verb "is" principally signifies is the actuality of every form or act commonly,

gross fallacy, between first-level concepts corresponding to predicates and second-level concepts corresponding to quantifiers.; Davies, 1997, p.506: "Now, says Frege, 'In this respect, existence is analogous to number. Affirmation on existence is in fact nothing but denial of the number nought.' And if Frege is right about number, that is correct. Indeed, we can strengthen the claim. For statements of existence are more than *analogous* to statements of number; they *are* statements of number."

whether substantial or accidental. Hence, when we wish to signify that any form or act actually inheres in some subject, we signify it through the verb "is," either absolutely, according to present time, or relatively, according to other times;

This text, I presume, lies under Geach's interpretation. According to him, '*est*' predicated of Socrates means *esse in rerum natura* = *actu esse* = *quamcunque formam uel actum actualiter inesse alicui subiecto*' = existence in respect of a substantial form. Thus the '*est*' predicated of Socrates means the existence of Socrates. But can we translate "*esse*" predicated of Socrates "existence" of Socrates in this context? I am doubtful that this interpretation is relevant to Aquinas, partly because of the fact that Aquinas himself doesn't use the Latin word '*existere*' or '*existentia*' when he analyses the meaning of this kind of propositions, partly because of the difference in Aquinas between the concept signified by "*esse*" and that by "*existere*" or "*existentia*".(21)

It is not Aquinas, but Henry of Ghent who interprets "*est*" in "*Socrates est*" in terms of "*existere*" or "*existentia*", which fact deserves more attention. Henry says,

（H1） *Summa quaestionum ordinariarum*, a.21, q.3, Solutio ［C-D］ (Dallas Medieval Texts and Translation: Henry of Ghent's *Summa*; The Questions on God's Existence and Essence (Articles21-24), by Jos Decorte and Roland J.Teske, S.J., Leuven, 2005, p.64-7): ［C］ ... Unde cum dicitur Socrates est, hoc quod est est, uno modo

21） cf. Nijenhuis, 1986, pp.353-394.

significat rem existere in actu et praedicat esse rei in seipsa, alio modo significat compositionem esse cum homine esse veram et praedicat esse rei in anima. [D] Quibus modis procedit illa communis distinctio propositionum quia propositio aut est de re aut de dicto. Est enim de re propositio ista, Socrates est, quando hoc verbum est copulat circa subiectum existentiam eius absolute sub hoc sensu, Socrates est, id est, esse convenit Socrati. Est autem de dicto quando compositionem esse cum subiecto indicat esse veram sub hoc sensu, Socrates est, id est, Socratem esse est verum.

(tr.) [C] ... Hence, when it is said, "Socrates is," this "is" signifies in one way that the thing exists in act and predicates being of the thing itself, and in another way it signifies that the composition of "being" with "man" is true and predicates being of the thing in the soul. [D] In these ways there is that common distinction of propositions, namely, that a proposition is either about a thing or about a statement. For this proposition, "Socrates is", is about the thing when this verb "is" unconditionally joins to the subject its existence in the sense that "Socrates is" means that being pertains to Socrates. The proposition is about the statement when it indicates that the composition of being with the subject is true in the sense that "Socrates is" means that the statement that Socrates is is true.

Evidently in this text Henry of Ghent interprets (1) that "*est*" in "*Socrates est*" signifies that Socrates actually exists (*existere*), and (2) that

it predicates existence (*existentia*) of Socrates himself.[(22)] Henry' s interpretation of '*est*' in terms of '*existere*' and '*existentia*' should not be confused with that of Aquinas himself, which confusion might have taken place in the history of Thomistic tradition.

4. Irrelevancy to Aquinas of the modern concept of predication

It is true, the modern maxim 'existence is not a predicate' is very influential. But naturally, Aquinas himself doesn't know anything about this theory. Even if it is true, it is irrelevant to Aquinas, for in Aquinas to predicate is to say and all that which is said of a subject is predicated of it, as Gilson points out.[(23)] So the meaning of the concept of predication and predicability is different. On the other hand, if the slogan is taken in the sense in which the Latin word '*esse*' as used by Aquinas does not predicate or say anything of an individual, it is certainly relevant to Aquinas but false. For he declares the predicability of '*est*' of Socrates in T1.

So what is important to interprete Aquinas' assertion of the

22) Henry's basic position on the relation of '*esse*', '*existere*' and '*existentia*' is that *res habet existere per esse existentiae.* cf. *Quod.* I, q.9: "Unde et quamquam istud esse secundum reducitur ad praedicatum accidentis quia modum accidentis habet, non tamen rem accidentis dicit, quia non advenit ipsi iam praeexistenti, sed per ipsum [= esse existentiae], ut dictum est, habet res existere. Unde participatio huius esse non dicitur extrinseca per inhaerentiam sicut participatio veri accidentis, sed per creationis impressionem, ut dictum est."
23) Gilson, 1952, p.224

predicability of '*est*' in T1 is not to squeeze his '*est*' into a particular modern sense, nor throw away as a nonsense, but to interpret his words from a pragmatic point of view. In T1 Aquinas goes on to say "'*Socrates est*,' by which we intend to signify nothing other than that Socrates is in reality" (*《Sortes est》, per quod nichil aliud intendimus significare quam quod Sortes sit in rerum natura*). He does not say '*significamus*' but '*intendimus significare*'. A little later in the same text he brings up the concept "the intention of the speaker" (*intentio loquentis*).[(24)] So here Aquinas is not talking about a logical meaning of the term "*esse*" but a pragmatic use of it. When they say, "*Socrates est*," they intend to say, "*Socrates est in rerum natura*." The intention of the speaker is not to predicate a property of existence of Socrates, but to posit Socrates in reality (cf. *De ente et essentia*, 1: *aliquid in re ponit*). So "*intendimus significare*" is equivalent to "*intendimus [Socratem] in re ponere*". In T1, which is a key text concerning the predicability of '*est*' in Aquinas, it is pragmatics that he is engaged in, not semantics, let alone formal semantics.

This doesn't imply that Aquinas is never interested in semantics of '*esse*'. On the contrary it is systematically described in a series of texts beginning with the formula "*esse (ens) dupliciter dicitur*".[(25)] But again it is important to note that these texts are not relevant to the terms '*existere*' and '*existentia*', but to the semantic dichotomy of '*esse*' and '*ens*'. Here are typical texts:

24) In T2 also, Aquinas does not say '*significamus*' but '*volumus significare*'. (*cum uolumus significare quamcunque formam uel actum actualiter inesse alicui subiecto,'*).

25) cf. *De ente*, 1; *In I Sent.*, 19,5,1,ad1; *In I Sent.*, 33, 1, 1, ad1; *In II Sent.*,34, 1,1,c; *In II Sent.*, 37,1,2,ad3; *In III Sent.*, 6,2,2,c; *S.C.G.*, III, 9; *De potentia*, VII, 2, ad1; *Quod.* IX, 2, 2, c; *S.T.*, I, 3, 4, ad2 [= T3]; *S.T.*, I, 48, 2, ad2 [= T4]; *De malo*, I, 1, ad19.

[T3] *S.T.*, I, 3, 4, ad2: ... *esse dupliciter dicitur : uno modo significat actum essendi; alio modo significat compositionem propositionis, quam anima adinvenit coniungens praedicatum subiecto. — Primo igitur modo accipiendo esse, non possumus scire esse Dei sicut nec eius essentiam, sed solum secundo modo. Scimus enim, quod haec propositio quam formamus de Deo, cum dicimus "Deus est", vera est. Et hoc scimus ex eius effectibus, ut supra dictum est.*

[T4] *S.T.*, I, 48, 2, ad2: *Ad secundum dicendum quod sicut dicitur in V. Metaphysicorum, ens dupliciter dicitur. Uno modo, secundum quod significat entitatem rei, prout dividitur per decem praedicamenta: et sic convertitur cum re. Et hoc modo nulla privatio est ens: unde nec malum. Alio modo dicitur ens, quod significat veritatem propositionis, quae in compositione consistit, cuius nota est hoc verbum 'est': et hoc est ens quo respondetur ad quaestionem 'an est'. Et sic caecitatem dicimus esse in oculo, vel quamcumque aliam privationem. Et hoc modo etiam malum dicitur ens.*

In these texts and others concerning the terms '*esse*' and '*ens*' Aquinas distinguishes between two modes of signifying and so two levels of signification resulted from them. In my view those texts are not concerned with the ontological dichotomy, as Veres asserts,(26) nor

26) Veres, 1970, p.82: Unsere These lautet: Das *ens ut actus essendi* bedeutet das Seiende, d.h. jedes einzelne Seiende und die Gesamtheit des Seienden als dem endlichen Geist des Menschen (*animae humanae*) verborgene und unvergängliche Fülle des Seins, während das *ens ut verum* bedeutet: Dasselbe Seiende, sofern es dem menschlichen Geist offenbar und denkbar ist. Those words are sometimes used to say something of a thing, and at other times say something of a linguistic expression itself. This distinction is known to

with the mere distinction of two senses, as Geach and his followers might think, but the semantic dichotomy of the two semantic levels of signification of the words '*esse*', and '*ens*'', that is, something without the semantic world and something within it.

(A) Concerning the first level of signification, the verb "*significare*" in these texts is sometimes used to mean "refer to something in reality" (*secundum quod eius significatio refertur ad rem*)[(27)], or "posit something in reality" (*aliquid in re ponere*).

(1) So the word '*ens*' is used to refer to *aliquid*,[(28)] *essentia rerum/ rei*,[(29)] *entitas rei*,[(30)] or *natura decem generum*.[(31)] What is common to all is 'that which is

Aquinas, by the expression "*formaliter, secundum quod eius significatio refertur ad rem*", and that "*secundum quod materialiter significat ipsam vocem*."cf. *Expositio Libri Peryermenias*, I, 5 (1989, p.26, ll.73-82). In medieval logic this distinction is called that of "*suppositio formalis*" and "*suppositio materialis*". Veres, ignoring the distinction, interprets those texts as dealing with the ontological dichotomy, so that he is involved in a serious difficulty. For he cannot explain why as a subject of the expression '*dupliciter dicitur*' Aquinas uses '*esse*' in some texts, '*ens*' in others, and '*esse et ens*' in others, while in ontology to be (*esse*) and a being (*ens*) should be clearly distinguished. T. Veres says "it appears to us here impossible to explain this abnormal fact of terminology" (Veres, 1970, p.84, n. 13: Es erscheint uns hier unmöglich, diesen für uns ungewöhnlichen terminologischen Tatbestand zu erklären). It is "abnormal" because we usually think and say differently of a being (*ens*) and to be (*esse*). His inability to explain this "abnormal" fact is simply because of his interpretation of the dichotomy as ontological. What Aquinas talking about here is not *ens* or *esse* in reality, but modes of signification of the terms "*ens*" and "*esse*". This can be seen from the expression "*uno modo significat ... alio modo significat ...*". In other words the dichotomy of *esse* or *ens* in these texts is not ontological, but semantic.

27) cf. *Expositio Libri Peryermenias*, I, 5 (1989, p.26, ll.73-82))

28) cf. *De ente*, 1; *In II Sent.*,34,1,1,c.

29) cf. *In I Sent.*, 19,5,1,ad1; *In II Sent.*, 37,1,2,ad3; *S.C.G.*, III, 9; *De potentia*, VII, 2, ad1.

divided by ten categories' (*quod dividitur per decem gerera*). So '*ens*' as a noun is used to refer to one of ten categories.

(2) Secondly, the word '*esse*' as a verb is used to refer to *actus essentiae*,[32] *actus entis*,[33] *actus essendi*.[34] What is common to all is *actus*. So the relation of '*esse*' to '*ens*' is that '*esse*' refers to *actus* of *ens, essentia, entitas, natura* or whatever, which is referred to by '*ens*'. Thus if the proposition "*Socrates est*" is true, the term '*Socrates*' (= '*id quod est*' = '*ens*') refers to his essence, his individualized humanity and the term '*est*' (= '*esse*') refers to his act as a human being.

(B) Concerning the second level of signification, that is, something within the semantic world, the verb "*significare*" is actually used in three ways: (1) "form a proposition or judgement" (*significare compositionem propositionis*[35]), (2)"assert truth" (*significare veritatem*[36]), and (3)"affirm that a particular concept is instantiated" (*respondetur ad quaestionem 'an est'*[37]). So "*esse*" in the first use of "*significare*" plays a pragmatic function of propositional act, in the second also plays a pragmatic function of truth assertion, and in the third plays the same logical semantic function as the existential quantifier. Scholars tend to select any one or two particular signification of "*esse*" or "*ens*" as vital,

30) cf. *S.T.*, I, 48, 2, ad2 [=T4].
31) cf. *De malo*, I, 1, ad19.
32) cf. *In I Sent.*, 33, 1, 1, ad1.
33) cf. *In III Sent.*, 6,2,2,c; *Quod.IX*, 2, 2, c.
34) cf. *S.T.*, I, 3, 4, ad2 [=T3].
35) cf. *In I Sent.*, 19,5,1,ad1; *In II Sent.*,34,1,1,c; *Quod.* IX, 2, 2, c; *S.T.*, I, 3, 4, ad2、
36) cf. *De ente*, 1; *In I Sent.*, 33, 1, 1, ad1; *In II Sent.*,34,1,1,c; *In II Sent.*, 37,1,2,ad3; *In III Sent.*, 6,2,2,c; *S.C.G.*, III, 9; *De potentia*, VII, 2, ad1; *S.T.*, I, 48, 2, ad2.
37) *In II Sent.*,34,1,1,c; *S.T.*, I, 48, 2, ad2; *De malo*, I, 1, ad19

but Aquinas himself has such a perspective of semantic dichotomy as described above.

Concluding remarks

1. When Aquinas says that '*est*' is predicated in "*Socrates est*", he doesn't intend to mean that a property of existence is attributed to Socrates, but that by the statement we intend to signify, that is, posit Socrates in reality. So Aquinas is here not talking about the sense or the logical meaning of the word '*est*', but about the pragmatic use of it.
2. Modern scholars, such as Gilson, Geach, Weidemann, Kenny, and Davies, pick out one or two senses of '*esse*' in Aquinas, translate it into 'existence' or squeeze it into the concept of existence in its modern sense. But this kind of things are irrelevant to Aquinas himself. For
3. Aquinas doesn't even use the term '*existere*' or '*existentia*' when he talks about the nature of existential propositions and
4. Aquinas has a system of the semantic dichotomy of '*esse*' and '*ens*', whose meanings can't be fully systematically understood except in terms of this viewpoint of the semantic dichotomy.

参考文献

一次文献

Aristotelis Opera, by Aristotle; Deutsche Akademie der Wissenschaften zu Berlin; Bekker, Immanuel, 1785-1871, ed.; Brandis, Christian August, 1790-1867, ed.; Bonitz, Hermann, 1814-1888

Cat. : Κατηγορίαι. L.Minio-Pauello, *Aristotelis Categoriae et Liber de Interpretatione*, Oxford Classical Texts, Oxford,1949.

De Int. : Περὶ Ἑρμηνείας. L.Minio-Pauello, *Aristotelis Categoriae et Liber de Interpretatione*, Oxford Classical Texts, Oxford,1949.

Analy. Prior. : Ἀναλυτικῶν Προτέρων. W.D.Ross, *Aristotelis Analytica Priora et Posteriora*, Oxford Classical Texts, Oxford,1964.

Analy. Poster. : Ἀναλυτικῶν Ὑστέρων. W.D.Ross, *Aristotelis Analytica Priora et Posteriora*, Oxford Classical Texts, Oxford,1964.

Phy. : Φυσικῆς ἀκροάσεως. W.D.Ross, *Aristotelis Physica*, Oxford Classical Texts, Oxford,1950.

De caelo : Περὶ οὐρανοῦ. D.J.Allan, *Aristotelis De Caelo*, Oxford Classical Texts, Oxford,1936.

De anima : Περὶ Ψυχῆς. W.D.Ross, *Aristotelis De Anima*, Oxford Classical Texts, Oxford,1956.

Met. : Μεταφυσικά. W. D. Ross, *Aristotle's Metaphysics: A revised text with Introduction and Commentary*, 2 Vols., Oxford,1924.

Eth. : Ἠθικὰ Νικομάχεια. L.Bywater, *Aristotelis Ethica Nicomachea*, Oxford Classical Texts, Oxford,1894.

Albertus Magnus, *Commentarii in I Sententiarum* (Augusti Borgnet ed., Vives)

Boethius, *De divisione* (J.Magee, *Anicii Manlii Serverini Boethii De Divisione liber: Critical Edition, Translation, Prolegomena, and Commentary*, Leiden, 1998)

Boethius de Dacia, *Modi Significandi sive quaestiones super priscianum maiorem*, ed. J. Pinborg & H. Roos (*Corpus philosophorum Danicorum Medii Aevi* 4), Copenhagen: Gad, 1969

Sancti Thomae de Aquino Opera Omnia, Iussu Leonis XIII P. M. Edita, Roma, 1882-

S.T. : *Summa theologiae*, ed. Leonina 4-12, Roma, 1888-1906. *Summa theologiae*, ed. P. Caramello, Torino-Roma (Marietti), 1948.

S.C.G. : *Summa contra Gentiles*, ed. Leonina.13-15, Roma, 1918-30. *Summa contra Gentiles*, ed. D. P. Marc, Torino-Roma (Marietti), 1961.

Q. D. De Anima : *Quaestiones disputatae de anima*, ed. J. H. Robb, Toronto (Pontifical Institute of Mediaeval Studies), 1968.

De Malo : *Quaestiones disputatae de malo*, ed. Leonina 23, Roma, 1982.

De Potentia : *Quaestiones disputatae de potentia Dei*, ed. R. Spiazzi, Torino-Roma

(Marietti) 1949.
Quod.：*Quaestiones quodlibetales*, ed. R. Spiazzi, Torino-Roma (Marietti), 1982.
De Veritate：*Quaestiones disputatae de veritate*, ed. Leonina 22, Roma, 1970-1976.
In Sent.：*Scriptum super libros Sententiarum*, ed. P. Mandonnet et M. F. Moos, 4 vols, Paris (Lethielleux), 1929-1947.
In Met.：*In duodecim libros Metaphysicornm Aristotelis Expositio*, ed. M.-R. Cathala et R. Spiazzi, Torino-Roma (Marietti), 1964.
In Periherm.：*Peri Hermeneias Expositio*, ed. R. Spiazzi, Torino-Roma (Marietti), 1964. *Expositio Libri Peryermenias*, (J. Vrin：Paris), 1989.
In Analy.：*Expositio libri Posteriornm*, ed. Leonina 1, Roma, 1989. *In Aristotelis libros Posteriornm Analyticornm Expositio*, ed. R. Spiazzi, Torino-Roma (Marietti), 1964.
In Phy.：*Expositio in libros Physicorum Aristotelis*, ed. Leonina 2, Roma, 1884. *In octo libros Physicorum Aristotelis Expositio*, ed. P. M. Maggiolo, Torino-Roma (Marietti), 1965.
In De caelo：*In libros Aristotelis De caelo et mundo expositio*, 1886.
In De anima：*Sententia libri De anima*, ed. Leonina 45-1, Roma, 1984. *In Aristotelis librum de Anima Commentarium*, ed. A. Pirotta, Torino-Roma (Marietti), 1959.
In Eth.：*Sententia libri Ethicorum* (2 vol.), ed. Leonina 47, Roma, 1969. In decem lihros Ethicorum Aristotelis ad Nicomachum Expositio, ed. R. Spiazzi, Torino -Roma (Marietti), 1964.
In Boeth.：*Expositio super librum Boethii De Trinitate*, ed. B. Decker, Leiden (E. J. Brill), 1955. Repr. with corrections, 1969.
In De Causis：*In librum De causis Expositio*, ed. Petri Caramello et Caroli Mazzantini, Roma-Torino (Marietti), 1955.
De ente.：*De ente et essentia*, ed. Leonina 43, Roma, 1976.

二次文献

Anscombe, G.E.M. & Geach, P.T., *Three Philosophers*, Oxford: Blackwell, 1961.
Arlig, A., "Parts, Wholes and Identity", in J.Marenbon ed., *The Oxford Handbook of Medieval Philosophy*, Oxford U.P., 2012 pp.445-467; "Mereology", in H. Lagerlund ed., *Encyclopedia of Medieval Philosophy: Philosophy Between 500 and 1500*, Springer, 2011, pp. 763-771; "Medieval Mereology", in *Stanford Encyclopedia of Philosophy*, 1st published Sat May 20, 2006 (substantive revision Thu Jul 7, 2011) Ashworth, E.J., "Existential Assumptions in Late Medieval Logic", *American Philosophical Quarterly*, 10, 1973, pp.141-47.
Ashworth, E.J., "Signification and Modes of Signifying in Thirteenth-Century

Logic: A Preface to Aquinas on Analogy", *Medieval Philosophy and Theology*, 1, 1991, pp.39-67.

Ashworth, E. J., "Analogy and Equivocation in Thirteenth-century Logic: Aquinas in Context", *Mediaeval Studies*, 54, 1992, pp.94-135.

Ayer, A.J., *Language, Truth and Logic*, London, 1947.

Buersmeyer, K., "The Verb and Existence", *The New Scholasticism*, 60, 1986, pp. 145-162.

Buersmeyer, K., "Aquinas on the "modi significandi"", *The Modern Schoolman*, 64, 1987, pp.73-95.

Burkhardt H. & Dufour C.C., "Part/ Whole I: history", in H.Burkhardt & B. Smith eds., *Handbook of metaphysics and ontology*, Philosophia: Munich, 1991, pp.663-673.

Bursill-Hall, G.L., "Some Notes on the Grammatical Theory of Boethius de Dacia", in H. Parret ed., *History of Linguistic Thought and Contemporary Linguistics*, Berlin:N.Y., 1976.

Davies, B., "Does God Create Existence?", *International Philosophical Quarterly*, 30, 1990, pp.151-57.

Davies, B., "Aquinas, God, and Being", *The Monist*, 80, 1997, pp.500-520.

Davies, B. (ed.), *Thomas Aquinas: Contemporary Philosophical Perspectives*, N.Y. & Oxford: Oxford U.P., 2002.

De Finance, *Être et Agir*, Rome: Gregorian University, 1960.

Edwards, S., *St. Thomas Aquinas, Quodlibetal Questions 1 and 2*, trans. with intro. and notes, Toront, 1983.

Elders, L.J., *The Metaphysics of Being of St. Thomas Aquinas. In a Historical Perspective*, Leiden, N.Y., Köln: E.J.Brill, 1993.

Fabro, C., *Participation et Causalité*, Louvain, 1961.

Gamut, L.T.F., *Logic, Language, and Meaning*, The Univ. of Chicago Press, 1991, vol.1.

Geach, P.T., "Form and Existence", in *Aquinas: A collection of critical essays*, ed. by A. Kenny, London: Melbourne, 1969, pp.29-53 (& in Geach, P.T., *God and The Soul*, London: Routledge & Kegan Paul, 1969, pp.42-64).

Geach, P.T., "Subject and Predicate", *Mind*, 1950, pp.461-482.

Geach, P.T., *God and The Soul*, London: Routledge & Kegan Paul, 1969.

Gilson, E., *L'être et l'essence*, Paris: Vrin, 1948.

Gilson, E., *Being and Some Philosophers*, Toronto: Pontifical Institute of Medieval Studies, 1949 (2nd ed., 1952).

Graham, A.C., "'Being' in Linguistics and Philosophy: A Preliminary Inquiry", *Foundations of Language*, vol.1, 1965.

Henry, D.P., *Medieval Logic and Metaphysics*, London, 1972.

Henry, D.P., *That Most Subtle Question—(Quaestio Subtilissima): The Metaphysical*

Bearing of Medieval and Contemporary Linguistic Disciplines, Manchester: Manchester Univ. Press, 1984.

Henry, D.P., *Medieval Mereology*, Bochumer Studien zur Philosophie, v.16. B.R. Grüner: Amsterdam, 1991..

Hintikka, J., "'Is', Semantical Games, and Semantical Relativity", *Journal of Philosophical Logic*, 8, 1979, pp.433-468.

Hudson, D.W. & Moran, D.W., (eds.), *The Future of Thomism*, American Maritain Association Publications, Notre Dame, Indiana: Univ. of N.D. Press, 1992

Kenny, A., *The Five Ways*, London: Routledge, 1969.

Kenny, A., *Aquinas*, Oxford: Oxford U.P., 1980.

Kenny, A., *Aquinas on Being*, Oxford U.P., 2002.

Kirwan, C., *Aristotele's Metaphysics Book* Γ, Δ, and Ε, trans. with notes, Oxford, 1971.

Klima, G., *Ars Artium: Essays in Philosophical Semantics, Medieval and Modern*, Budapest: Institute of Philosophy of Hungarian Academy of Science, 1988.

Klima, G., "On Being and Essence in St.Thomas Aquinas's Metaphysics and Philosophy of Science", *Knowledge and the Sciences in Medieval Philosophy: Proceedings of the Eighth International Congress of Medieval Philosophy*, ed. S. Knuuttila, R. Työrinoja, and S. Ebbesen, vol. 2 series B19, Helsinki: Luther-Agricola Society, 1990, pp.210-221.

Klima, G., "Ontological Alternatives vs. Alternative Semantics in Medieval Philosophy" in *Logical Semantics, S=European Journal for Semiotic Studies*, 3:4, 1991, pp.587-618.

Klima, G., "'*Socrates est species*': Logic, Metaphysics and Psychology in St.Thomas Aquinas's Treatment of a Paralogism", in *Argumentationstheorie: Scholastische Forschungen zu den logischen und semantischen Regeln korrekten Folgerns*, ed. K. Jacobi, Leiden: Brill, 1993, pp.489-504.

Klima, G., "The Changing Role of *Entia Rationis* in Medieval Philosophy: A Comparative Study with a Reconstruction", *Synthese*, 96:1, 1993, pp.25-59.

Klima, G., "The Semantic Principles underlying Saint Thomas Aquinas' s Metaphysics of Being", *Medieval Philosophy and Theology*, 5, 1996, pp.87-141.

Klima, G., "Old Directions in Free Logic: Existence and Reference in Medieval Logic", in *New Directions in Free Logic*, ed. K.Lambert, Sankt Augustin bei Bonn: Akademia Verlag, forthcoming

Klinger, I., Das Prinzip der Individuation bei Thomas von Aquin, Würzburg, 1964.

Lee, P., "Existential Propositions in the Thought of St. Thomas Aquinas", *The Thomist*, 52, 1988, pp.605-626.

Lotz, J.B., *Das Urteil und das Sein*, Pullach: Verlag Berchmanskolleg, 1957.

Macdonald, S., "The Esse/ Essentia Argument in Aquinas' s De ente et essentia", *Journal of the History of Philosophy*, 22, 1984.

McInerny, R., "Some Notes on Being and Predication", *The Thomist* 22-3, 1959, pp.315-335.

McInerny, R., *Being and Predication: Thomistic Interpretations*, Washington D.C.: The Catholic Univ. of America, 1986.

Miller, B., "In Defence of the Predicate 'Exists'", *Mind*, 84: 335, 1975, pp. 338-354.

Miller, B., ""Exists" and Other Predicates", *The New Scholasticism*, 53, 1979, pp. 475-479.

Miller, B., *The Fullness of Being: A New Paradigm for Existence*, Univ. of Notre Dame, 2012.

Nijenhuis, J., "'To Be' or 'To Exist': That is the Question", *The Thomist*, vol.3, no.3, 1986, pp.353-394.

Nijenhuis, J., ""Ens" Described as "Being or Existent"", *American Catholic Philosophical Quarterly*, 68, 1994, pp.1-14.

Nöth, W., *Handbook of Semiotics*, Indiana U.P., 1990.

O'Callaghan, J.P., *Thomist Realism and the Linguistic Turn*, Univ. of Notre Dame Press, 2003.

Owens, J., *An Interpretation of Existence*, Milwaukee: Bruce Pub. Co., 1968.

Owens, J., "Existence as Predicated", *The New Scholasticism*, 53, 1979, pp. 480-485.

Owens, J., *An Elementary Christian Metaphysics*, Houston, Texas, 1985.

Pannier, R. and Sullivan, T. D., "Aquinas on 'Exists'", *American Catholic Philosophical Quarterly*, 67, 1993, pp.157-166.

Peterson, J., "Predicates: A Thomist Analysis", *The Thomist*, 63, 1999, pp. 455-60.

Pinborg, J., *Die Entwicklung der Sprachtheorie im Mittelalter*（Beitäge zur Geschichte der Philosophie und Theologie des Mittelalters XLII/2）, Münster Westfalen: Kopenhagen, 1967.

Quine, W.V., "Designation and Existence", *The Journal of Philosophy*, 36: 26, 1939, pp.701-709.

Quine, W.V., *From a Logical Point of View*, 2nd ed., New York: Harper & Row, 1961.

Régis, L-M., "Gilson's *Being and Some Philosophers*", *The Modern Schoolman* 28-2, 1951, pp.121-127.

Roland-Gosselin, M.-D., *Le "de ente et essentia" de S. Thomas d'Aquin*, Paris, 1948.

Russell, B., "On Denoting", *Mind*, 14, 1905.

Schmidt, R.W., *The Domain of Logic according to Saint Thomas Aquinas*, The Hague: Martinus Nijhoff, 1966.

Searle, J.R., *Speech Acts: An Essay in the Philosophy of Language*, Cambridge U.P., 1969.

Shanley, B.J., "Analytical Thomism", *The Thomist*, 63, 1999, pp.125-37.

Simons, P. M., "Part/ Whole II: Mereology Since 1900", in H.Burkhardt & B. Smith eds., *Handbook of metaphysics and ontology*, Philosophia: Munich, 1991, pp.673-675.

Spade, P.V., "The Semantics of Term", in *The Cambridge History of Later Medieval Philosophy*, ed.by N.Kretzmann, A.Kenny, and J.Pinborg, Cambridge U.P., 1982, pp.188-196.

Theron, S., "Esse", *The New Scholasticism*, 53:2, 1979, pp.206-220.

Tomarchio, J., "Aquinas's Division of Being According to Modes of Existing", *The Review of Metaphysics*, 54, 2001, pp.585-613.

Tugendhat, E., "Die Sprachanalytische Kritik der Ontologie", in H. -G. Gadamer (ed.), *Das Problem der Sprache*, München: Wilhelm Fink Verlag, 1967, pp.483-93.

Vallicella, W. F., "Reply to Davies: Creation and Existence", *International Philosophical Quarterly*, 31, 1991, pp.213-225.

Varzi, A., "Mereology", in *Stanford Encyclopedia of Philosophy*, First published Tue May 13, 2003; substantive revision Thu. May 14, 2009, http: //plato. stanford.edu/entries/mereology/

Veach, H., "St. Thomas' Doctrine of Subject and Predicate: A Possible Starting Point for Logical Reform and Renewal", in *St. Thomas Aquinas 1274-1974: Commemorative Studies*, Toronto: Pontifical Institute of Medieval Studies, 1974, vol.II, pp.401-422.

Veres, T., "Eine fundamentale ontologische Dichotomie im Denken des Thomas von Aquin", *Philosopisches Jahrbuch*, 77, 1970, pp.81-98.

Watson, Youree, S. J., *Esse in the Philosophy of Saint Thomas Aquinas*, Rome: Pontificia Universitas Gregoriana, 1972.

Weidemann, H., "'Socrates est'/ 'There is no such thing as Pegasus' Zur Logik singulärer Existenzaussagen nach Thomas von Aquin und W. Van Orman Quine", *Philosophisches Jahrbuch*, 86, 1979, pp.42-59.

Weidemann, H., "The Logic of Being in Thomas Aquinas", in *The Logic of Being: Historical Studies*, ed. by S. Knuuttila and J. Hintikka, Dordrecht, Boston, Lancaster, Tokyo: D. Reicel, 1986, pp. 181-200 (& in *Thomas Aquinas: Contemporary Philosophical Perspectives*, ed. by B.Davies, Oxford U.P., 2002, pp. 77-95).

William, J.F., *What is Existence?*, Oxford U.P., 1981.

Young, J.M., "Existence, Predication, and the Real", *The New Scholasticism*, 53, 1979, pp.295-323.

Yule, G., *Pragmatics*, Oxford U.P., 1998.

Zimmermann, A., "“IPSUM ENIM〈‘EST’〉NIHIL EST”（Aristoteles, Periherm. I, c.3）Thomas von Aquin Über die Bedeutung der Kopula", in *Der Begriff der Repraesentatio im Mittelalter. Miscellanea Mediaevalia*, B.8, Berlin, N.Y.: Walter de Gruyter, 1971, pp.282-295.
加藤雅人,「トマスにおける“singularia”の認識―神の場合」『中世哲学研究』創刊号, 京大中世哲学研究会, 1982 年, pp.54-60。→本書第八章
加藤雅人,「トマスにおける『個』の意味について」『中世思想研究』中世哲学会, 第 27 号, 1985 年, pp.133-141。→本書第七章
加藤雅人,「アリストテレスにおける『個物』について―Cat., c.2 & c.5」『大阪女子短期大学紀要』第 11 号, 1986 年, pp.23-28。→本書第七章
加藤雅人「トマスにおける意志の必然性について―S.T., I, q.19, a.3」『大阪女子短期大学紀要』第 12 号, 1987 年, pp.69-74。→本書第九章
加藤雅人,「トマスにおける知性認識の問題」『大阪女子短期大学紀要』第 13 号, 1988 年, pp.81-88。→本書第九章
加藤雅人,「トマス・アクィナスにおける哲学と教育」『大阪女子短期大学紀要』第 15 号, 1990 年, pp,81-88。
加藤雅人,「エルフルトのトマス『表示の諸様態あるいは思弁文法学について』解説」, 山下正男監修『中世思想原典集成 19　中世末期の言語・自然哲学』平凡社, 1994 所収（pp.414-417）。
加藤雅人,「様態理論―統語論を中心に」『言語』大修館書店, 第 26 巻第 3 号, 1997 年, pp.90-96。
加藤雅人,「トマス・アクィナスにおける存在論的二区分―言語の観点から」『哲学』日本哲学会, 第 49 号, 1998 年, pp.180-190。→本書第三章
加藤雅人,「〈においてある〉と〈に対してある〉: トマス・アクィナスにおける関係の二つの側面」『哲学』関西大学哲学会, 第 21 号, 2002 年, pp.1-26。
加藤雅人,「トマス・アクィナスにおけるエッセの意味論」『哲学』日本哲学会, 第 54 号, 2003a 年, pp.204-214。→本書第四章
加藤雅人,「トマス・アクィナスにおける『意味論的二区分』: 予備的考察」『中世哲学研究』京大中世哲学研究会, 2003b 年, 第 22 号, pp.16-29。→本書第二章
加藤雅人,「意味論の内と外―トマス・アクィナス《esse》《significare》」『中世思想研究』中世哲学会, 2004 年, 第 46 号, pp.75-94。→本書第一章
加藤雅人,「意味論的情報の量化の可能性と限界」『情報研究』関西大学総合情報学部, 23 号, 2005a 年. pp.37-50。
加藤雅人,「存在様態と述語―トマス・アクィナスと様態理論」『哲学』

関西大学哲学会，第 25 号，2005b 年．pp.165-183。
加藤雅人，『意味を生みだす記号システム』世界思想社，2005c 年。
加藤雅人，「文の意味と情報」『日本語学』明治書院，vol.25, no.5，2006 年，pp.6-14。
Kato, M., "A Semantic and Pragmatic Analysis of Aquinas'*ESSE*", *ΦΙΛΟΣΟΦΙΑ*, Kansai University，No.28, 2010, pp.1-16. →本書 Chapter 10（第十章）
加藤雅人，「全体と部分：アクィナス，メレオロジー」『中世哲学研究』京大中世哲学研究会，第 31 号，2012 年，pp.19-48。→本書第五章
加藤雅人，「中世とトマス・アクィナス：全体=部分の形而上学」，『部分と全体の哲学=歴史と現在』（松田毅編著），春秋社，2014 年，pp. 35-75。→本書第六章
J.マレンボン『後期中世の哲学：1150-1350』加藤雅人訳，勁草書房，1989。
トマス・アクィナス『神学大全』（全 45 冊）高田三郎・山田晶ほか訳，創文社，1960-2012。

松田毅（編），『部分と全体の哲学：歴史と現在』春秋社，2014 年。

山田晶，『トマス・アクィナスの《エッセ》研究』，創文社，1978 年。

山田晶，『神学大全』（抄訳），中央公論社，1975 年。

註

〈第一章〉

１）本書の表記法は以下の方針による。'esse' や〈存在〉といった引用符つきの表現は、その引用符で囲まれた表現そのものをあらわし、引用符のつかない表現は、その表現の対象（概念であれ実在であれ）をあらわす。また「　」は表現を強調し、（　）は注記である。

２）cf. Weidemann, 1979, SS.42–59,（S.43）. ヴァイデマンは、アクィナスが「形而上学的存在論」（metaphysischen Ontologie）と「論理学的言語分析」（logische Sprachanalyse）とをはっきりと区別していたとして、『形而上学注解』におけるアクィナスの次の言葉を引用する。*In VII Met.*, l.17, n. 1658: Logicus ... considerat modum praedicandi; philosophus .. existentiam quaerit rerum.

３）Russell, 1905, pp.479–493. cf. Gamut, 1991, pp.16–17.

４）cf. *De ente*, 1; *In II Sent.*, 34, 1, 1, c; *De Potentia.*, VII, 2, ad1; *In V Met.*, l.9, n. 896.

５）アクィナスによれば、'Deus est' は「それ自体に関する限り」（quantum in se est）、自明な命題である。なぜなら、神は suum esse と同一であり、この命題の述語は主語と同一だからである。したがって、神の本質そのものに関しては、'Deus est' は、その文法形式どおり、述語 'est' は神の存在を意味する。しかし、われわれはそれを知ることができないのである。cf. *S.T.*, I,2,1.

６）*S.T.*, I, 3, 4, ad2: esse dupliciter dicitur: uno modo significat actum essendi; alio modo significat compositionem propositionis, quam anima adinvenit coniungens praedicatum subiecto. —— Primo igitur modo accipiendo esse, non possumus scire esse Dei sicut nec eius essentiam, sed solum secundo modo. Scimus enim, quod haec propositio quam formamus de Deo, cum dicimus "Deus est", vera est. Et hoc scimus ex eius effectibus, ut supra dictum est.（p. xlviii, テクスト[T14]）。

７）cf. *S.T.*, I, 2, 2; I, 12, 12.

８）*S. T.*, I, 48, 2, ad2: ens dupliciter dicitur. Uno modo, secundum quod significat entitatem rei, prout dividitur per decem praedicamenta: et sic convertitur cum re. ... Alio modo dicitur ens, quod significat veritatem propositionis, quae in compositione consistit, cuius nota est hoc verbum 'est': et hoc est ens quo respondetur ad quaestionem 'an est'.（p. xlviii, テクスト[T15]）。cf. *S.C.G.*, III, 9; *In II Sent.*, 37,1,2,ad3.

９）cf. *S.T.*, I,2,2,ad2: ... ad probandum aliquid esse, necesse est accipere pro medio *quid significet nomen*, non autem *quod quid est*: quia quaestio *quid est*, sequitur ad quaestionem *an est*.

10）cf. Gamut, 1991, vol.1, p.10 & p.27.

11）cf. Gamut, 1991, vol.1, p.12.
12）cf. *Expositio Libri Peryermenias*, I, 5（J.Vrin: Paris, 1989, p.26, ll.73-82）. この区分は、中世論理学の用語では「形相的代示」（suppositio formalis）と「質料的代示」（suppositio materialis）の区別に相当する。
13）[T1]（以後、pp.xlv-l. のテクスト番号のみで引用する）: ens per se dicitur dupliciter: uno modo quod dividitur per decem genera, alio modo quod significat propositionum veritatem. Horum autem differentia est quia secundo modo potest dici ens omne illud de quo affirmativa propositio formari potest, etiam si illud in re nihil ponat; per quem modum privationes et negationes entia dicuntur; dicimus enim quod affirmatio est opposita negationi, et quod caecitas est in oculo. Sed primo modo non potest dici ens nisi quod aliquid in re ponit; unde primo modo caecitas et huiusmodi non sunt entia.
14）'dupliciter dicitur' の主語が、'ens' の場合 [T1] [T4] [T5] [T11] [T15] [T22]、'esse' の場合[T2] [T3] [T6] [T13] [T14]、'ens et esse' の場合[T12]が混在する。フェレスはこの事実に当惑し、「異常なこの用語法の事実」を説明できないという。cf. Veres, 1970, p.81-98（S.84, n.13）.
15）次を参照。加藤雅人、2003a 年、204-214 頁（205-206 頁）。
16）たとえば、フェレスは ens ut verum と呼び（Veres, 1970, S.84）、パニアー＆サリバンは existent と命名し（Pannier and Sullivan, 1993, pp. 157-166）、オコーラガンは ens_pと呼ぶ（O'Callaghan, 2003, pp.182-189.）。
17）とくにそのような誤解に対してアクィナスは警戒している。'esse' については、'cum in re potius sit non esse' [5]と注意し、'ens' については、'primo modo ... non sunt entia' [1]と注意する。
18）cf. Kenny, 2002, p.189.
19）次を参照。加藤雅人、2003b 年、16-29 頁（23-25 頁）。
20）グラハムの研究はそのような試みの 1 つである。cf. Graham, 1965, pp.223-231.
21）cf. Anscombe & Geach, 1961, p.90; Geach, 1969, pp.29-53（pp.42-47）.
22）cf. Weidemann, 1986, pp.181-200（p.182）.（in Davies, 2002, pp.77-95）.
23）cf. O'Callaghan, 2003, p.15.
24）*Expositio Libri Peryermenias*, I, 2（J.Vrin: Paris, 1989, p.10, l.97-112）: ... et ideo oportet passiones anime hic intelligere intellectus conceptiones quae nomina et uerba et orationes significant, secundum sentenciam Aristotilis: non enim potest esse quod significent inmediate ipsas res, ut ex modo significandi apparet: significat enim hoc nomen《homo》naturam humanam in abstractione a singularibus, unde non potest esse quod significet inmediate hominem singularem. Vnde Platonici posuerunt quod significaret ipsam ydeam hominis separatam; set, quia hec secundum suam abstractionem non subsistit realiter secundum sentenciam Aristotilis, set est in solo intellectu, ideo necesse fuit Aristotili dicere quod uoces significant intellectus conceptiones inmediate, et eis

mediantibus res.

25）このテクストでは、意味表示の対象としての homo singularis が、たとえば「ソクラテス」というような「個体」（suppositum）なのか、それとも「ソクラテスにおいて個体化された人間本性」なのか、については述べられていない。

26）cf. Nöth, 1990, pp. 92-102.「ほぼ」と言うのは、アクィナスの 'significare' には、〈意味表示する〉という訳語から連想される意味論的な側面だけでなく、「心理因果的」（psychologico - causal）側面もあるからである。cf. Spade, 1982, pp.188-196（p.188）。また、クリマによれば、直接的に意味表示される知性の「概念」（conceptio）は、話者が理解をともなって言葉を用いるときの「人間の意識や理解のはたらき」（acts of human awareness or understanding）という側面がある。cf. Klima, 1996, pp. 87-141（p.98）. さらに、われわれは「指示する」（refer to）ということをめぐる難しい哲学的議論を回避し、ここではアクィナスの言う「意味表示が実在にかかわる」（significatio refertur ad rem）［本章註 12］という意味でさしあたり理解しておく。

27）cf. *Expositio Libri Peryermenias*, I, 5（J.Vrin: Paris, 1989, p.30, ll.304-305）.

28）*In V Met.*, l.9, n.893: Verbum enim quodlibet resolvitur in hoc verbum Est, et participium.

29）cf. *Expositio Libri Peryermenias*, I, 5,（p.31, ll.363）: 'ens' nichil aliud est quam 'quod est'

30）［T1］: ... secundo modo potest dici ens omne illud de quo affirmativa propositio formari potest, etiam si illud in re nihil ponat;

31）１つだけ 'esse' の３区分について語っているテクスト［T3］がある。われわれの考えでは、最初の２つの 'esse' は、ともに「意味論的世界の外部とも関係する」'esse' であるから１つにまとめられ、結局２区分とみなすことができる。

32）'ens' が significare するもの：［T1］quod dividitur per decem genera,［T2］essentiam rerum, prout dividitur per decem genera,［T4］quod per decem genera dividitur: aliquid in natura existens, sive sit substantia, ut homo, sive accidens, ut color、［T5］essentiam rei extra animam existentis、［T11］essentiam rei et dividitur per decem praedicamenta、［T15］entitatem rei, prout dividitur per decem praedicamenta、［T22］naturam decem generum。

33）'esse' が significare するもの：［T3］ipse actus essentiae、［T6］actus entis resultans ex principiis rei、［T13］actus entis in quantum est ens, idest quo denominatur aliquid ens actu in rerum natura、［T14］actum essendi。

34）cf. Kirwan, 1971, pp.140-146.

35）*In V Met.*, l. 9, n. 890: oportet quod unicuique modo praedicandi, esse significet idem; ut cum dicitur homo est animal, esse significat substantiam. Cum autem dicitur, homo est albus, significat qualitatem, et sic de aliis.

36）［T4］: omne quod habet naturale esse in rebus, potest significari per propositionem affirmativam esse, ut cum dicitur: color est, vel homo est.
37）cf. *Expositio Libri Peryermenias*, I, 5,（p.31, ll.395-404）: nam 'est' simpliciter dictum significat esse actu, et ideo significat per modum uerbi. Quia vero actualitas, quam principaliter significat hoc verbum 'est', est communiter actualitas omnis forme uel actus, substancialis vel accidentalis, inde est quod, cum uolumus significare quamcunque formam uel actum actualiter inesse alicui subiecto, significamus illud per hoc uerbum 'est', simpliciter quidem secundum presens tempus, secundum quid autem secundum alia tempora;
38）cf. Anscombe & Geach, 1961, p.91-92; Weidemann, 1979, S.53; Kenny, 2002, p.190; Davies, 1997, pp.511-512.
39）compositio を意味表示するもの場合［T2］［T4］［T13］［T14］、veritas を意味表示する場合［T1］［T3］［T4］［T5］［T6］［T11］［T12］［T15］、an est に応答する場合［T4］［T15］［T22］。
40）cf.［T3］,［T4］,［T6］,［T13］,［T14］.
41）cf. *In V Met.*, l.9, n.895.
42）*Expositio Libri Peryermenias*, I, 5（J.Vrin: Paris, 1989, p.31, ll.369-70）: ipsam compositionem, que importatur in hoc quod dico 'est'.
43）cf. Weidemann, 1986, p.184; Kenny, 2002, pp.58-59.
44）cf. Searle, 1969.
45）周知のように、言葉の意味とはその「使用」use であるというヴィトゲンシュタインの後期思想以後、意味論を超えた言語使用を主題とする「語用論」（pragmatics）という新領域が成立した。当初それは意味論を補完するものであったが、今や言語研究において意味論と並ぶ領域として確立した。オースティンやサールの「言語行為論」（speech act theory）もその１つである。cf. Yule, 1998.
46）cf. *In V Met.*, l.9, n.896: Accidit autem unicuique rei quod aliquid de ipsa vere affirmetur intellectu vel voce.

〈第二章〉

1）アクィナスは、言語は我々を欺く可能性があるので、事物の存在について研究するためには、存在を主張する命題を論理的に分析する必要があると考えている。たとえば、彼はアヴィセンナが〈有〉という語の多義性によって欺かれていることを批判し（cf. *In X Met.*, 1.3, n. 1982: deceptus est ex aequivocatione entis）、また〈ある〉という語の多義性を知らないため、悪とは善の欠如にすぎないのに、ある種の実在する事物を悪と呼んだり、〈世界に悪がある〉という陳述によって欺かれた結果、悪が実在する事物であると考えている人々を批判している（cf. *S.T.*, I, 48, 2, ad 2）。

2）Gilson, 1952, p.201: But, when it comes to existence, everything is simple, for *x* either *is* or it *is not*, and that is all that can be said about it.

3）Veres, 1970, S.81: Ohne Zweifel kennt die ontologische Problematik einen ausserordentlichen Fortschritt in dem gegenwärtigen Thomismus, besonders in den Arbeiten von Etienne Gilson und Cornelio Fabro. Der Begreiff des *actus essendi* ist dort ausdrücklich in den Mittelpunkt der Metaphysik des Thomas von Aquin gestellt. Aber es ist wirklich schwierig, sich über den Wert der Interpretation zu äussern, die uns diese heiden Thomisten davon geben. Zunächst, weil sie das Feld ihrer Interpretation allein auf den Begriff des actus essendi einengen, indem sie ihn aus dem ursprünglichen Kontext des ens ut verum herausl herauslösen. Und es erscheint uns zweifelhaft, dass ihre lnterpreta.tionen Thomas gerecht werden. Dann auch, weil man uns nicht mitteilt, was denn letzten Endes dieser Begriff actus essendi besagt. Sie widmen dem Begriff des actus essendi noch andere philosophische Lobeserhehungen, ohne eigentlich zu bedenken, was er an sich bedeutet und in welchem Zusa.mmenhang er im Werke des Thomas von Aquin auftrit.

4）Veres, 1970, S.82: Unsere These lautet: Das ens ut actus essendi bedeutet das Seiende, d.h. jedes einzelne Seiende und die Gesamtheit des Seienden als dem endlichen Geist des Menschen（*animae humanae*）verborgene und unvergängliche Fülle des Seins, während das ens ut verum bedeutet: Dasselbe Seiende, sofern es dem menschlichen Geist offenbar und denkbar ist

5）加藤雅人、2003a 年、205-206 頁参照

6）Anscombe & Geach, 1961, p.90: We may express the difference between the two senses of 'is' as follows: An individual may be said to "be', meaning that it is at present actually existing; on the other hand, when we say that 'there is' an X（where 'X' goes proxy for a general term）, we are saying concerning a kind or description of things, Xs, that there is at least one thing of that kind or description.

7）*Ibid.*, pp. 90-91: It is a great misfortune that Russell has dogmatically reiterated that the 'there is' sense of the 'substantive' verb 'to be' is the only

one that logic can recognize as legitimate.

8) Geach, 1969, p.42 : It might look as though 'A is not' or 'A does not exist' were never true; for if it were, the subject-term 'A' would fail to have reference, and so no predication would have been made at all, let alone a true predication. We can get out of this difficulty by denying that in 'A is not' or 'A does not exist' the verb 'is' or 'exists' is a logical predicate.

9) *Ibid.* : But though saying that 'exists' or 'is' is not a genuine logical predicate of individuals would thus resolve the paradox of non-existence, this does not prove that it is not, sometimes at least, a genuine logical predicate for the paradox might be resoluble some other way.

10) *Ibid.* : "an F exists" if and only if 'F' is truly predicable of something or other. cf. *S.T.*, I, 48, 2, ad2.

11) Geach, 1969, p.47 : ... in showing this we had no need to deny that in them 'is' or 'exists' is a genuine predicate. Now it is this sense of 'is' or 'exists', the one found in C propositions, that is relevant to Aquinas' term *esse*. This interpretation, I maintain, alone make coherent sense of all that Aquinas says about *esse*.

12) Weidemann, 1979, SS. 42-59, (S. 43) : ... *Logicus ... considerat modum praedicandi/ Philosophus ... existentiam quaerit rerum.* Mit diesen Worten stellt Thomas in seinem Kommentar zum VII. Buch der Aristotelischen "Metaphysik" der *metaphysischen Ontologie* die *logische Sprachanalyse* gegenüber.

13) Weidemann, 1986, p.186 : ... it was shown that Aquinas's dichotomy between being as actually being (or being in act) and being as being true is related to the familiar Frege trichotomy between the "is" of existence, the "is" of predication, and the "is" of identity in such a way that each member of the former division may be subdivided in accordance with the latter one, to the effect that the verb "be" can be put to two different existential as well as to two different predicative uses (presumably including what Aquinas calls predications "per modum identitatis" (*S.T.* I, 39, 5, ad4).

14) Weidemann, 1986, p.182 : The distinction between the two uses of the verb "be" so far considered thus amounts to distinguishing between two different existential uses of this verb, which we may, following Peter Geach, call its use in an *actuality* sense and its use in a *there-is* sense, respectively.

15) Weidemann, 1986, p.183 : Concerning predications properly so called, Aquinas draws a distinction between substantial and accidental predications, which embraces the distinction between the two existential uses of the verb "be" already mentioned, in that this verb, according to whether it is used in its *actuality* sense or in its *there-is* sense, either functions as a *substantial* predicate, which corresponds to the question "What is …?" (quid est?), or as an *accidental* one, corresponding to the question "Is there such a thing as …?"

(an est?)

16) 加藤雅人、2003a 年、208-210 頁参照

17) Kenny, 2002, p. v : It will be the aim of this book to show that on this crucial topic this first-rank philosopher was thoroughly confused.

18) Kenny, 2002, p.189-92 : ... we are forced to conclude that it is not possible to extract from his writings a consistent and coherent theory.

19) Kenny, 2002, p.193 : First, the topic of being is one of the most difficult of all metaphysical questions. Frege, ... saw more clearly than Aquinas on the relationship of being to existence; but his own work on the topic contains lacunae and inconsistencies which his followers labour to fill out and resolve. Contemporary philosophers, standing on the shoulders of Plato, Aristotle, Aquinas, and Frege, are still a long way from having solved the problem connected with the conceptual network surrounding the verb 'to be' and its equivalents in other languages.

20) *Ibid.* : Secondly, Aquinas was a swift and fecund writer. It is not surprising that one can find unresolved inconsistencies in the work of a philosopher who wrote more than eight million words in a working life of thirty years. It is much more difficult, say, to catch out Descartes in flagrant inconsistency; but then Descartes's total output is only a fraction of that of Aquinas. To keep in one's head throughout a massive corpus the twelve types of being we have identified, and to make sure that one wove them all into a consistent whole, is a task that could daunt even the greatest genius.

21) *Ibid.* pp.193-4 : Thirdly, Aquinas was a victim of his own virtues. One or the attractive features of his writing is the ecumenical approach he takes to other philosophers. He is anxious always to bring out the best in those whose work he discusses, to give an interpretation of their work that will bring out their sayings as true. This means that he is sometimes oversympathetic to erroneous philosophical positions, and too much influenced by the writings of authoritative thinkers. In the case of being, he shows himself to have been too vulnerable to neo-Platonic theorizing, and in particular to neo-Platonic interpretation of scripture.

22) cf. Kenny, 1969, p.95; Kenny., 1980, p.60.

23) Kenny, 2002, p.viii : Close study of the texts of the different periods has not altered my opinion that Aquinas' teaching on being, though widely admired, is in fact one of the least admirable of his contributions to philosophy.

24) cf. Veres, 1970. これらのテクストの分析の要点については、加藤雅人(2003a)を参照。

25) *Expositio Libri Peryermenias*, I, 2 (J.Vrin: Paris, 1989, p.10, l.97-112): ... et ideo oportet passiones anime hic intelligere intellectus conceptiones quas nomina et uerba et orationes significant, secundum sententiam Aristotilis:

non enim potest esse quod significent inmediate ipsas res, ut ex modo significandi apparet: significat enim hoc nomen “homo” naturam humanam in abstractione a singularibus, unde non potest esse quod significet inmediate hominem singularem. Vnde Platonici posuerunt quod significaret ipsam ydeam hominis separatam; set, quia hec secundum suam abstractionem non subsistit realiter secundum sentenciam Aristotilis, set est in solo intellectu, ideo necesse fuit Aristotili dicere quod uoces significant intellectus conceptiones inmediate, et eis mediantibus res.

26）cf. W. Nöth, 1990, pp.92-102. ただし、アクィナスの significare には、constituere intellectum という側面があるという点で、現代記号論・意味論の「意義」と「指示対象」の区別とは単純に同一視できない（加藤、2003、p.211）。cf. *Expositio Libri Peryermenias*, I, 2（J.Vrin: Paris, 1989, p.29, 11. 261-266）: ... uoces significatiue significant intellectus, unde proprium uocis significatiue est quod generet aliquem intellectum in animo audientis;「意味表示音声は知を意味表示し、したがって意味表示音声に固有なことは、聴く人の心のなかに何らかの知を生み出すことである」。

27）cf. テクスト［T1］～［T12］、および *Expositio Libri Peryermenias*, I, 5（p.31, l.363）。

28）cf. テクスト［T1］～［T12］、および *Expositio Libri Peryermenias*, I, 5（p.31, ll.401-402）

29）cf. *Expositio Libri Peryermenias*, I, 5（p.31, ll.391-407）。

〈第三章〉

1）アクィナスは存在の二区分をアリストテレスから学んだ。周知のように、アリストテレスは『形而上学』第五巻第七章（1017a7-35）において「存在（ὄν）」を四つに区分した。（1）「付帯的オン」、（2）「自体的オン」、（3）「真としてのオン」、（4）「現実態（または可能態）におけるオン」。この箇所で、アリストテレスが 'ὄν' という場合、〈ある〉という動詞のあらゆる語形（ὄν, εἶναι, ἐστιν）をカバーする意味でその語を使っている（Kirwan, 1971, p.140）。明らかに、アクィナスのAとBの二区分は、アリストテレスにおける（2）と（3）の区分にあたる。（1）と（4）の扱いはどうなったのか。それについての詳論は別の機会に譲らざるをえない。

2）アクィナスの存在論的二区分は、印欧語に特徴的ないわゆる 'be' 動詞の二つの用法、すなわち（1）存在的用法の〈ある〉（existential 'be'）、（2）コプラ的用法の〈ある〉（copulative 'be'）の区別と混同されやすい。このような文法的区別の観点からアクィナスの存在論的二区分を見る時、（1）存在的用法がA現実存在を、（2）コプラ的用法がB心的存在を表示するという誤解が生じやすい（e.g. Elders, 1993, p. 37）。これは、アリストテレス注釈の影響によると思われる。注釈家カーワンによると、アリストテレスは、（2）自体的オンの場合は 'be' 動詞の存在的用法を、（3）真としてのオンの場合はコプラ的用法を念頭に置いていた（Kirwan, 1971, pp.140-6）。このアリストテレス解釈の妥当性の是非は別にして、そのような解釈はアクィナスのA現実存在とB心的存在にはあてはまらない。この点についての詳論も別の機会に譲らざるを得ない。

3）アクィナスによれば、言語は実在の模写だからというよりはむしろ、言語はわれわれを欺く可能性があるので、事物の存在論的な問いに答えるためには、まずもって、存在を主張する命題についての論理学的な考察が必要である（cf. *S.T.*, I, 48, 2, ad2）。

4）アクィナスのB心的存在をフレーゲの存在と同一視する見解（Weidemann, 1986, p.182）もあれば、それを批判する見解（Pannier & Sullivan, 1993, p.157）もある。

5）*In Met.*, l.9, n.896 : Accidit autem uncuique rei quod aliquid de ipsa vere affirmetur intellectu vel voce.

6）*De ente*, p.369, c.1, ll.2-13 : ... secundo modo potest dici ens omne illud de quo affirmativa propositio formari potest, etiam si illud in re nihil ponat;

7）このアイデアは、Weidemann, 1979 の Postskript（1981）、および Edwards, 1983, pp.18-20 から得た。

8）アクィナスは、事物の「今現実態にあるエッセ」（*S.T.*, I, 14, 9 : esse nunc in actu ）という言い方をする。

〈第四章〉

1）たしかに、誘惑的なテクストがあることも事実である（cf. *S.C.G.*, I, 68.)。しかし、アクィナスがそのような解釈を警戒していることは、たとえば〈盲性がある〉'caecitas est' が真であるとしても、「盲性」は実在のエンスとはかけ離れた、エッセの欠如であると繰り返し注意していることからも明らかである（たとえば、*In II Sent.*, 34, 1, 1; *In V Met.*, l. 9, n.896）。この分析を正確に理解するためには、この意味で使われた 'esse' や 'ens' の論理的意味を明確にしておく必要がある。われわれの考えでは、何かがこの意味で 'est' と言われうる条件は、「何らかの真なる陳述の主語となりうること」である。その意味で、実在的には非有を意味する 'caecitas' が、'caecitas est.' という真なる陳述（それは 'aliquid est caecum.' が真であることによる）の主語となることによって、'est' と述語される。そして、'est' と述語された 'caecitas' は、言語形式上 'id quod est'、すなわち 'ens' と呼ばれることになる。しかし、「何らかの真なる陳述の主語となりうること」というのは、言語形式の問題であって、実在の形式とは区別されなければならない（加藤雅人、1998 年、180-190 頁を参照）。

2）サールの言語行為論によれば（cf. Searle, 1969)、たとえば、誰かが〈モンタギューは哲学者である〉と言う場合、彼は「発言行為」（utterance act）と「命題行為」（propositional act）を行いつつ、その上にさらに「断言」という「発話内行為」（illocutionary act）を同時に遂行していると分析される。このような言語行為論の立場に立てば、コプラ 'est' によって、述語を主語に繋ぐ「命題行為」と共に真理断言的発話という「発話内行為」をも遂行していると考えることは、現代のわれわれにとって「大いに賛同しうる」説であると私は考える。

3）*S.T.*, I, 3, 4, ad2 : ... esse dupliciter dicitur: uno modo significat actum essendi; alio modo significat compositionem propositionis, quam anima adinvenit coniungens praedicatum subiecto.

4）*S.T.*, I, 48, 2, ad2 : ... ens dupliciter dicitur. Uno modo, secundum quod significat entitatem rei, prout dividitur per decem praedicamenta: ... Alio modo dicitur ens, quod significat veritatem propositionis, quae in compositione consistit, cuius nota est hoc verbum "est".

5）われわれが参照したアクィナスのテクストで、何らかの仕方で二種類の 'esse' や 'ens' に言及しているのは次の 22 箇所である（巻末 pp. xlv-l 参照）。*S.T.*, I,3,4,ad2; *S.T.*, I,48,2,ad2; *S.C.G.*, I, 12; *S.C.G.*, I,68; *S.C.G.*, III,7; *De veritate*, 1,1,ad1;*De veritate*, 1,10,ad1; *De potentia*, VII,2,1,ad1; *Quod.*II, 2, 1,c.; *Quod.*IX, 2,2,c.; *De ente*, c.1; *De malo*,1,1,ad19; *De natura generis*, c.2; *In I Sent.*, 19,5,1,ad1; *In I Sent.*, 33,1,1,ad1; *In II Sent.*, 34,1,1,c.; *In II Sent.*, 37,1,2, ad1; *In III Sent.*, 6,2,2,c.; *In V Met*, l.9, n.895; *In V Met.*, l.14, n.971; *In X Met.*, l. 3,n.1982; *In XI Met.*, l.8,n.2283. これらのテクストのなかで両者の「区別」

そのものに言及しているものが15箇所あり、そのうち12箇所において ‘dupliciter dicitur’ およびそれと同等表現が用いられている。

6）cf. *S.T.*, I,3,4,ad2; *S.C.G.*, I, 12;*De veritate*, 1,10,ad1; *Quod.*II, 2,1,c.; *Quod.*IX, 2,2,c.; *In I Sent.*, 19,5,1,ad1; *In I Sent.*, 33,1,1,ad1; *In III Sent.*, 6,2,2,c.

7）cf. *S.T.*, I,48,2,ad2; *S.C.G.*, I,68; *S.C.G.*, III,7; *De veritate*, 1,1,ad1; *De malo*,1, 1,ad19; *De ente*, c.1; *De natura generis*, c.2; *In II Sent.*, 34,1,1,c; *In II Sent.*, 37,1,2, ad1; *In V Met.*, l.14, n.971; *In X Met.*, l.3,n.1982; *In XI Met.*, l.8,n.2283.

8）cf. *De potentia*, VII,2,1,ad1; *In V Met.*, l.9, n.895.

9）‘dupliciter dicitur’ と語られる12のテクストのうち、11のテクストにおいてこの形式が使われている。

10）cf. *In I Periherm.*, 1. 2 : ... voces significant intellectus conceptiones inmediate, et eis mediantibus res.; *S.T.*, I,13,4,c. : Ratio enim quam significat nomen, est conceptio intellectus de re significata per nomen

11）cf. *Quod.*IX, 2,2,c.; *In II Sent.*, 34,1,1,c.; *In II Sent.*, 37,1,2,ad1; *In V Met.*, l.14, n.971; *De natura generis*, c.2. その他、‘in rebus（re）, in natura, extra animam’ といった表現もある。

12）cf. *S.T.*, I,3,4,ad2; *De veritate*, 1,1,ad1; *De potentia*, VII, 2,ad1.その他、‘actus primus’, ‘actus entis’, ‘actus essentiae’ といった表現もある。

13）cf. *S.T.*, I,48,2,ad2. その他、‘essentia rei（rerum）’, ‘quod dividitur per decem praedicamenta（genera）’, ‘natura decem generum’ といった表現もある。

14）cf. *In III Sent.*, 6,2,2,c.; *In V Met.*, l.9, n.889. その他、‘in anima’, ‘in ratione（rationis）’ といった表現もある。

15）cf. *Quod.*IX, 2,2,c.; *De natura generis*, c.2; *In I Sent.*, 33,1,1,ad1; *In III Sent.*, 6,2, 2,c.; *In V Met.*, l.9,n.896.

16）cf. *S.T.*, I,3,4,ad2; *De natura generis*, c.2; *In V Met.*, l.9,n.895; *In V Met.*, l.14,n. 971; *In X Met.*, l. 3, n. 1982. その他、‘compositio intellectus’, ‘compositio enuntiationis’, ‘compositio quam anima facit’, ‘affirmatio propositionis’ といった表現もある。

17）cf. *S.T.*, I,48,2,ad2; *S.C.G.*, III, 7; *De potentia*, VII,2,ad1; *Quod.*, II,2,1,c.; *De ente*, c.1; *De natura generis*, c.2; *In II Sent.*, 34,1,1,c.; *In II Sent.*, 37,1,2,ad1; *In III Sent.*, 6,2,2,c.; *In XI Met.*, l.8,n.2283. その他、‘veritas compositionis’ という表現もある。

18）たとえば、*S.C.G.*, I,68.

〈第五章〉

1）'mereology' は、「部分」を意味するギリシア語 'μέρος' に由来する。

2）cf. Varzi, 2003（2009）.

3）cf. Varzi, 2003（2009）.

4）cf. Simons, 1991, p.673.

5）cf. Burkhardt & Dufour, 1991, p.663.

6）cf. Arlig, 2012; Arlig, 2011, ; Burkhardt & Dufour, 1991 ; Henry, 1991.

7）cf. *Met.*, V, c.25 & c.26.

8）cf. Boethius, *De divisione.*

9）アクィナスのこの説明の歴史的背景について、京大中世哲学研究会（2012/ 7/28）で質問を受けた。現時点で言えるのは、以下の２点である。まず、ボエティウスは統合的全体、普遍的全体の次に第３の全体として、能力的全体を挙げている。cf. Boethius, *op. cit.*, 888a（J. Magee, 1998, p. 38）: Quod enim dicimus totum multipliciter significamus: totum namque est quod continuum est, ut corpus vel linea vel aliquid huiusmodi; dicimus quoque totum quod continuum non est, ut totum gregem vel totum populum vel exercitum totum; dicimus quoque totum quod universale est, ut hominem vel equum, hi enim toti sunt suarum partium, id est hominum vel equorum, unde et particularem unumquemque hominem dicimus; dicitur quoque totum quod ex quibusdam virtutibus constat, ut animae alia potentia est sapiendi, alia sentiendi, alia vegetandi. また、アクィナスはこの説明をするとき（本章註 11 参照）、アルベルトゥス・マグヌスを典拠とする。cf. Albertus Magnus, *Commentarii in I Sententiarum*, d.3, a.34: An anima sit suae potentiae? ... Dicendum, quod in veritate vires animae proprietates sunt, sicut dicit Magister, et uno modo substantiales sunt, alio modo consequentes esse. Si enim anima consideretur in suo esse secundum quod est quaedam spiritualis substantia, sic consequentes sunt esse, et principiantur ab ipso esse, et quod est, sicut ab ipso intellectus agens, et ab ipso quod est intellectus possibilis, et hujusmodi. Si autem anima consideretur ut substantia agens in exteriora et in corpus, sic anima accipitur ut totum potestativum, cujus potestas completur in suis potentiis: et tunc potestas sua completa composita est ex particularibus potestatibus potentiarum, et sic sunt substantiales ei sine quibus non completur in perfectione sui posse.

10）*S.T.*, I, q.77, a.1, arg.1: Videtur quod ipsa essentia animae sit eius potentia. 1. Dicit enim Augustinus, in IX de Trin. quod *mens, notitia et amor sunt substantialiter in anima, vel, ut idem dicam, essentialiter.* − Et in X dicit quod *memoria, intelligentia et voluntas sunt una vita, una mens, una essentia.*

11）*S.T.*, I, q.77, a.1, ad 1: Vel, sicut quidam dicunt, haec locutio verificatur secundum modum quo totum potestativum praedicatur de suis partibus, quod medium est inter totum universale et totum integrale. Totum enim universale

adest cuiuslibet parti secundum totam suam essentiam et virtutem, ut *animal* homini et equo: et ideo proprie de singulis partibus praedicatur. Totum vero integrale non est in qualibet parte, neque secundum totam essentiam, neque secundum totam virtutem. Et ideo nullo modo de singulis partibus praedicatur; sed aliquo modo, licet improprie, praedicatur de omnibus simul, ut si dicamus quod paries, tectum et fundamentum sunt domus. Totum vero potentiale adest singulis partibus secundum totam suam essentiam, sed non secundum totam virtutem. Et ideo quodammodo potest praedicari de qualibet parte; sed non ita proprie sicut totum universale. Et per hunc modum Augustinus dicit quod memoria, intelligentia et voluntas sunt una animae essentia.

12）*Met.* V, c.26, 1023b25–6: *ὅλον λέγεται οὗ τε μηθὲν ἄπεστι μέρος ἐξ ὧν λέγεται ὅλον φύσει，καὶ τὸ περιέχον τὰ περιεχόμενα ὥστε ἕν τι εἶναι ἐκεῖνα:* 『アリストテレス全集 12 形而上学』出隆訳、岩波書店、1968、p.183.

13）*In Met.*, l. XXI, n.1098: *Primo ponit rationem communem totius*, quae consistit in *duobus*. *Primo* in hoc quod perfectio totius integratur ex partibus. Et significat hoc, cum dicit quod 'totum dicitur cui nulla suarum partium deest, ex quibus' scilicet partibus 'dicitur totum natura', idest totum secundum suam naturam constituitur. *Secundum* est quod partes uniuntur in toto. Et sic dicit quod totum 'continens est contenta', scilicet partes, ita quod illa contenta sunt aliquid unum in toto.

14）*Met.* V, c.26, 1023b27–8: *τοῦτο δὲ διχῶς: ἢ γὰρ ὡς ἕκαστον ἓν ἢ ὡς ἐκ τούτων τὸ ἕν*. 『アリストテレス全集 12 形而上学』出隆訳、岩波書店、1968、p.183.

15）*In Met.*, n.1099: *Secundo ... Ponit duos modos totius*; dicens quod totum dicitur dupliciter; aut ita quod unumquodque contentorum a toto continente, sit 'ipsum unum', scilicet ipsum totum continens, quod est in toto universali de qualibet suarum partium praedicato. Aut ex partibus constituatur unum, ita quod non quaelibet partium sit unum illud. Et haec est ratio totius integralis, quod de nulla suarum partium integralium praedicatur.

16）*Met.* V, c.26, 1023b29–32:*τὸ μὲν γὰρ καθόλου，καὶ τὸ ὅλως λεγόμενον ὡς ὅλον τι ὄν, οὕτως ἐστὶ καθόλου ὡς πολλὰ περιέχον τῷ κατηγορεῖσθαι καθ' ἑκάστου καὶ ἓν ἅπαντα εἶναι ὡς ἕκαστον, οἷον ἄνθρωπον ἵππον θεόν, διότι ἅπαντα ζῷα:* 『アリストテレス全集 12 形而上学』出隆訳、岩波書店、1968、p. 183.

17）*In Met.*, n.1100: *Exponit praedictos modos* totius; et *primo primum*, dicens quod universale 'et quod totaliter' idest quod communiter praedicatur, dicitur quasi sit aliquod unum totum ex hoc quod praedicatur de unoquoque, sicut universale, quasi multa continens ut partes, in eo quod praedicatur de unoquoque. Et omnia illa sunt unum in toto universali, ita quod

unumquodque illorum est illud unum totum. Sicut animal continet hominem et equum et deum, quia 'omnia sunt animalia', idest quia animal praedicatur de unoquoque. この箇所には、次の但し書きが続く「ただし、彼がここで神と言うのは、太陽や月といったある種の天体（corpus caeleste）のことであり、古代の人々はそのような天体は魂ある物体（animata corpora）であると言い、それらを神とみなした。あるいは、ある種のエーテル的な魂あるもの（animalia quaedam aerea）のことである。それを、プラトン派の人々は悪魔（daemones）と言ったが、民衆は神として崇めた」Deum autem hic dicit aliquod corpus caeleste, ut solem vel lunam, quae antiqui animata corpora esse dicebant et deos putabant. Vel animalia quaedam aerea, quae *Platonici* dicebant esse daemones, et pro diis colebantur a gentibus.

18）*Met.* V, c.26, 1023b32-34: *τὸ δὲ συνεχὲς καὶ πεπερασμένον, ὅταν ἕν τι ἐκ πλειόνων ᾖ, ἐνυπαρχόντων μάλιστα μὲν δυνάμει, εἰ δὲ μή, ἐνεργείᾳ.*『アリストテレス全集 12 形而上学』出隆訳、岩波書店、1968、p.183.

19）*In Met.*, n.1101: *Secundo* ... Exponit *modum secundum totius* qui pertinet ad totum integrale; et circa hoc duo facit. *Primo* ponit *rationem communem huius totius*, et praecipue de toto quod dividitur in partes quantitativas, quod est manifestius; dicens, quod aliquid dicitur 'continuum et finitum', idest perfectum et totum. Nam infinitum non habet rationem totius, sed partis, ut dicitur in tertio *Physicorum*; quando scilicet unum aliquod fit ex pluribus quae insunt toti. Et hoc dicit ad removendum modum quo aliquid fit ex aliquo sicut ex contrario.

20）*In Met.*, n.1102: Partes autem ex quibus constituitur totum *dupliciter* possunt esse in toto. *Uno modo* in potentia, *alio modo* in actu. Partes quidem sunt in potentia in toto continuo; actu vero in toto non continuo, sicut lapides actu sunt in acervo. Magis autem est unum, et per consequens magis totum, continuum, quam non continuum. Et ideo dicit quod oportet partes inesse toti, maxime quidem in potentia sicut in toto continuo. Et si non in potentia, saltem 'energia', idest in actu. Dicitur enim energia, interior actio.

21）非連続的部分は、「離散的部分」（partes discerptae）とも呼ばれる。cf. *In De caelo*, lib.1, l.13, n. 10.

22）*Met.* V, c.25, 1023b34-36: *τούτων δ' αὐτῶν μᾶλλον τὰ φύσει ἢ τέχνῃ τοιαῦτα, ὥσπερ καὶ ἐπὶ τοῦ ἑνὸς ἐλέγομεν, ὡς οὔσης τῆς ὁλότητος ἑνότητός τινος.*『アリストテレス全集 12 形而上学』出隆訳、岩波書店、1968、pp.183-4.

23）*In Met.*, n.1104: *Secundo ... Ostendit duas diversitaties in isto secundo modo totius*: quarum *prima* est, quod continuorum quaedam sunt continua per artem, quaedam per naturam. Et illa quae sunt continua per naturam, magis sunt 'talia', idest tota, quam quae sunt per artem. Sicut de uno dictum est supra;

scilicet quod illa quae sunt continua per naturam, magis sunt unum, ac si totalitas sit aliqua unio: ex quo patet quod, quod est magis unum, est magis totum.

24）cf. *S.T.*, I, 76, 8, c.

25）*S.T.*, III, q.90, a.3, ad 3: Omnes partes integrales habent ordinem quendam ad invicem. Sed quaedam habent ordinem tantum in situ, sive consequenter se habeant, sicut partes exercitus, sive se tangant, sicut partes acervi, sive etiam colligentur, sicut partes domus, sive etiam continuentur, sicut partes lineae. Quaedam vero habent insuper ordinem virtutis, sicut partes animalis, quarum prima virtute est cor, et aliae quodam ordine virtutis dependent ab invicem. Tertio modo ordinantur ordine temporis, sicut partes temporis et motus.

26）*In Met.*, nn.1105-7: *Secundam diversitatem ponit.* Cum enim ita sit quod in quantitate sit ordo partium, quia est ibi principium, medium et ultimum, in quo ratio positionis consistit, oportet quod omnia tota ista continuam habeant positionem in suis partibus. Sed ad positionem partium totum continuum *tripliciter* se invenitur habere. *Quaedam* enim tota sunt in quibus diversa positio partium non facit diversitatem, sicut patet in aqua. Qualitercumque enim transponantur partes aquae, nihil differunt: et similiter est de aliis humidis, sicut de oleo, vino et huiusmodi. *Quaedam* vero sunt in quibus positio differentiam facit, sicut in homine, et in quolibet animali, et in domo et huiusmodi. Non enim est domus qualitercumque partes ordinentur, sed secundum determinatum ordinem partium: et similiter nec homo nec animal; ... *Quaedam* vero sunt in quibus contingunt ambo, quia positio quodammodo facit differentiam in eis. ... et ista sunt in quibus facta transpositione partium manet eadem materia, sed non eadem forma sive figura; ut patet in cera, cuius qualitercumque transponantur partes, nihilominus est cera, licet non eiusdem figurae: et similiter est de vestimento, et de omnibus quae sunt similium partium, retinentium diversam figuram.

27）ここで、「異質的全体」たとえば家も、連続的全体の1つに分類されているが、連続的全体の諸部分は「可能的」であるとする先の基準から見て、これは誤りであると思われる。

28）*S.T.*, I, q.11, a.2, ad 2: duplex est totum: quoddam homogeneum, quod componitur ex similibus partibus; quoddam vero heterogeneum, quod componitur ex dissimilibus partibus. In quolibet autem toto homogeneo, totum constituitur ex partibus habentibus formam totius, sicut quaelibet pars aquae est aqua: et talis est constitutio continui ex suis partibus. In quolibet autem toto heterogeneo, quaelibet pars caret formam totius: nulla enim pars domus est domus, nec aliqua pars hominis est homo. Et tale totum est multitudo. Inquantum ergo pars eius non habet formam multitudinis, componitur multitudo ex unitatibus, sicut domus ex non domibus: non quod

unitates constituant multitudinem secundum id quod habent de ratione indivisionis, prout opponuntur multitudini; sed secundum hoc quod habent de entitate: sicut et partes domus constituunt domum per hoc quod sunt quaedam corpora, non per hoc quod sunt non domus.

29）厳密にいえば、これは「壁・屋根・基礎・等々」(paries, tectum, fundamentum, et caetra) と表現すべきである。しかし、それは本質的な問題ではない。「すべて」(omnia) という規定でそのことは表現されるからである。

30）異質的な統合的全体が「すべてに同時に」(omnibus simul) 臨在することについて、*S.T.*, III, q.90, a.3, c. でも説明されている。

31）*Met.* V, c.25, 1023b11–18: *μέρος λέγεται ἕνα μὲν τρόπον εἰς ὃ διαιρεθείη ἂν τὸ ποσὸν ὁπωσοῦν (ἀεὶ γὰρ τὸ ἀφαιρούμενον τοῦ ποσοῦ ᾗ ποσὸν μέρος λέγεται ἐκείνου, οἷον τῶν τριῶν τὰ δύο μέρος λέγεταί πως), ἄλλον δὲ τρόπον τὰ καταμετροῦντα τῶν τοιούτων μόνον: διὸ τὰ δύο τῶν τριῶν ἔστι μὲν ὡς λέγεται μέρος, ἔστι δ' ὡς οὔ.* 『アリストテレス全集 12 形而上学』出隆訳、岩波書店、1968、p.182.

32）*In Met.*, n.1093: Hic *ponit quatuor modos, quibus aliquid dicitur esse pars. Primo modo* pars dicitur, in quam dividitur aliquid secundum quantitatem: et hoc *dupliciter. Uno* enim *modo* quantumcumque fuerit quantitas minor, in quam quantitas maior dividitur, dicitur eius pars. Semper enim id quod aufertur a quantitate, dicitur pars eius; sicut duo aliquo modo sunt partes trium. *Alio modo* dicitur solum pars quantitas minor, quae mensurat maiorem. Et sic duo non sunt par trium; sed sic duo sunt pars quatuor, quia bis duo sunt quatuor.

33）*Met.* V, c.25, 1023b18–19: *ἔτι εἰς ἃ τὸ εἶδος διαιρεθείη ἂν ἄνευ τοῦ ποσοῦ, καὶ ταῦτα μόρια λέγεται τούτου: διὸ τὰ εἴδη τοῦ γένους φασὶν εἶναι μόρια.* 『アリストテレス全集 12 形而上学』出隆訳、岩波書店、1968、p.182.

34）*In Met.*, n.1094: *Secundo modo* ea dicuntur partes, in quae dividitur aliquid sine quantitate: et per hunc modum species dicuntur esse partes generis. Dividitur enim in species, non sicut quantitas, in partes quantitatis. Nam tota quantitas non est in una suarum partium. Genus autem est in qualibet specierum.

35）普遍的全体としての最下位種「人間」と、現存する個々の人間をすべて集めた統合的全体としての「全人間」との区別という問題がある。両者が区別できなければ、普遍的全体は統合的全体に還元されることになる。これは、「普遍の集積理論」(collection theory of universals) と言われる。

36）*Met.* V, c.25, 1023b19–23: *ἔτι εἰς ἃ διαιρεῖται ἢ ἐξ ὧν σύγκειται τὸ ὅλον, ἢ τὸ εἶδος ἢ τὸ ἔχον τὸ εἶδος, οἷον τῆς σφαίρας τῆς χαλκῆς ἢ τοῦ κύβου τοῦ χαλκοῦ καὶ ὁ χαλκὸς μέρος—τοῦτο δ' ἐστὶν ἡ ὕλη ἐν ᾗ τὸ εἶδος—καὶ ἡ γωνία μέρος.* 『アリストテレス全集 12 形而上学』出隆訳、岩波書店、1968、p.182.

37) *In Met.*, n.1095: Tertio modo dicuntur partes, in quas dividitur, aut ex quibus componitur aliquod totum; sive sit species, sive aliquid habens speciem, scilicet individuum. Sunt enim, sicut dictum est, quaedam partes speciei, et quaedam partes materiae, quae sunt partes individui. Aes enim est pars sphaerae aereae, aut cubi aerei, sicut materia, in qua species est recepta. Unde aes non est pars speciei, sed pars habentis speciem. Est autem cubus corpus contentum ex superficiebus quadratis. Augulus autem est pars trianguli sicut speciei,

38) *In Met.*, n.1491: Sic igitur patet quod materia est pars speciei. Speciem autem hic intelligimus non formam tantum, sed quod quid erat esse. Et patet etiam quod materia est pars eius totius quod 'est ex specie et materia', idest singularis, quod significat naturam speciei in hac materia determinata. Est enim materia pars compositi. Compositum autem est tam universale quam singulare. cf. l.1472 & 1473

39) *In Met.*, n.1490: Sciendum tamen, quod hoc compositum, quod est animal vel homo, potest dupliciter sumi; vel sicut universale, vel sicut singulare. Sicut universale quidem, sicut homo et animal. Sicut singulare, ut Socrates et Callias. Et ideo dicit, quod homo, et equus et quae ita sunt in singularibus, sed universaliter dicta, sicut homo et equus 'non sunt substantia', id est non sunt solum forma, sed sunt simul totum quoddam compositum ex determinata materia et determinata forma; non quidem ut singulariter, sed universaliter. Homo enim dicit aliquid compositum ex anima et corpore, non autem ex hac anima et hoc corpore. Sed singulare dicit aliquid compositum 'ex ultima materia', idest materia individuali. Est enim Socrates aliquid compositum ex hac anima et hoc corpore. Et similiter est in aliis singularibus.

40) アクィナスは、*In Met.*, n.1097 において、（部分）形相や質料を「統合的部分」と言明する。しかし、このような本質を構成する部分を、統合的部分とみなすべきか（cf. *In Met.*, n.1097: *S.T.*, I, 8, 2, ad3; III, 90, 2)、それとも統合的部分とも普遍的部分とも異なる独自の「本質的部分」とみなすべきか（cf. *S.T.* I, 76, 8）について、アクィナスの中で迷いがあるように思われる。

41) *Met.* V, c.25, 1023b23-25: *ἔτι τὰ ἐν τῷ λόγῳ τῷ δηλοῦντι ἕκαστον, καὶ ταῦτα μόρια τοῦ ὅλου: διὸ τὸ γένος τοῦ εἴδους καὶ μέρος λέγεται, ἄλλως δὲ τὸ εἶδος τοῦ γένους μέρος.*『アリストテレス全集 12 形而上学』出隆訳、岩波書店、1968、pp.182-3.

42) *In Met.*, n.1096: Quarto modo dicuntur partes quae ponuntur in definitione cuiuslibet rei, quae sunt partes rationis sicut animal et bipes sunt partes hominis.

43) *In Met.*, n.1097: Ex quo patet quod genus quarto modo est pars speciei; aliter vero, scilicet secundo modo, species est pars generis. In secundo enim

modo sumebatur pars pro parte subiectiva totius universalis; in aliis autem tribus pro parte integrali. Sed in primo pro parte quantitatis, in aliis autem duobus pro parte substantiae; ita tamen, quod pars secundum tertium modum est pars rei; sive sit pars speciei, sive pars individui. Quarto autem modo est pars rationis.

〈第六章〉

1）「中世メレオロジー」（medieval mereology）をはじめて主題化したのは、Henry, 1991 である。

2）Boethius de Dacia, *Modi Significandi sive quaestiones super priscianum maiorem*, q. 8, ed. J.Pinborg & H.Roos（*Corpus philosophorum Danicorum Medii Aevi* 4), Copenhagen: Gad, 1969, p.37. ボエティウスの言語理論について、cf. Bursill-Hall, 1976, pp.164-188。

3）cf. Boethius de Dacia, *op.cit.*, q.8, p.35.

4）cf. Aquinas, *Expositio Libri Peryermenias*, I, 5,（J.Vrin: Paris, 1989, p.31, ll. 363）: 'ens' nichil aliud est quam 'quod est'

5）cf. *op.cit.*, I, 5（p.30, ll.304-305）: ... omne verbum finitum implicet esse, quia 'currere' est 'currentem esse'

6）*In Met.*, l.9, n.893: Verbum enim quodlibet resolvitur in hoc verbum Est, et participium.

7）ダキアのボエティウスによれば、形而上学は三つの意味で共通的学知と言われる。（1）あらゆる学知が使用する論証の第一原理を扱う。（2）有である限りの有一般、その属性と原理、固有の種差を扱う。（3）「有の究極の第一諸原因」（primae et altissimae causae entium）を扱う。第一諸原因とは、その力がその結果の有すべてに及ぶような離在的な知性実体（intelligentiae separatae）である。cf. Boethius de Dacia, *op. cit.*, Q.8, p.35-6.

8）cf. Boethius de Dacia, *op.cit.*, q.8, p.35.

9）Boethius de Dacia, *op.cit.*, q.8, p.34 & p.36.

10）Boethius de Dacia, *op.cit.*, q.8, p.36.

11）cf. Boethius de Dacia, *op.cit.*, q.1, pp.6-7. 13-14 世紀の文法学者たちの中には、ダキアのボエティウスのように、たんにラテン語の実用文法だけでなく、言語の哲学的理論化（いわば言語哲学）を志向した「様態論者」（modistae）と呼ばれる人々がいた。彼らは、事物-知性-言語の三項間に成立する、存在-認識-表示という三つの様態に基づいて、「思弁文法学」（grammatica speculativa）と呼ばれる哲学的文法学を構築した。cf. Pinborg, 1967, pp.309-327; 加藤雅人、1997 年；同、1994 年。

12）cf. Boethius de Dacia, *op.cit.*, q.7, p.29; q.8, p.36.

13）cf. Boethius de Dacia, *op.cit.*, q.8, p.36.

14）cf. Boethius de Dacia, *op.cit.*, q.11, p.43.

15）ダキアのボエティウスが語った形而上学的メレオロジーは、後にポーランドの哲学者レシニェフスキー等によって、現代の記号言語によって厳密な仕方で表現され、形而上学的メレオロジーとオントロジーが公理化される。cf. Henry, 1991, p.7.

16）cf. Varzi, 2003（2009）.

17）詳細は、本章「事物の中の普遍と知性の中の普遍」参照。

18）cf. *S.T.*, I, q.8, a.2, ad 3: totum dicitur respectu partium「全体は諸部分と関係的に語られる」; q.10, a.1, arg.3: totum dicitur, quod habet partes「全体と言われるのは、諸部分を持つものである」。

19）本章では加藤、2012 で分析した用例の内容を大幅に修正した。

20）cf. *Met.*, V, c.25 & c.26.

21）ローマのボエティウス（c.480-524）のフルネームは「アニキウス・マンリウス・セルウェリヌス・ボエティウス」（Anicius Manlius Serverinus Boethius）と呼ばれ、13 世紀のダキアのボエティウスとは別人である。周藤多紀「'SYMVOLON','SEMEION','NOTA' ── ボエティウスによる『命題論』（16a3-8）のラテン訳」『中世思想研究』第 49 号、中世哲学会、2007、37-54 頁。

22）「全体」（ὅλον）について、cf. *Met.* V, c.26, 1023b25-8.『アリストテレス全集 12 形而上学』出隆訳、岩波書店、1968、p.183.

23）cf. *In Met.*, n.1098.

24）cf. *In Met.*, n.1099.

25）「部分」（μέρος）について、cf. *Met.*, V, c.25, 1023b11-19.『アリストテレス全集 12 形而上学』出隆訳、岩波書店、1968、p.182。

26）「量的分割」（dividi secundum quantitatem）について、cf. *In Met.*, n. 1093。「量なしの分割」（dividi sine quantitate）について、cf. *In Met.*, n. 1094

27）cf. Boethius, *De divisione*, 888a（J.Magee, 1998）, p.38.

28）cf. Arlig, “Mereology”, 2011, pp.763-771（p.764）.

29）詳細は、本章「全体-部分の神学への適用」を参照。

30）「量的諸部分に分割される全体」（totum quod dividitur in partes quantitativas）について、cf. *In Met.*, n.1101. アリストテレスのテクスト cf. *Met.* V, c.26, 1023b32-34.『アリストテレス全集 12 形而上学』出隆訳、岩波書店、1968、p.183.

31）*S.T.*, III, q.90, a.2, c.

32）非連続的部分は「離散的部分」（partes discerptae）とも呼ばれる。cf. *In De caelo*, lib.I, l.13, n. 10.

33）「連続的全体」（totum continuum）と「非連続的全体」（totum non continuum）について、cf. *In Met.*, n.1102。アリストテレスのテクスト、cf. *Met.* V, c.26, 1023b32-34.『アリストテレス全集 12 形而上学』出隆訳、岩波書店、1968、p.183.

34）「自然的な」（per naturam）全体と「技術的な」（per artem）全体について、cf. *In Met.*, n.1104。アリストテレスのテクスト、cf. *Met.* V, c.25, 1023b34-36.『アリストテレス全集 12 形而上学』出隆訳、岩波書店、1968、pp.183-4.

35）cf. *S.T.*, I, 76, 8, c.

36）*S.T.*, III, q.90, a.3, ad 3.

37) cf. *S.T.*, III, q.84, a.1, c. 稲垣良典によれば「罪を悔い改めるという意志の自由な行為は、トマスによると、その全体が神の恩寵に依存するのであり、罪を除去して罪人を再び神と和解させ、霊的な生命を回復させる悔悛の秘跡の結果も、その全体が恩寵によって生み出される」。「解説　トマスの『悔悛』神学」『トマス・アクィナス「神学大全」第三部　秘跡論－悔悛の秘跡（第八十四＝九十問題）』創文社、2007 年、p.205。

38) アクィナスの構想では、この第 90 問で「一般的に」（in generali）論じた後、引き続き「個々の部分について各論的に」（in speciali de singulis）論じる予定であった（cf. *S.T.*, III, q.90, prooemium）が、第 90 問を最後に断筆され、『神学大全』は未完となっている。

39) cf. *S.T.*, III, q.90, a.1: utrum poenitentia habeat partes.

40) cf. *S.T.*, III, q.90, a.2: de numero partium.

41) cf. *S.T.*, III, q.90, a.3: quales partes sint.

42) cf. *S.T.*, III, q.90, a.4: de divisione eius in partes subiectivas.「徳」としての悔悛には、「洗礼の前の悔悛」（poenitentia quae est ante Baptismum）、「洗礼の後の大罪の悔悛」（poenitentia mortalium post Baptismum）、「小罪の悔悛」（poenitentia venialium）という 3 種類がある。

43)「普遍的全体」（totum universale）について、cf. *In Met.*, n.1100. アリストテレスのテクスト、cf. *Met.* V, c.26, 1023b29-32.『アリストテレス全集 12 形而上学』出隆訳、岩波書店、1968、p.183.

44) 普遍的全体の「基体的部分」について、cf. *In Met.*, n.1097.

45) 詳細は、本章「全体-部分の三類型の関係」参照。

46) cf. Aquinas, *Scriptum super Sententiis liber II*, d.3, q.3, a.3, ad 1［Textum Parmae 1856 editum ac automato translatum a Roberto Busa SJ in taenias magneticas denuo recognovit Enrique Alarcón atque instruxit］.

47)「事物における普遍と個体」について、cf. *In Met.*, n.1490.

48) 個体化の根源としての質料について、次を参照。加藤雅人、1985、pp.133-141。

49)「スペキエスの部分」について、cf. *In Met.*, n.1095. アリストテレスのテクスト、cf. *Met.* V, c.25, 1023b19-23.『アリストテレス全集 12 形而上学』出隆訳、岩波書店、1968、p.182.

50) *In Met.*, n.1491. cf. l.1472 & 1473

51) そのように複合された全体としての本質が、統合的全体と呼べるかどうかについては議論がある。アクィナスは、*In Met.*, n.1097 において、（部分）形相や質料を「統合的部分」と言明する。しかし、このような本質を構成する部分を、統合的部分とみなすべきか（cf. *In Met.*, n. 1097: *S.T.*, I, 8, 2, ad3; III, 90, 2）、それとも統合的部分とも普遍的部分とも異なる独自の「本質の部分」とみなすべきか（cf. *S.T.* I, 76, 8）について、アクィナスの中で迷いがあるように思われる。

52) cf. *S.T.*, III, q.90, a.2, c.

53)「事物の定義」における部分について、cf. *In Met.*, n.1096。アリストテレスのテクスト、*Met.* V, c.25, 1023b23-25;『アリストテレス全集 12 形而上学』出隆訳、岩波書店、1968、pp.182-3.

54) *In Met.*, n.1097.

55) 詳細は、本章「全体と部分：中世的理解の源泉」参照。

56) *S.T.*, I, q.78, a.1, arg.1 & c.

57) cf. *S.T.*, I, q.78, a.1, c.

58) 滋養的魂の個々の能力の詳細については、cf. *S.T.*, I, q.78, a.2.

59) 感覚的魂の個々の能力の詳細については、cf. *S.T.*, I, q.78, a.3 & a.4.

60) cf. *S.T.*, I, q.79, a.7, c. 知性的魂の詳細については、cf. *S.T.*, I, q.79, a.1-a.13.

61) 欲求的能力の詳細については、cf. *S.T.*, I, q.80, a.1-a.2.

62) 感覚的欲求すなわち感能の詳細については、cf. *S.T.*, I, q.81, a.1-a.3.

63) cf. *S.T.*, I, q.83, a.4, c. 意志と自由意志についての詳細は、それぞれ、cf. *S.T.*, I, q.82, a.1-a.5 & q.83, a.1-a.4.

64) 彼の説明は、アウグスティヌスの魂論を解釈するテクストにおいて現われる。それは、アウグスティヌスを典拠として、魂の本質［全体］とその諸能力［部分］とを同一視する異論への反駁として語られる。cf. *S.T.*, I, q.77, a.1, arg.1.

65) *S.T.*, I, q.77, a.1, ad 1

〈第七章〉

1）*Cat.*, c.5, 2a11-14：οὐσία δέ ἐστιν ἡ κυριώτατά τε καὶ πρώτως καὶ μάλιστα λεγομένη, ἣ μήτε καθ' ὑποκειυένου τινὸς λέγεται μήτε ἐν ὑποκειμένῳ τινί ἔστιν, οιἷον ὁ τὶς ἁνθρωπος ἤ ὁ τὶς ἵππος. ここで、「いかなるヒュポケイメノンについても語られないし、またいかなるヒュポケイメノンのうちにもない」という表現は、後に示されるであろうように個的実体をあらわすと考えられる。

2）*ibid.*, 2a14-19：δεύτεραι δὲ οὐσίαι λέγονται, ἐν οἷς εἴδεσιν αἱ πρώτως οὐσίαι λεγόμεναι ὑπάρχουσιν, ταῦτά τε καὶ τὰ τῶν εἰδῶν τούτων γένη οἷον ὁ τὶς ἄνθρωπος ἐνεῖδει μὲν ὑπάρχει τῷ ἀνθρώπῳ γένος δὲ τοῦ εἶδως ἐστὶ τὸ ζῷον δεύτεραι, οὖν αὗται λέγονται οὐσίαι, οἷον ὅ τε ἄνθρωπος καὶ τὸ ζῷον

3）*ibid.*, 2b29-30：Εἰκότως δε μετὰ τὰς πρώτας οὐσίας μόνα τῶν ἄλλ-ων τὰ εἴδη καὶ τὰ γένη δεύτεραι οὐσίαι λέγονται

4）*De Int.*, c.7, 17a38-39：Ἐπεὶ δέ ἐστι τὰ μὲν καθόλου τῶν πραγμάτ-ων τὰ δὲ καθ ' ἕκαστον,

5）*ibid.*, 17a39-17b1：-λέγω δὲ καθόλου μὲν ὅ ἐπί πλειόνων πέφυκε κατηγορεῖσθαι, καθ' ἕκαστον δὲ ὅ μή, οἷον ἄνθρωπος μὲν τῶν καθόλου Καλλίας δὲ τῶν καθ' ἕκαστον,

6）*Cat.*, c.2, 1a20-22：τῶν ὄντων τὰ μὲν καθ' ὑποκειμένου τινὸς λέγεται, ἐν ὑποκειμένῳ δὲ οὐδενί ἐστιν, οἷον ἄνθρωπος καθ' ὑποκειμένου μὲν λέγεται τοῦ τινὸς ἀνθρώπου, ἐν ὑποκειμένῳ δὲ οὐδενί ἐστιν

7）*ibid.*, 1a23-29：τὰ δὲ ἐν ὑποκειμένῳ μέν ἐστι, καθ' ὑποκειμένου δὲ οὐδενὸς λέγεται,...... οἷον ἡ τὶς γραμματικὴ ἐν ὑποκειμένῳ μὲν ἐστι τῇ φυχῇ, καθ' ὕποκειμένου δὲ οὐδενὸς λέγεται, καὶ τὸ τὶ λευκὸν ἐν ὑποκειμένῳ μέν ἐστι τῷ σώματι, －ἅπαν γὰρ χρῶμα ἐν σώματι, －καθ' ὑποκειμένου δὲ οὐδενὸς λέγεται

8）*ibid.*, 1a29-1b3：τὰ δὲ καθ' ὑποκειμένου τε λέγεταικαὶ ἐν ὑποκειμέ-νῳ ἐστίν, οἷον ἡ ἐπιστήμη ἐν ὁποκειμένῳ μέν ἐστι τῇ φυχῇ, καθ' ὑποκειμένου δὲ λέγεται τῆς γραμματι κῆς

9）*ibid.*, 1b3-6：τὰ δὲ οὔτε ἐν ὑποκειμένῳ ἐστὶν οὔτε καθ' ὑποκειμένου λέγεται, οἷον ὁ τὶς ἄνθρωπος ἤ ὀπτὶς ἵππος, －οὐδὲν γὰρ τῶν τοιούτων οὔτε ἐν ὑποκειμένῳ ἐστὶν οὔτε καθ' ὑποκειμένου λέγεται

10）*ibid.*, 1a24-25 : －ἐν ὑποκει μένῳ δὲ λέγω ὅ ἔν τινι μὴ ὡς μέρος ὑπάρχον ἀδύνατον χωρὶς εἶναι τοῦ ἐν ᾧ ἐστίν,

11）*ibid.*, 1b6-7：－ἁπλῶς δὲ τὰ ἄτομα καὶ ἕν ἀριθμῷ κατ' οὐδενὸς ὑποκειμένου λέγεται,

12）*op. cit.*, c.5, 3b10-13：Πᾶσα δὲ οὐσία δοκεῖ τόδε τι σημαίνειν. ἐπὶ μὲν οὖν τῶν πρώτων οὐσιῶν ἀναμφισβήτητον καὶ ἀληθές ἐστιν ὅτι τόδε τι σημαίνει ἄτομον γὰρ καὶ ἕν ἀριθμῷ τὸ δηλούμενόν ἐστιν.

13）*Met.*, Δ, c.6, 1016b3-5：καθόλου γὰρ ὅσα μὴ ἔχει διαίρεσιν, ᾗ μὴ ἔχει, ταύτῃ ἓν λέγεται,

14) *Phy.*, A, c.2, 185b5-9：ἔτι ἐπεὶ καὶ αὐτὸ τὸ ἕν πολλαχῶς λέγεται ὥσπερ καὶ τὸ ὄν, σκεπτέον τίνα τρόπον λέγουσιν εἶναι ἕν τὸ πᾶν, λέγεταἰ δ' ἕν ἤ τὸ συνεχὲς ἢ τό ἀδιαίρετον ἢ ὧν ὁ λόγος ὁ αὐτὸς καὶ εἷς ὁ τὸ τί ἦν ἐ̑ιναι, ὥσπερ μέθυ καὶ οἶνος.

15) *Met.*, Δ, c.6, 1015b16-17：Ἕν λέγεται τὸ μὲν κατὰ συμβεβηκὸς τὸ δὲ καθ' αὑτό,

16) *ibid.*, 1015b36-1016a1：τῶν δὲ καθ' αὑτὰ ἓν λεγομένων τὰ μὲν λέγεται τῷ συνεχῆ εἶναί,

17) *ibid.*, 1016a17-18：ἔτι ἄλλον τρόπον ἕν λέγεται τῷτὸ ὑποκείμενοι τῷ εἴδει εἶναι ἀδιάφορον

18) *ibid.*, 1016a26：ὅτι τὸ γένος ἓν τὸ ὑποκείμενον ταῖς διαφοραῖς …

19) *ibid.*, 1016a33-34：ὅσων ὁ λόγος ὁ τὸ τί ἦν εἶναι λέγων ἀδιαίρετος προς ἄλλον τὸν δηλοῦντα [τί ἦν εἶναι] τὸ πρᾶγμα …

20) *ibid.*, 1016b31：τὰ μὲν κατ' ἀριθμόν ἐστιν ἕν,

21) *ibid.*, 1016b31-32：τὰ δὲ κατ' εἶδος,

22) *ibid.*, 1016b32：τὰ δὲ κατὰ γένος,

23) *ibid.*：τὰ δὲ κατ' ἀναλογίαν,

24) *op. cit.*：I, c.1, 1052a19：τὸ τε γὰρ συνεχὲς …

25) *ibid.*, 1052a22-23：ἔτι τοιοῦτον καὶ μᾶλλον τὸ ὅλον καὶ ἔχον τινὰ μορφὴν καὶ εἶδος,

26) *ibid.*, 1052a31：(τοῦ ἀδιαιρέτου) ἀριθμῷ

27) *ibid.*：τοῦ ἀδιαρέτου εἴδει

28) Kirwan, 1980, p. 134.

29) *Phy.*, A, c.2, 185b6：τὸ ἓν πολλαχῶς λέγεται ὥσπερ καὶ τὸ ὄν,

30) *Met.*, Δ, c.6, 1016b1-3：ὅλως σὲ ὧν ἡ νόησις ἀδιαίρετος ἡ νοοῦσα τὸ τί ἦν εἶναι, καὶ μὴ δύναται χωρίσαι μήτε χρόνῳ μήτε τόπῳ μήτε λόγῳ, μάλιστα ταῦτα ἕν, καὶ τούτων ὅσα οὐσίαι

31) *ibid.*, 1016b35-36：ἀεὶ δὲ τὰ ὕστερα τοῖς ἔμπροσθεν ἀκολουθεῖ οἷον ὅσα ἀριθμῷ καὶ εἴδει ἕν, ὅσα δ' εἴδει οὐ πάντα ἀριθμῷ

32) *ibid.*, 1016b31-32：ἀριθμῷ μὲν ὧν ἡ ὕλη μία,

33) cf., *op. cit.*, Z, c.8, 1034a5-8 ; c.9, 1035b30. I, c.3, 1054b33 ; c.9, 1058b5. Λ, c.9 1074a33.

34) たとえば、*Met.*, Z, c.10, 1036a2 以下参照。

35) *De caelo*, A, c.9, 278a6-10：ἐνίοτε γὰρ οὐθὲν κωλύει τοὺτο συμβαίνειν, οἷον εἰ μόνος εἷς ληφθείη κύκλος οὐθὲν γὰρ ἧττον ἄλλο ἔσται τὸ κύκλῳ εἶναι καὶ τῷδε τῷ κύκλῳ. καὶ τὸ μὲν εἶδος, τὸ δ' εἶδος ἐν τῇ ὕλῃ καὶ τῶν καθ' ἕκατον.

36) *In Boeth.*, Q. 4, a. 2, corp.：Materia autem non est divisibilis nisi per quantitatem ; …Et ideo materia efficitur haec et signata, secndum quod est sub dimensionibus.

37) *ibid.*：unde Philosophus dicit I Phy., quod submota quantitate, remanet

substantia indivisibilis. cf., *Phy.*, A, c.2 185a32-b5 及び Thomas Aquinas *In Phy.*, I. 1.3.

38）アリストテレスの質料とは、すべての形相に対する純粋可能態としての第一質料ではなく、既に形成され、それ自体が形相と質料とから合成された近接質料のことである、と理解すれば、この問題は「残された問題」ではなくなるかもしれない。しかしながら、質料と量との関係は必ずしも明らかではない。したがって、この問題は、アクィナスをはじめ、中世の多くの哲学者達の論争の的となった。

39）*Met.* V, c. 6, 1016 b 31-32; Vll, c. 8, 1034 a 5-8; c. 9, 1035 b 30. cf. Roland-Gosselin, 1948, p. 104.

40）cf. Klinger, 1964, p. 65. クリンガーは、個体化の根源についてアクィナスの説を歴史的に考察することによって，この問題に関して，(i) アクィナスの説に発展（Entwicklung）が見られるか否か，(ii) もし発展があるとすればそれは如何なる意味においてか，ということを検討する。彼の著書は大きく三部に分たれる。すなわち，序論において，著者のこの探究そのものの権利要求（Berechtigung）と必然性（Notwendigkeit）が考察される。それは，この問題に関して，諸々の解釈の間に対立がみられることである。そこで，第一章では，1890 年代以降のネオトミズムにおける様々な解釈が歴史的に考察され，現在の問題状況が明らかにされる。すなわち，一方でマンセル（G.M. Manser）によって定式化され，スコラの教科害や諸々の文献において周知となっている，物体の個体化の根源は唯一とする解釈、すなわち第一質料の「可能的=超越論的秩序」(potentiell-transzendentiell Hinordnung）においてのみ個体化の根源をみる立場である。他方，ローラン＝ゴスラン（M.D.Roland-Gosselin），インノケンティ（U. Degl'Innocenti)、ボービック（J. Bobik）らの個体化の根源は，第一質料と現実的な量との二原理とする解釈がある。著者は，前者の解釈を歴史的実際性において事実をみていないとして退ける。しかし，後者の解釈も，質料と区別された量の機能に関しては一致を見ていないとする。その理由として，著者は，アクィナスの説に発展を認めるか否かということと，アクィナスの *De natura materiae* および *De principio individuationis* の二著作を真作と認めるか否かに関する不一致を挙げる。したがって，このことをテクストにそくして歴史的に考察することが彼の仕事となる。その準備として，序論の第二章では，アクィナスのテクストの関連箇所が整理され，第三章においては，重要な典拠として，アリストテレス、アヴィセンナ、アヴェロエスの説が紹介される。

第一部において，アクィナスの真作における個体化の根源の三つの局面（Phasen）が，それぞれ三つの章において考察される。まず第一章 1。『命題集註解』の第一巻及び第二巻の初めにおいて若きアクィナスは個体化の根源に関して，論理学的な（logisch）観点のみ問題とす

る。彼はこの時期（1254-55），アヴィセンナやボエティウス等の新プラトン主義者（Neuplatoniker）の影響下にあり，「限定された附帯性の基にある指定された質料」（materia demonstrata determinatis accidentibus substans）を個体化の根源と呼んでいる。第一章２では，この時期アクィナスの受け入れていた「物体性の形相」（forma corporeitatis）というアヴィセンナの概念について考察される。次に，第二章１。『命題集註解』第四巻と『ボエティウス三位一体論註解』において，アクィナスは，アヴェロエスに賛成して，個体化の根源は「無限定な次元の下にある質料」（materia sub dimensionibus interminatis）であるとする。第二章２で，第二局面を特徴づけるのは，論理学的観点と存在論的観点の結合であることが示される。第二章３では，アヴェロエスの先述の概念が，1258-9年以後アクィナスの著作において再び現われるないことが示される。そして，第三章で，第三局面，すなわち，個体化の根源に関するアクィナスの最終的な説が，五つの観点から示される。まず、１．では問題設定のあり方そのものが，存在論的考察方法と論理学的なそれとに明確に区別され，前者において，質料の機能と量の機能が明確に区別されることが示される。つぎに，２．では存在論の観点から、第一質料は，究極の基体として，個体のが自存の根源であり，その質料のなかに理解される次元的量（quantitas dimensiva）は，同じ種に属する多数の個体の純粋に数的な多様性の根源であることが示される。そして、３．ではこの次元的量は，物体性という存在段階の固有の附帯性として捉えられていることが示される。そして、４．ではアクィナスは身体を人間の魂の純粋に数的な多様性の根源とみていることが示される。最後に、５．では，抽象的普遍的本性と具体的個体との区別，人間知性は何から抽象するのか，という論理学的ないし認識論的（erkenntnistheoretisch）問題設定において，指定された質料（meteria signata）がその根源であることが示される。

第二部においては，議論ある二作品について考察される。まず第一章では，『質料の本性と無限定な次元について』が，次に第二章では，『個体化の根源について』が扱われる。それぞれ，テクストを細分化し，アクィナスの真作と比較検討した結果，アクィナスの真作ではないと結論される。

ところで，以上の全考察を通じて、細かい点はさておき，その大すじにおいてクリンガーは，ローラン＝ゴスラン（M. D. Roland-Gosselin）に従っていることが付記されねばならない。

41）*S.T.*, I, q.86, a.1 c.：singulare in rebus materialibus intellectus noster directe et primo cognoscere non potest. Cuius ratio est, quia principium singularitatis in rebus materialibus est materia individualis, intellectus autem noster, sicut supra dictum est, intelligit abstrahendo speciem intelligibilem ab huiusmodi materia. Quod autem a materia individuali abstrahitur, est universale. Unde

intellectus noster directe non est cognoscitivus nisi universalium.

42) *De Veritate*, q.2, a.6 c.：cum similitudo rei quae est in intellectu nostro, accipiatur ut separata a materia, et ab omnibus materialibus conditionibus, quae sunt individuationis principia; relinquitur quod intellectus noster, per se loquendo, singularia non cognoscit, sed universalia tantum.

43) *op. cit.*, q. 10, a. 5 c.：Sic autem considerata materia non est individuationis principium, sed secundum quod consideratur materia in singulari, quae est materia signata sub determinatis dimensionibus existens: ex hac enim forma individuatur. なお、この指定質料が「限定された次元」の下にあるのか、「無限定な次元」の下にあるのかという解釈に関する問題は、M.-D.Roland-Gosselin, 1948, pp. 104- 117 および I. Klinger, 1964, pp. 2-10 参照

44) *De ente*, c. 2：Sed quia individuationis principium materia est, ex hoc forte videtur sequi quod essentia, quae materiam in se complectitur simul et formam, sit tantum particularis et non universalis. Ex quo sequeretur quod universalia diffinitionem non haberent, si essentia est id quod per diffinitionem significatur.

45) *ibid.*：… materia non quolibet modo accepta est individuationis principium, sed solum materia signata. Et dico materiam signatam, quae sub determinatis dimensionibus consideratur. Haec autem materia in diffinitione hominis, in quantum est homo, non ponitur, sed poneretur in diffinitione Socratis, si Socrates diffinitionem haberet. In diffinitione autem hominis ponitur materia non signata; non enim in diffinitione hominis ponitur hoc os et haec caro, sed os et caro absolute, quae sunt materia hominis non signata. Sic ergo patet quod essentia hominis et essentia Socratis non differunt nisi secundum signatum et non signatum.

46) *S.C.G.* IV, c. 65：Habet autem et hoc proprium quantitas dimensiva inter accidentia reliqua, quod ipsa secundum se individuatur. Quod ideo est, quia positio, quae est ordo partium in toto, in eius ratione includitur: est enim quantitas positionem habens. Ubicumque autem intelligitur diversitas partium eiusdem speciei, necesse est intelligi individuationem: nam quae sunt unius speciei, non multiplicantur nisi secundum individuum; et inde est quod non possunt apprehendi multae albedines nisi secundum quod sunt in diversis subiectis; possunt autem apprehendi multae lineae, etiam si secundum se considerentur: diversus enim situs, qui per se lineae inest, ad pluralitatem linearum sufficiens est.Et quia sola quantitas dimensiva de sui ratione habet unde multiplicatio individuorum in eadem specie possit accidere, prima radix huiusmodi multiplicationis ex dimensione esse videtur: quia et in genere substantiae multiplicatio fit secundum divisionem materiae; quae nec intelligi posset nisi secundum quod materia sub dimensionibus consideratur; nam,

remota quantitate, substantia omnis indivisibilis est,

47）しかし、ここで直ちに問題となるのは、それ自体一つの附帯性であるところの次元的量が、実体形相に先立って質料を分割し、実体の多数化（＝個体化）を根拠づけることが可能なのかということである。この困難な問題に対するアクィナスの解答は、実体形相の一性を堅持しながらもある意味で上位の形相に先立って質料の分割を可能にするような次元的量の働きを認めるという少しわかりにくい説明になっている。cf., *S.T.* III, 77, 2, c.

48）*S. T.* I, q. 3, a. 2 arg. 3：Praeterea, materia est principium individuationis. Sed Deus videtur esse individuum, non enim dc multis praedicatur. Ergo est compositus ex materia et forma.

49）*ibid.* ad 3：… formae quae sunt receptibiles in materia individuantur per materiam, quae non potest esse in alio, cum sit primum subiectum substans, forma vero, quantum est de se, nisi aliquid aliud impediat, recipi potest a pluribus. Sed illa forma quae non est receptibilis in materia, sed est per se subsistens, ex hoc ipso individuatur, quod non potest recipi in alio, et huiusmodi forma est Deus. Unde non sequitur quod habeat materiam.

50）*op. cit.*, I, 29, 2, c.：Secundum enim quod per se existit et non in alio, vocatur subsistentia, illa enim subsistere dicimus, quae non in alio, sed in se existunt. なお、subsistere のアクィナスにおける意味については、山田晶、1978 年、pp. 163-194 参照。

51）*S. T.*, III, 77, 2, c.：Est enim de ratione individui quod non possit in pluribus esse. Quod quidem contingit dupliciter. Uno modo, quia non est natum in aliquo esse, et hoc modo formae immateriales separatae, per se subsistentes, sunt etiam per seipsas individuae. Alio modo, ex eo quod forma substantialis vel accidentalis est quidem nata in aliquo esse, non tamen in pluribus,

〈第八章〉

1）*S.T.* I, q.14, a. 11; *De Veritate*, q. 2, a. 5; *S.C.G.* I, c. 65; *I Sent.* d. 36, q. 1, a. 1（以上神の場合） *S. T.* I, q. 57, a. 2; *De Veritate*, q. 8, a. 11; *II Sent.* d. 3, q. 2, a. 3（以上天使の場合）*S. T.* I, q. 86, a. 1; *De Veritate*, q. 2, a. 6, q. 10, a. 5; *II Sent.* d. 3, q 3, a. 3（以上人間の場合） *S. T.* I, q. 89, a. 4; *De Veritate*, q. 19. a. 2; *IV Sent.* d. 50, q. 1, a. 3（以上分離した魂の場合）

2）*De Veritate*, q. 2, a. 5 では「ut Commentator in XI Metaphysicae」となっている。マリエッチ版では「ut Commentator in II Metaphysic. 〔comm. 3 et 15〕 dicit」となっている。*I Sent.* d.36, q.1, a 1 では「Commentator enim, in XI Metaph. text. com. 51」となっている。記載事項は *De Veritate* の場合と異なる。

3）*De Veritate*, q. 2, a. 5. ここでアクィナスは，Aristoteles の対 Empedocles 反駁の根拠を用いる。

〈第九章〉

1） *S.T.*, I, 14, 1, c.: Unde cum deus sit in summo immaterialitatis, ... sequitur quod ipse sit in summo cognitionis.

2） *S.T.*, I, 14, 5, c.: Sic igitur dicendum est quod Deus seipsum videt in seipso, quia seipsum videt per essentiam suam. Alia autem a se videt non in ipso, sed in seipso, inquantum essentia sua continet similitudinem aliorum ab ipso.

3） *De Veritate*, 8, 9, c.: angeli res matenales per formas innatas cognoscunt. Sicut enim ex rationibus aeternis in mente divina existentibus procedunt formae materiales ad rerum sub− stantiam, ita procedunt a Deo formae rerum omnium in mente angelica ad rerum cognitionem ; ut sic intellectus angeli nostrum intellectum excedat, sicut res formata excedit materiam informem.

4） *S.T.*, I, 89, l, ad3: amima separata non intelligit per species innatas ; nec per species quas tunc abstrahit ; nec solum per species conservatas, ..−sed per species ex influentia divini luminis participatas, quarum anima fit particeps sicut et aliae substantiae separatae, quamvis inferiori modo.

5） *S.T.*, I, 85, 1, ad2: materia est duplex, scilicet communis, et signata vel individualis : communis quidem, ut caro et os individualis autem, ut hae carnes et haec ossa. Intellectus igitur abstrahit speciem rei naturalis a materia sensibili individuali, non autem a materia sensibili communi. Sicut speciem hominis abstrahit ab his carnibus et his ossibus, quae non sunt de ratione speciei, sed sunt partes individui, ...; et ideo sine eis considerari potest. Sed species hominis non potest abstrahi per intellectum a carnibus et ossibus

6） *De Veritate*, l, 12, c.: Nomen ergo intellectus dupliciter accipi potest .... Alio modo potest accipi intellectus communiter secundum quod ad omnes operationes se extendit, et sic comprehendit opinionem et ratiocinationem ;

7） *De Veritate*, 15, 1, c.: Et inde est quod angeli intellectuales substantiae dicuntur, animae vero rationales

8） *loc. cit.*: Intellectus enim simplicem et absolutam cognitionem designare videtur; ex hoc enim aliquis intelligere dicitur quod interius in ipsa rei essentia veritatem quodammodo legit.

9） *loc.cit.*: Perfectio autem spiritualis naturae in cognitione veritatis consistit. Unde sunt quaedam substantiae spirituales superiores quae sine aliquo motu vel discursu statim in prima et subita sive simplici acceptione cognitionem obtinent veritatis ; sicut est in angelis,

10） *loc. cit.*: Quaedam vero sunt inferiores, quae ad cognitionem veritatis perfectam venire non possunt nisi per quemdam motum, quo ab uno in aliud discurrunt, ut ex cognitis in incognitorum notitiam perveniant; quod est proprie humanarum animarum.

11） *S.T.*, I, 58, 4, c.: angelus, sicut non intelligit ratiocinando, ita non intelligit componendo et dividendo. Nihilominus tamen compositionem et divisionem

enuntiationum intelligit, sicut et ratiocinationem syllogismorum ; intelligit enim composita simpliciter, et mobilia immobiliter, et materialia immaterialiter.

12) *S.T.*, I, 58, 3, ad1: Si autem in uno inspecto simul aliud inspiciatur, sicut in speculo inspicitur simul imago rei et res; non est propter hoc cognitio discursiva. Et hoc modo cognoscunt angeli res in Verbo.

13) *De Veritate*, 1, 12, c.: et sic dicitur proprie intelligere cum apprehendimus quidditatem rerum, vel cum intelligimus ilia quae statim nota sunt intellectui notis rerum quidditatibus, sicut sunt prima principia, quae cognoscimus cum terminos cognoscimus; unde et intellectus habitus principiorum dicitur.

14) *De Veritate*, 15, 1, c.: Unde, quamvis cognitio humanae animae proprie sit per viam rationis, est tamen in ea aliqua participatio illius simplicis cognitionis quae in substantiis superioribus invenitur, ex quo vim intellectivam habere dicuntur ; ...... inferior natura in suo summo attingit ad aliquid infimum superioris naturae.

15) *S.T.*, I, 76, 3, c.: Sic igitur anima intellectiva continet in sua virtute quidquid habet anima sensitiva brutorum, et nutritiva plantarum.

16) *S.T.*, I, 75, 5, c.: Est enim de ratione animae, quod sit forma alicuius corporis......anima intellectiva, et omnis intellectualis substantia cognoscens formas absolute, caret compositione formae et materiae.

17) *S.T.*, I, 75, 6, c.: anima brutorum non sunt per se subsistentes, sed sola anima humana. Unde animae brutorum corrumpuntur, corruptis corporibus: anima autem humana non posset corrumpi, nisi per se corrumperetur.

18) *S.T.*, I, 75, 3, c.: solum intelligere, inter opera animae, sine organo corporeo exercetur. Sentire vero, et consequentes operationes animae sensitivae, manifeste accidunt cum aliqua corporis immutatione sicut in videndo immutatur pupilla per speciem coloris ;

19) *S.T.*, I, 75, 2, c.: id quod est principium intellectualis operationis, quod dicimus amimam hominis, esse quoddam principium incorporeum et subsistens. ..¯ipsum igitur mens vel intellectus, habet operationem per se, cui non communicat corpus. Nihil autem potest per se operari nisi entis in actu : unde eo modo aliquid operatur, quo est

20) *S. T.*, I, 85, 1, c.: Et ideo proprium eius (= intellectus humanus) est cognoscere formam in materia quidem corporali individualiter existentem, non tamen prout est in tali materia.

21) *S.T.*, I, 85, 2, c.: species intelligibilis se habet ad intellectum ut quo intelligit intellectus. ... Sed quia intellectus supra seipsum reflectitur, secundum eandem reflexionem intelligit et suum intelligere, et speciem qua intelligit. Et sic species intellectiva secundario est id quod intelligitur. Sed id quod intelligitur primo, est res cuius species intelligibilis est similitudo.

22) *S. T.*, I, 85, 2, ad3: in parte sensitiva invenitur duplex operatio. Una secundum solam immutationem: et sic perficitur operatio sensus per hoc quod immutatur a sensibili. Alia operatio est formatio, secundum quod vis imaginativa format sibi aliquid idolum rei absentis, vel etiam nunquam visae. Et utraque haec operatio coniungitur in intellectu. Nam primo quidem consideratur passio intellectus possibilis secundum quod informatur specie intelligibili. Qua quidem formatus, format secundo vel definitionem vel divisionem vel compositionem, quae per vocem significatur. Unde ratio quam significat nomen, est definitio; et enuntiatio significat compositionem et divisionem intellectus.

23) *ibid.*

24) *De Veritate*, l, 2, c.: Res ergo naturalis inter duos intellectus constituta, secundum adaequationem ad utrumque vera dicitur, secundum enim adaequationem ad intellectum divinum dicitur vera, in quantum implet hoc ad quod est ordinata per intellectum divinum, ... Secundum autem adaequationem ad intellectum humanum dicitur res vera, in quantum nata est de se formare veram aestimationem;

25) *De Veritate*, 1, 9, c.: secundum hoc cognoscit veritatem intellectus quod supra seipsum reflectitur.

26) *S.T.*, I, 16, 2, c.: quando iudicat rem ita se habere sicut est forma quam de re apprehendit, tunc primo cognoscit et dicit verum. Et hoc facit componendo et dividendo:

27) *In VI Met.* l.4, nn.1223-1227.

28) *S.T.*, I, 17, 3, c.: Unde circa quod quid est intellectus non decipitur: ... In componendo vero vel dividendo potest decipi, dum attribuit rei cuius quidditatem intelligit, aliquid quod eam non consequitur, vel quod ei opponitur

29) *De Veritate*, 15, 1, c.: Comparatur ad intellectum ut ad principium et ut ad terminum. Ut ad principium quidem, quia non posset mens humana ex uno in aliud discurrere, nisi eius discursus ab aliqua simplici acceptione veritatis inciperet, quae quidem acceptio est intellectus principiorum. Similiter nec rationis discursus ad aliquid certum perveniret, nisi fieret examinatio eius quod per discursum invenitur, ad principia prima, in quae ratio resolvit. Ut sic intellectus inveniatur rationis principium quantum ad viam inveniendi, terminus vero quantum ad viam iudicandi.

30) *S.T.*, I, 57, 2, c.: angeli per species a Deo inditas, res cogncscunt non solum quantwn ad naturam universalem, sed etiam secundum earum singularitatem,

31) *S.T.*, I, 86, l, c.: singulare in rebus materialibus intellectus noster directe et primo cognoscere non potest. Cuius ratio est, quia principium singularitatis in rebus materialibus est materia individualis: intellectus autem noster, ...

intelligit abstrahendo speciem intelligibilem ab huiusmodi materia. Quod autem a materia individuali abstrahitur, est universale. Unde intellectus noster directe non est cognoscitivus nisi universalium.

32) *loc. cit.*: indirecte autem, et quasi per quandam reflexionem, potest cognoscere singulare : quia, ..., etiam postquam species intelligibiles abstraxit, non potest secundum eas actu intelligere nisi convertendo se ad phantasmata, in quibus species intelligibiles intelligit, ... Sic igitur ipsum universale per speciem intelligibilem directe intelligit; indirecte autem singularia, quorum sunt phantasmata.

33) *S.T.*, I, 14, 11, c.: Cognoscere autem singularia pertinet ad perfectionem nostram.

34) *S.T.*, I, 57, 2, c.: Modus autem quo intellectus angeli singularia cognoscit, ex hoc considerari potest quod, sicut a Deo effluunt res ut subsistant in propriis naturis, ita etiam ut sint in cognitione angelica

35) *De veritate*, 2, 5, c.: alii dixerunt, ..., quod Deus unumquodque singularium cognoscit quasi in universali, dum cognoscit omnes causas universales, ex quibus singulare producitur; sicut si quis astrologus cognosceret omnes motus caeli et distantias caelestium corporum, cognosceret unamquamque eclipsim quae futura est usque ad centum annos; non tamen cognosceret eam in quantum est singulare quoddam, ut sciret eam nunc esse vel non esse, sicut rusticus cognoscit dum eam videt.

36) *loc.cit.*: scientia divina, quam de rebus habet, comparatur scientiae artificis, eo quod est causa omnium rerum, sicut ars artificiatorum. Artifex autem secundum hoc cognoscit artificiatum per formam artis quam habet apud se secundum quod ipsam producit : artifex autem non producit artificiatum nisi secundum formam, quia materiam natura praeparavit; et ideo artifex per artem suam non cognoscit artificiata nisi ratione formae. Omnis autem forma de se universalis est; et ideo aedificator per artem suam cognoscit quidem domum in universali, non autem hanc vel illam, nisi secundum quod per sensum eius notitiam habuit Sed si forma artis esset productiva materiae, sicut est formae, per eam cognosceret artificiatum et ratione formae et ratione materiae. Et ideo, cum individuationis principium sit materia, non solum cognosceret ipsam secundum naturam universalem. sed etiam in quantum est singulare quoddam. Unde, cum ars divina sit productiva non solum formae, sed materiae, in arte sua non solum existit ratio formae, sed etiam materiei; et ideo res cognoscit et quantum ad materiam et quantum ad formam; unde non solum universalia sed etiam singularia cognoscit.

37) 山田晶訳、1975 年，448 頁

38) *S.T.*, I, 19, 3: Utrum quidquid Deus vult ex necessitate velit.

39) *S.T.*, I, 19, 1, c. : in Deo voluntatem esse sicut et in eo est intellectus :

voluntas enim intellectum consequitur

40) *loc. cit.* : Quaelibet autem res ad suam formam naturalem hanc habitudinem, ut quando non habet ipsam, tendat in eam ; et quando habet ipsam, quiescat in ea

41) *loc.cit.*: Et idem est de qualibet perfectione naturali, quod est bonum naturae

42) *loc. cit.*: ... et natura intellectualis ad bonum apprehensum per formam intelligibilem, similem habitudinem habet : ut scilicet, cum habet ipsum, quiescat in illo : cum vero non habet quaerat ipsum.

43) *loc.cit.*: Unde in quolibet habente intellectum est voluntas.

44) *S.T.*, I, 19, 3, ad3: obiectum divinae voluntatis est bonitas sua

45) *S.T.*, I, 19, 3, ad1: per suam essent1am sit bonus

46) *S.T.*, I, 19, 2: Utrum Deus velit alia a se

47) *S.T.*, I, 19, 2, arg.3: Preaterea, cuicumque voluntati sufficit aliquod volitum, nihil quaerit extra illud. Sed Deo sufficit sua bonitas, et voluntas eius ex ea satiatur. Ergo Deus non vult aliquid aliud a se.

48) *S.T.*, I, 19, 2, ad3: ... ex hoc quod voluntati divinae sufficit sua bonitas, non sequitur quod nihil aliud velit : sed quod nihil aliud vult nisi ratione suae bonitatis.

49) *S. T.*, I, 19, 2, c.: Res enim naturalis non solum habet naturalem inclinationem respectu, proprii boni, ut acquirat ipsum cum non habet, vel ut quiescat in illo cum habet ; sed etiam ut proprium bonum in alia diffundat, secundum quod possibile est.

50) *loc.cit.*:Unde videmus quod omne agens inquantum est actu et perfectum, facit sibi simile.

51) *loc.cit.*: Unde et hoc pertinet ad rationem voluntatis, ut bonum quod quis habet, aliis communicet, secundum quod possibile est.

52) *loc. cit.*: Et hoc praecipue pertinet ad voluntatem divinam, a qua, per quandam similitudinem, derivatur omnis perfectio.（神のうちには、すべてのものの完全性がよりすぐれた仕方で先在しており、被造物はこの神から、アナロギア的に神の完全性の類似性を分有していることは、すでに第４問２項と３項において論じられた。）

53) *loc.cit.*: Unde, si res naturales, inquantum perfectae sunt, suum bonum aliis communicant, multo magis pertinet ad voluntatem divinam, ut bonum suum aliis per similitudihem communicet, secundum quod possibile est.

54) *S.T.*, I, 4, 2, c.: Omnium autem perfectiones pertinent ad perfectionem essendi.

55) *S.T.*, I, 19, 2, c.: Sic igitur vult et se esse, et alia. Sed se ut finem, alia vero ut ad finem, inquantam condecet divinam bonitatem etiam alia ipsam participare.

56) *De Veritate*, 23, 4, c.: Utrum velle ipsum necessitatem habeat per

comparationem ad volitum.

57) *S.T.*, I, 19, 3, c.: necessanum dicitur aliquid dupliciter : scilicet absolute, et ex suppositione.

58) *loc. cit.*: Necessarium absolute iudicatur aliquid ex habitudine terminorum : utpote quia praedicatum est in definitione subjecti, sicut necessarium est hominem esse animal ;

59) *loc. cit.*: Vel quia subjectum est de ratione praedicati, sicut hoc est necessarium, numerum esse parem vel imparem.

60) *loc. cit.* Sic autem non est necessarium Socratem sedere. Unde non est necessarium absolute, sed potest dici necessarium ex suppositione : supposito enim quod sedeat, necesse est eum sedere dum sedet.

61) *De Veritate*, 23, 4, c.

62) *S.T.*, I, 19, 3, c.: Voluntas enim divina necessariam habitudinem habet ad bonitatem suam, quae est proprium eius objectum. Unde bonitatem suam esse Deus ex necessitate vult

63) *loc.cit.*: Sicut et quaelibet alia potentia necessariam habitudinem habet ad proprium et principale objectum, ut visus ad colorem ; quia de sui ratione est, ut in illud tendat.

64) *De Veritate*, 23, 4, c.: ut divina bonitas sit eius voluntati ratio volendi omnia, sicut sua essentia est ei ratio cognoscendi omnia.

65) *S.T.*, I, 19, 3, c.: Alia autem a se Deus vult, inquantum ordinantur ad suam bonitatem ut in finem.

66) *loc.cit.*: sicut volumus cibum, volentes conservationem vitae.

67) *loc. cit.*: Non sic autem ex necessitate volumus ea sine quibus finis esse potest.

68) *loc.cit.*: cum bonitas Dei sit perfecta, et esse possit sine alliis,.

69) *loc.cit.*: sequitur quod alia a se eum velle, non sit necessarium absolute.

70) *loc.cit.*: Et tamen necessarium est ex suppositione : supposito enim quod velit, non potest non velle, quia non potest volontas ejus mutari.

ESSE（ENS, ESSENTIA）の２区分関連テクスト（cf. Veres, 1970）

[T1] *De ente*, 1: Sciendum est ergo quod, sicut in V. Met. Philosophus dicit, **ens per se dicitur dupliciter**: **uno modo** quod dividitur per decem genera, **alio modo** quod significat propositionum veritatem. Horum autem differentia est quia secundo modo potest dici ens **omne illud de quo affirmativa propositio formari potest, etiam si illud in re nihil ponat;** per quem modum privationes et negationes entia dicuntur; dicimus enim quod affirmatio est opposita negationi, et quod caecitas est in oculo. Sed primo modo non potest dici ens nisi **quod aliquid in re ponit**; unde primo modo caecitas et huiusmodi non sunt entia. Nomen igitur essentia non sumitur ab ente secundo modo dicto; aliqua enim hoc modo dicuntur entia quae essentiam non habent, ut patet in privationibus; sed sumitur essentia ab ente primo modo dicto.

[T2] *In I Sent.*, 19,5,1,ad1: ... **esse dicitur dupliciter**: **uno modo** secundum quod **ens** significat **essentiam rerum**, prout dividitur per decem genera; **alio modo**, secundum quod **esse** significat **compositionem** quam anima facit, et istud ens Philosophus, V Met., ... appellat verum.

[T3] *In I Sent.*, 33, 1, 1, ad1: Sed sciendum, quod **esse dicitur tripliciter**. **Uno modo** dicitur esse **ipsa quidditas vel natura rei**, sicut dicitur quod definitio est oratio significans quid est esse; definitio enim quidditatem rei significat. **Alio modo** dicitur esse **ipse actus essetiae**; sicut vivere, quod est esse viventibus, est animae actus; non actus secundus, qui est operatio, sed actus primus. **Tertio modo** dicitur esse quod significat **veritatem compositionis in propositionibus**, secundum quod “est” dicitur **copula**: et secundum hoc est in intellectu componente et dividente quantum ad sui complementum, sed fundatur in esse rei, quod est actus essentiae ...

[T4] *In II Sent.*,34,1,1,c: Respondeo dicendum, quod Philosophus, in V Met., ostendit quod **ens multipliciter dicitur**. **Uno** enim **modo** dicitur ens **quod per decem genera dividitur**: et sic ens significat **aliquid in natura existens**, sive sit substantia, ut **homo**, sive accidens, ut **color**. **Alio modo** dicitur ens, quod significat **veritatem propositionis**; prout dicitur, quod affirmatio est vera, quando significat esse de eo quod est; et negatio, quando significat non esse de eo quod non est; et hoc ens **compositionem** significat, quam intellectus compones et dividens adinvenit. Quaecumque ergo dicuntur entia quantum ad primum modum, sunt entia quantum ad secundum modum: quia omne quod habet naturale esse in rebus, potest significari per propositionem affirmaivam esse, ut cum dicitur: **color est**, vel **homo est**. Non autem omnia quae sunt entia

quantum ad secundum modum, sunt entia quantum ad primum: quia de privatione, ut de caecitate, formatur una affirmata propositio, cum dicitur: **caecitas est**; nec tamen caecitas aliquid est in rerum natura, sed est magis alicuius entis remotio; et ideo etiam privationes et negationes dicuntur esse entia quantum ad secundum modum, sed quantum ad primum. Ens autem secundum utrumque istorum modorum diversimode praedicatur: quia secundum primum modum acceptum est praedicatum substantiale, et pertinet ad quaestionem quid est; sed quantum ad secundum modum, est praedicatum accidentale, ut Commentator ibidem dicit, et pertinet ad quaestionem an est. Sic ergo accipiendo ens secundo modo dictum, prout quaestio quaerebat, simpliciter dicimus mala esse in universo.

[T5] *In II Sent.*, 37,1,2,ad3: ... **ens dicitur dupliciter**. **Uno modo** quod significat **essentiam rei extra animam existentis**, et hoc modo non potest dici ens deformitas peccati, quae privatio quaedam est; privationes enim essentiam non habent in rerum natura. **Alio modo** secundum quod significat **veritatem propositionis**, et sic deformitas dicitur esse, non propter hoc quod in re esse habeat, sed quia intellectus componit privationem cum subiecto, sicut formam quamdam. Unde sicut ex compositione formae ad subiectum vel ad materiam, relinquitur quoddam esse substantiale vel accidentale, ita etiam intellectus compositionem privationis cum subiecto per quoddam esse significat. Sed hoc esse non est nisi esse rationis, cum in re potius sit non esse, et secundum hoc quod in ratione esse habet, constat quod a Deo est.

[T6] *In III Sent.*, 6,2,2,c.: Responsio. Dicendum quod secundum Philosophum V. Met., **esse duobus modis dicitur**. ***Uno modo***, secundum quod significat ***veritatem propositionis***, secundum quod est **copula**; et sic, ut Commentator ibidem dicit, *ens* est ***praedicatum accidentale***. Et hoc esse non est in re, sed **in mente** quae coniungit subiectum cum praedicato, ut dicit Philosophus in VI Met.. Unde de hoc non est hic quaestio. ***Alio modo*** dicitur *esse quod pertinet ad naturam rei*, secundum quod dividitur secundum decem genera. Et hoc quidem esse **in re** est, et est **actus entis** resultans ex principiis rei, sicut lucere est actus lucentis.

[T7] *De Veritate*, 1, 1, ad1: Ad primum ergo dicitur quod definitio illa Augustini datur de vero secundum id quod habet fundamentum in re, et non secundum id quod veri ratio completur in adaequatione rei ad intellectum. Vel dicendum, quod cum dicitur, "Verum est id quod est", non accipitur ibi secundum quod significat **actum essendi**, sed secundum quod est nomen intellectus compositi, scilicet prout significat **affirmationem propositionis**, ut sit sensus: "Verum est

id quod est", id est cum dicitur **esse** de aliquo quod est, et sic in idem redeat definitio Augustini cum definitione Philosophi supra inducta.

[T8] *De Veritate*, 1, 10, ad1: Ad primum ergo dicendum, quod ista definitio "Verum est id quod est" non perfecte exprimit rationem veritatis, sed quasi materialiter tantum, nisi secundum quod **esse** significat **affirmationem propositionis**, scilicet ut dicatur id esse verum, quod sic esse dicitur vel intelligitur ut in re est; et sic etiam falsum dicatur quod non est, id est quod non est ut dicitur vel intelligitur; et hoc in rebus inveniri potest.

[T9] *S.C.G.*, I, 12: Nec hoc debet movere, quod in Deo idem est essentiam et esse, ut prima ratio proponebat. Nam hoc intelligitur de **esse quo** Deus **in seipso subsistit**, quod nobis quale sit ignotum est, sicut eius essentia. Non autem intelligitur de **esse**, **quod significat compositionem intellectus**. Sic enim esse Deum sub demonstratione cadit, dum ex rationibus demonstrativis mens nostra inducitur huiusmodi propositionem de Deo formare, qua exprimit Deum esse.

[T10] *S.C.G.*, I, 68: Omne enim quod quocumque modo est, cognoscitur a Deo, in quantum suam essentiam cognoscit, ut supra (c.49) ostensum est. **Ens** autem **quoddam in anima** est, **quoddam** vero **in rebus extra animam**. Cognoscit igitur Deus omnes huiusmodi entis differentias, et quae sub eis continentur. Ens autem in anima est quod est in voluntate vel cogitatione. Relinquitur ergo, quod Deus ea quae sunt in cogitatione et voluntate cognoscat.

[T11] *S.C.G.*, III, 9: ... **Ens** enim **dupliciter dicitur**, ut Philosophus docet ... : **Uno modo**, secundum quod significat **essentiam rei** et dividitur per **decem praedicamenta**, et sic nulla privatio potest dici ens; **alio modo**, secundum quod significat **veritatem propositionis**, et sic **malum et privatio dicitur ens inquantum privatione dicitur aliquid esse privatum**.

[T12] *De Potentia*, VII, 2, ad1: Ad primum ergo dicendum, quod **ens et esse dicitur dupliciter**, ut patet V. Met. Quandoque enim significat **essentiam rei** sive **actum essendi**; quandoque vero significat **veritatem propositionis**, etiam in his quae esse non habent, sicut dicimus '**caecitas est**', quia **verum est hominem caecum esse**.

[T13] *Quod.*IX, 2, 2, c: Respondeo dicendum, quod **esse dupliciter dicitur**, ut patet per Philosophum in V. Met., ... **Uno modo**, secundum quod est **copula verbalia significans compositionem** cuiuslibet enuntiatiois quam anima facit:

unde hoc esse non est aliquid in rerum natura, sed tantum **in actu animae componentis et dividentis**. Et sic esse attribuitur omni ei, de quo potest propositio formari, sive sit ens, sive privatio entis; dicimus enim caecitatem esse. **Alio modo**, esse dicitur **actus entis inquantum ens**, idest quo denominatur aliquid ens actu in rerum natura. Et sic esse non attribuitur nisi rebus ipsis quae in decem generibus continentur; unde ens a tali esse dictum per decem genera dicitur ...

[T14] *S.T.*, I, 3, 4, ad2: Ad secundum dicendum quod **esse dupliciter dicitur**: **uno modo** significat **actum essendi**; **alio modo** significat **compositionem propositionis**, quam anima adinvenit coniungens praedicatum subiecto. — Primo igitur modo accipiendo esse, non possumus scire esse Dei sicut nec eius essentiam, sed solum secundo modo. Scimus enim, quod haec propositio quam formamus de Deo, cum dicimus "**Deus est**", vera est. Et hoc scimus ex eius effectibus, ut supra dictum est.

[T15] *S.T.*, I, 48, 2, ad2: Ad secundum dicendum quod sicut dicitur in V. Met, **ens dupliciter dicitur**. **Uno modo**, secundum quod significat **entitatem rei**, prout dividitur per decem praedicamenta: et sic convertitur cum re. Et hoc modo nulla privatio est ens: unde nec malum. **Alio modo** dicitur ens, quod significat **veritatem propositionis**, quae in compositione consistit, cuius nota est hoc verbum 'est': et hoc est ens **quo respondetur ad quaestionem 'an est'**. Et sic caecitatem dicimus esse in oculo, vel quamcumque aliam privationem. Et hoc modo etiam malum dicitur ens. — Propter huius autem distinctionis ignorantiam, aliqui, considerantes quod aliquae res dicuntur malae, vel quod malum dicitur esse in rebus, crediderunt quod malum esset res quaedam.

[T16] *In V Met.*, l.9, n.885: Hic Philosophus distinguit *quot modis dicitur ens*. Et circa hoc tria facit. [1]Primo distinguit ens in ens per se et per accidens. [2] Secundo distinguit modos entis per accidens, ibi, "Secundum accidens quidem etc.". [3]Tertio modos entis per se, ibi, "Secundum se vero".

Dicit [1] ergo, quod **ens dicitur quoddam secundum se**, et **quoddam secundum accidens**. Sciendum tamen est quod illa divisio entis non est eadem cum illa divisione qua dividitur ens in substantiam et accidens. Quod ex hoc patet, quia ipse postmodum, **ens secundum se** dividit **in decem praedicamenta**, quorum novem sunt de genere accidentis. Ens igitur dividitur in substantiam et accidens, secundum absolutam entis considerationem, sicut ipsa **albedo in se considerata** dicitur accidens, et **homo** substantia. Sed **ens secundum accidens** prout hic sumitur, oportet accipi per **comparationem accidentis ad substantiam**. Quae quidem comparatio significatur hoc verbo, Est, cum dicitur,

homo est albus. Unde hoc totum, homo est albus, est ens per accidens. Unde patet quod divisio entis secundum se et secundum accidens, attenditur secundum quod **aliquid praedicatur de aliquo per se** vel **per accidens**. Divisio vero entis in substantiam et accidens attenditur secundum hoc quod alliquid in natura sua est vel substantia vel accidens.

n.886: [2]Deinde cum dicit "secundum accidens", ostendit quot modis dicitur **ens per accidens**; et dicit .....

[T17] *In V Met.*, l.9, n.889: [3]Deinde cum dicit "secundum se", distinguit **modum entis per se**: et circa hoc tria facit. [3.1]Primo distinguit **ens, quod est extra animam, per decem praedicamenta**, quod est **ens perfectum**. [3.2] Secundo ponit **alium modum entis**, secundum quod est **tantum in mente**, ibi, "Amplius autem et esse significat". [3.3]Tertio dividit **ens per potentiam et actum**: et ens sic divisum est **communius quam ens perfectum**. Nam ens in potentia, est ens secundum quid tantum et imperfectum, ibi, "Amplius esse significat et ens". Dicit [3.1]ergo primo, quod illa dicuntur **esse secundum se**, quaecumque significant **figuras praedicationis**. ...

[T18] *In V Met.*, l.9, n.895: [3.2]Deinde cum dicit "amplius autem", ponit **alium modum entis**, secundum quod **esse et est** significant **compositionem propositionis**, quam facit intellectus componens et dividens. Unde dicit, quod **esse significat veritatem rei**. Vel sicut alia translatio melius habet quod **esse significat quia aliquod dictum est verum**. Unde veritas propositionis potest dici veritas rei per causam. Nam ex eo quod res est vel non est, oratio vera vel falsa est. Cum enim dicimus **aliquid esse**, significamus **propositionem esse veram**. Et cum dicimus non esse, significamus non esse veram; et hoc sive in affirmando, sive in negando. In affirmando quidem, sicut dicimus quod Socrates est albus, quia hoc verum est. In negando quidem, sicut dicimus quod Socrates non est albus, quia hoc est verum, scilicet ipsum esse non album. Et similiter dicimus, quod non est diameter incommensurabilis lateri quadrati, quia hoc est falsum, scilicet non esse ipsum non commensurabilem.

[T19] *In V Met.*, l.9, n.896: Sciendum est autem quod iste secundus modus[3.2] comparatur ad primum[3.1], sicut effectus ad causam. Ex hoc enim quod aliquid in rerum natura est, sequitur **veritas et falsitas in propositione**, quam intellectus significat **per hoc verbum Est** prout est **verbalis copula**. Sed, quia aliquid, quod est in se non ens, intellectus considerat ut quoddam ens, sicut negationem et huiusmodi, ideo quandoque dicitur esse de aliquo hoc secundo modo, et non primo. Dicitur enim, quod caecitas est secundo modo, ex eo quod

vera est propositio, qua dicitur quod sit primo modo vera. Nam caecitas non habet aliquod esse in rebus, sed magis est privatio alicuius esse. **Accidit** autem unicuique rei quod aliquid **de ipsa vere affirmetur intellectu vel voce**. Nam res non refertur ad scientiam, sed e converso. **Esse** vero **quod in sui natura unaquaeque res habet, est substantiale**. Et ideo, cum dicitur, **Socrates est**, si ille est primo modo[3.1] accipiatur, est **de praedicato substantiali**. Nam ens est superius ad unumquodque entium, sicut animal ad hominem. Si autem accipiatur secundo modo[3.2], est **de praedicato accidentali**.

[T20] *In V Met.*, l.9, n.897: [3.3] Deinde cum dicit "amplius esse", ponit distinctionem entis per actum et potentiam; dicens, quod **ens et esse** significant aliquid dicibile vel effabile **in potentia**, vel dicibile **in actu**. ...

[T21] *In V Met.*, l.14, n.971: Ideo cum dicit "alio modo", ponit alium modum, quo dicuntur aliqua impossibilia, non propter privationem alicuius potentiae, sed propter repugnantiam terminorum in propositionibus. Cum enim posse dicatur in ordine ad esse, sicut **ens** dicitur **non solum quod est in rerum natura, sed secundum compositionem propositionis**, prout est in ea verum vel falsum; ita possibile et impossibile dicitur non solum propter potentiam vel impotentiam rei: sed propter veritatem et falsitatem compositionis vel divisionis in propositionibus.

[T22] *De Malo*, I, 1, ad19: Ad decimumnonum dicendum quod **ens dicitur dupliciter. Uno modo**, secundum quod significat **naturam decem generum**; et sic neque malum, neque privatio aliqua est ens neque aliquid. **Alio modo**, secundum quod respondetur ad **quaestionem 'an est'**; et sic **malum est**, sicut et **caecitas est**. Non tamen malum est aliquid, quia esse aliquid non solum significat quod respondetur ad quaestionem 'an est', sed etiam quod respondetur ad quaestionem 'quid est'.

著者紹介

加藤雅人（かとう・まさと）

1955年京都府に生まれる。京教大附属高校、京都大学文学部、同大学院博士課程を経て、京都大学博士（文学）。Cambridge Univ. ポスドク＆客員研究員。現在、関西大学外国語学部教授。【著書】『哲学すること―存在の真理への覚醒』勁草書房、『ガンのヘンリクスの哲学』創文社、他。【論文】“A Semantic and Pragmatic Analysis of Aquinas' *ESSE*”, *ΦΙΛΟΣΟΦΙΑ*, K.U.、「文の意味と情報」『日本語学』明治書院、「トマス・アクィナスにおけるエッセの意味論」『哲学』日本哲学会、他。【翻訳】J. マレンボン『後期中世の哲学』勁草書房、他。

意味論の内と外
――アクィナス 言語分析 メレオロジー

2019年３月20日　発行

著　者　加　藤　雅　人

発行所　関　西　大　学　出　版　部
〒564-8680 大阪府吹田市山手町3丁目3番35号
電話 06(6368)1121 / FAX 06(6389)5162

印刷所　亜　細　亜　印　刷　株　式　会　社
〒380-0804　長野市三輪荒屋1154

ISBN978-4-87354-690-2　C3010　落丁・乱丁はお取替えいたします。